· 普通高等教育“十二五”规划教材

· 高职高专汽车类专业任务驱动、项目导向系列化教材

汽车性能检测与评价

主　编　皮连根
副主编　沈南瑾
主　审　孙海波

国防工業出版社
· 北京 ·

内容简介

本书按照汽车实际使用过程中的工作顺序与内容将汽车各性能检测进行分类，设置了四个工作项目，分别是车辆登录与汽车参数的测定、汽车安全性能检测、汽车环保性能检测、汽车综合性能检测，每个项目根据需要，分别开发了若干个工作任务，每个任务按照任务实施、支撑知识、拓展知识来进行编排，条理清晰，层次清楚，方便学员学习并完成相应的工作任务。

本书可作为高职高专汽车类专业教材，也可供从事汽车维修、汽车性能检测、汽车制造企业的技术人员阅读参考。

图书在版编目（CIP）数据

汽车性能检测与评价/皮连根主编. —北京：国防工业出版社，2012.1（2016.8重印）
高职高专汽车类专业任务驱动、项目导向系列化教材
ISBN 978-7-118-07787-2

Ⅰ.①汽… Ⅱ.①皮… Ⅲ.①汽车—性能检测—高等职业教育—教材 Ⅳ.①U472.9

中国版本图书馆CIP数据核字（2011）第272734号

※

国防工业出版社出版发行
（北京市海淀区紫竹院南路23号 邮政编码100048）
三河市众誉天成印务有限公司印刷
新华书店经售
*
开本 787×1092 1/16 **印张** 11½ **字数** 268千字
2016年8月第1版第2次印刷 **印数** 4001—5500册 **定价** 25.00元

国防书店：（010）88540777 发行邮购：（010）88540776
发行传真：（010）88540755 发行业务：（010）88540717

前　言

“汽车性能检测与评价”是高职高专院校汽车类专业主干课程之一，为满足专业人才培养方案的需要，使学生通过该课程的学习和训练，能够胜任汽车维修企业、汽车检测站、汽车生产企业等对汽车性能的检测与评价的工作，熟悉汽车性能检测的项目和要求，掌握汽车各性能检测的方法和步骤，理解汽车检测结果对汽车使用的影响和后果，同时对相关汽车检测设备的功能、原理、操作及维护有较为深刻的领会。

本书根据汽车性能检测内容，开发了四个工作项目，分别是车辆登录与汽车参数的测定、汽车安全性能检测、汽车环保性能检测、汽车综合性能检测，每个项目提取若干个工作任务，每个任务按照任务实施、支撑知识和拓展知识三个方面来进行编排，方便学习并完成相应的任务。通过本课程的学习和演练，应实现如下专业能力目标：

（1）能正确使用常用工具、量具，正确规范使用检测设备，并对其进行保养和维护，排除常见故障；

（2）能进行汽车检测前的登录工作；

（3）能完成汽车一般参数的测定；

（4）能完成汽车安全性能中的制动性能检测、转向轮侧滑检测、前照灯检测、车速表检测，并对其进行评价；

（5）能完成汽车环保性能检测中的尾气检测、噪声检测，并对其进行评价；

（6）能完成汽车动力性检测、燃油经济性检测，并对其进行评价。

本书由常州工程职业技术学院皮连根担任主编，江苏经贸职业技术学院沈南瑾担任副主编。参加编写的还有南通宏伟汽车销售服务有限公司孙超，常州太平洋汽车销售服务有限公司郭德志，南京大众汽车有限公司王艾阳，南京正德职业技术学院葛晶，江西现代职业技术学院邓星，常州机电职业技术学院宋黎光、潘天堂，常州信息职业技术学院孙宏兵，常州工程职业技术学院的倪晋尚、陈瑄、于瑞、孙海波、彭卫锋、王中磊、姜淑华。

本书由常州工程职业技术学院孙海波担任主审，参加审阅的还有无锡商业职业技术学院王凤军、常州工程职业技术学院刘素芳、倪晋尚、姜淑华。在本教材编写的过程中，我们得到了其他汽车检测站、汽车维修站工作人员的热情帮助，在此，对以上同仁表示深深的谢意！

由于编者水平有限，书中难免存在错误和不足，敬请广大同仁及读者给予批评指正。

目　　录

项目1 车辆登录与汽车参数的测定

〈典型事故/案例〉

案例一：老王有一辆卡罗拉汽车，即将要年检，来到汽车综合检测站，请接待，并完成检测前的工作。

案例二：小李老板最近在二手市场上购买了一辆猎豹汽车，由于时间较长，汽车的资料丢失，网上的资料也不够全面，请为他测量汽车的基本参数。

〈项目任务〉

被检车辆登录、汽车的一般参数测定。

〈能力目标〉

1. 能够完成汽车检测站的车辆登录。
2. 解释汽车检测站的相关服务项目。
3. 能够查阅和测量汽车基本参数。

〈知识目标〉

熟悉汽车检测站的汽车登录工作；熟悉汽车性能检测的基本项目，并能对汽车性能检测的基本项目简要阐述；了解汽车性能检测技术国内外发展概况；能通过查阅相关资料，了解汽车的各项相关标准。

〈素质目标〉

树立良好的职业素养，培养缜密、严谨的学习精神。

任务1.1 汽车检测站车辆登录

1.1.1 任务实施

一、实施目的

（1）完成被检车辆基本信息的填写。

（2）熟悉汽车的基本信息。

（3）熟悉汽车检测站的服务流程。

二、实施内容

完成机动车安全检验记录单（见表1-1）的基本信息部分。

表1-1　机动车安全检验记录单

号牌（自编）号			车　　主												
号牌种类			车辆类型						前照灯制						
厂牌型号			燃料类别						检验类别						
发动机号			驱动形式						检测项目						
VIN（或车架）号			驻车轴						登录员						
出厂年月			初次登记日期						检验日期						
台试检测数据									引车员：						
代号	项目		轮（轴）重（kg）		最大制动力（daN）		过程差最大差值点（daN）		制动率（%）	不平衡率（%）	阻滞率（%）		单项判定	项目判定	单项次数
			左	右	左	右	左	右			左	右			
B	制动	一轴													
		二轴													
		三轴													
		四轴													
		驻车													
		整车													
H	前照灯	项　目	远光	远光偏移		近光偏移		灯中心高　mm							
			光强度(cd)	垂直(cm/dam)	水平(cm/dam)	垂直(cm/10m)	水平(cm/dam)								
		左外灯													
		左内灯													
		右内灯													
		右外灯													
X	排放	高怠速	CO（%）	HC（10^{-6}）	判定	怠速	CO（%）	HC（10^{-6}）	判定						
		加速模拟工况	CO（%）	HC（10^{-6}）	NO（10^{-6}）	判定									
		光吸收系数（m^{-1}）		烟度（R_B）			平均值								
N	喇叭声级	dB（A）													
S	车速表	km/h													
A	侧　滑	m/km													
路　试　制　动　性　能															
制动距离（m）				检验员											
MFDD（m/s^2）		协调时间(s)		检验员											
制动稳定性				检验员											
人　工　检　验　结　果															
1	外观检查不合格项			检验员											
2	底盘动态检验不合格项			检验员											
3	地沟检查不合格项			检验员											
主任检验员意见及签章				整车判定/总不合格次数											
备　注				单位盖章											

标记说明：○：合格　　×：不合格　　——：未检　　※：车轮抱死

1.1.2 支撑知识

一、号牌种类（见表1-2）

表1-2　号牌种类

<table>
<tr><th>序号</th><th>分类</th><th>外廓尺寸（mm）</th><th>颜色</th><th>面数</th><th>适用范围</th></tr>
<tr><td>1</td><td>大型汽车</td><td>前：440×140
后：440×220</td><td>黄底黑字黑框线</td><td rowspan="15">2</td><td>总质量4.5t（含）、乘坐人数20人（含）和车长6m（含）以上的汽车、无轨电车及有轨电车</td></tr>
<tr><td>2</td><td>小型汽车</td><td rowspan="6">440×140</td><td>蓝底白字白框线</td><td>除大型汽车以外的各种汽车</td></tr>
<tr><td>3</td><td>使馆汽车</td><td rowspan="2">黑底白字红“使”、“领”字白框线</td><td>驻华使馆的汽车</td></tr>
<tr><td>4</td><td>领馆汽车</td><td>驻华领事馆的汽车</td></tr>
<tr><td rowspan="2">5</td><td rowspan="2">境外汽车</td><td>黑底白字白框线</td><td>出入境的境外汽车</td></tr>
<tr><td>黑底红字红框线</td><td>出入境限制行驶区域的境外汽车</td></tr>
<tr><td>6</td><td>外籍汽车</td><td>黑底白字白框线</td><td>除使、领馆外，其他驻华机构、商社、外资企业及外籍人员的汽车</td></tr>
<tr><td>7</td><td>两、三轮摩托车</td><td>前：220×95</td><td>黄底黑字黑框线</td><td>两轮摩托车和三轮摩托车</td></tr>
<tr><td>8</td><td>轻便摩托车</td><td>后：220×140</td><td>蓝底白字白框线</td><td>轻便摩托车</td></tr>
<tr><td>9</td><td>使馆摩托车</td><td rowspan="4"></td><td rowspan="2">黑底白字红“使”、“领”字白框线</td><td>驻华使馆的摩托车和轻便摩托车</td></tr>
<tr><td>10</td><td>领馆摩托车</td><td>驻华领事馆的摩托车和轻便摩托车</td></tr>
<tr><td>11</td><td>境外摩托车</td><td rowspan="2">黑底白字白框线</td><td>出入境的境外摩托车和轻便摩托车</td></tr>
<tr><td>12</td><td>外籍摩托车</td><td>除使、领馆外，其他驻华机构、商社、外资企业及外籍人员的摩托车和轻便摩托车</td></tr>
<tr><td>13</td><td>农用运输车</td><td rowspan="2">300×165</td><td>黄底黑字黑框线</td><td>三、四轮农用运输车、轮式自行专用机械和电瓶车等</td></tr>
<tr><td>14</td><td>拖拉机</td><td>黄底黑字</td><td>各种在道路行驶的拖拉机</td></tr>
<tr><td>15</td><td>挂车</td><td colspan="2">同大型汽车后号牌</td><td>1</td><td>全挂车和不与牵引车固定使用的半挂车</td></tr>
<tr><td>16</td><td>教练汽车</td><td>440×140</td><td rowspan="4">黄底黑字黑框线</td><td rowspan="5">2</td><td>教练用的汽车及其他机动车不含摩托车和轻便摩托车</td></tr>
<tr><td>17</td><td>教练摩托车</td><td>同摩托车号牌</td><td>教练用的摩托车和轻便摩托车</td></tr>
<tr><td>18</td><td>试验汽车</td><td>440×140</td><td>试验用的汽车及其他机动车不含摩托车和轻便摩托车</td></tr>
<tr><td>19</td><td>试验摩托车</td><td>同摩托车号牌</td><td>试验用的摩托车和轻便摩托车</td></tr>
<tr><td>20</td><td>临时入境汽车</td><td>300×165</td><td rowspan="2">白底红字黑“临时入境”字红框线（字有金色廓线）</td><td>临时入境参加旅游、比赛等活动的汽车</td></tr>
<tr><td>21</td><td>临时入境摩托车</td><td>220×120</td><td rowspan="2">1</td><td>临时入境参加旅游、比赛等活动的摩托车</td></tr>
<tr><td>22</td><td>临时行驶车</td><td>220×140</td><td>白底（有蓝色暗纹）黑字黑框线</td><td>无牌时需要临时行驶的机动车</td></tr>
</table>

二、车辆类型

1. 概念

车辆类型是指车辆的一种型式，它以车辆的普通特征、使用目的和功能等区别。如轿车、载货汽车、客车、挂车、非完整车辆和摩托车等都是单独的类型。

2. 车辆分类

大型：车长大于等于6m或者乘坐人数大于等于20人。乘坐人数可变的，以上限确定。乘坐人数包括驾驶员（下同）。

中型：车长小于6m，乘坐人数大于9人且小于20人。

小型：车长小于6m，乘坐人数小于等于9人。

微型：车长小于等于3.5m，发动机气缸总排量小于等于1L。

载货重型：车长大于等于6m，总质量大于等于12000kg。

中型车长大于等于6m，总质量大于等于4500kg且小于12000kg。

轻型：车长小于6m，总质量小于4500kg。

微型：车长小于等于3.5m，总质量小于等于1800kg。

三轮汽车（原三轮农用运输车）：以柴油机为动力，最高设计车速小于等于50km/h，最大设计总质量不大于2000kg，长小于等于4.6m，宽小于等于1.6m，高小于等于2m，具有三个车轮的货车。

低速货车（原四轮农用运输车）：以柴油机为动力，最高设计车速小于等于70km/h，最大设计总质量小于等于4500kg，长小于等于6m，宽小于等于2m，高小于等于2.5m，具有四个车轮的货车。

摩托车（普通）：最大设计时速大于50km/h或者发动机气缸总排量大于50mL。

摩托车（轻便）：最大设计时速小于等于50km/h，发动机气缸总排量小于等于50mL。

挂车（重型）：最大总质量大于等于12000kg。

挂车（中型）：最大总质量大于等于4500kg且小于12000kg。

挂车（轻型）：最大总质量小于4500kg。

三、驱动形式

所谓驱动形式，是指发动机的布置方式以及驱动轮的数量、位置的形式。一般的车辆都有前、后两排轮子，其中直接由发动机驱动转动，从而推动汽车前进的轮子就是驱动轮。最基本的分类标准是按照驱动轮的数量，可分为两轮驱动和四轮驱动两大类。

1. 两轮驱动

在两轮驱动形式中，可根据发动机在车辆的位置以及驱动轮的位置细分为前置后驱（FR）、前置前驱（FF）、后置后驱（RR）、中置后驱（MR）等形式。

前置后驱（FR）的全称叫做前置发动机后轮驱动，是一种比较传统的驱动形式。其中前排车轮负责转向，由后排车轮来承担整个车辆的驱动工作。在这种驱动形式中，发动机输出的动力全部输送到后驱动桥上，驱动后轮使汽车前进。也就是说，实际的行进中是后轮“推动”前轮，带动车辆前进。

与两轮驱动类的其他驱动形式相比，前置后驱有比较大的优越性。当车辆在良好的路面上启动、加速或爬坡时，驱动轮的附着压力增大，牵引性明显优于前驱形式。同时，采用前置后驱的车辆还具有良好的操纵稳定性和行驶平顺性，并有利于延长轮胎的使用寿命。除此之外，前置后驱的安排使车辆的发动机、离合器和变速器等总成临近驾驶室，简化了操纵机构的布置和转向机构的结构，这样更加便于车辆的保养和维修。

基于以上的诸多优点，国产宝马325i、530i以及档次更高的进口宝马轿车，宾利、奔驰等很多豪华轿车多采用前置后驱这种形式。

2. 四轮驱动

所谓四轮驱动，是指汽车前后轮都有动力，可按行驶路面状态不同而将发动机输出扭矩按不同比例分布在前后所有的轮子上，以提高汽车的行驶能力。一般用4×4或4WD来表示，如果你看见一辆车上标有上述字样，那就表示该车辆拥有四轮驱动的功能。在过去，四轮驱动是越野车独有的，近年来，一些高档轿车和豪华跑车也逐渐添置了这项配置。

1）分时四驱（Part-time 4WD）

这是一种驾驶者可以在两轮驱动和四轮驱动之间进行手动选择的四轮驱动系统，由驾驶员根据路面情况，通过接通或断开分动器来变化两轮驱动或四轮驱动模式，这也是一般越野车或四驱SUV最常见的驱动模式。最显著的优点是可根据实际情况选取驱动模式，比较经济。在公路上行驶使用两轮驱动档；当遇到雨雪路况时，选择四轮驱动，增强了车辆的附着力和操控性。

2）全时四驱（Full-time 4WD）

这种驱动系统不需要驾驶人员选择操作，前后车轮永远维持四轮驱动模式，行驶时将发动机输出扭矩按50:50设定在前后轮上，使前后排车轮保持等量的扭矩。全时驱动系统具有良好的驾驶操控性和行驶循迹性，有了全时四驱系统，就可以在特殊路面上顺利驾驶。但其缺点也很明显，那就是比较废油，经济性不够好，而且车辆没有任何装置来控制轮胎转速的差异，一旦一个轮胎离开地面，往往会停滞在那里，不能前进。但是，近年来也发展了一些智能化的全时四驱系统，遇到特殊路面时，它可以重新分配扭矩，把更多的扭矩分配在不打滑的驱动轮上，从而解决了老式全时四驱的弊端。

3）适时驱动（Real-time 4WD）

采用适时驱动系统的车辆可以通过计算机来控制选择适合当下情况的驱动模式。在正常的路面，车辆一般会采用后轮驱动的方式。而一旦遇到路面不良或驱动轮打滑的情况，计算机会自动检测并立即将发动机输出扭矩分配给前排的两个车轮，自然切换到四轮驱动状态，免除了驾驶人员的判断和手动操作，应用更加简单。不过，计算机与人脑相比，反应毕竟不够完美，而且这样一来，也缺少了那种一切尽在掌握的征服感和驾驶乐趣。

1.1.3 拓展知识

一、汽车检测基本制度

在用车辆的技术检测分为自检和强制性检验。车辆所属单位的自检，以确保车辆具有更好动力性、经济性和安全性为主要目的。车辆管理部门对在用车辆进行的强制性检验，是通过检查其是否符合国家规定的技术条件，以确定被检车辆的技术状况是否满足运行安全和营运的基本要求。

1. 汽车检测及审验的规定

《中华人民共和国道路交通管理条例》规定："机动车必须按车辆管理机关规定的期限接受检验，未按规定检验或检验不合格的，不准继续行驶。"中华人民共和国交通部《汽车运输业车辆技术管理规定》要求："各省、自治区、直辖市交通厅（局）应建立运输业车辆检测制度，根据车辆从事运输的性质、使用条件和强度以及车辆老旧程度等，进行定期或不定期检测，确保车辆技术状况良好，并对维修车辆实行质量监控"，并规定："经认定的汽车综合性能检测站在车辆检测后，应发给检测结果证明，作为交通运输管理部门发放或吊扣营运证依据之一和确定维修单位车辆维修质量的凭证。"

据此，机动车辆必须按照车辆管理部门的规定定期进行检验（一般一年一次），作为发放和审验"行驶证"的主要依据，营运车辆还必须根据交通运输管理部门制定的车辆检测制度，对车辆的技术状况进行定期或不定期检测（一般一季度一次），作为发放和审验"营运证"的主要依据。

2. 汽车的年检和临时性检验

根据车辆参加检验的时间要求，汽车检测分为年检和临时性检验两类。

1）年检

年检是指按照车辆管理部门规定的期限对在用车辆进行的定期检验，或根据交通运输管理部门制定的车辆检测制度对营运车辆进行的定期检测。

2）临时性检验

临时性检验是指除车辆年检和正常检验之外的车辆检验。车辆临时性检验的内容基本相同，以确定其能否在道路上行驶，或车辆技术是否满足参加营运的基本要求。在用车辆参加临时性检验的范围有：

（1）申请领取临时号牌（如新车出厂、改装车出厂）的车辆。

（2）放置很长时间，要求恢复行使的车辆。

（3）遭受严重损坏，修复后准备投入使用的车辆。

（4）挂有国外、港澳地区号牌，经我国政府允许，可进入我国境内短期行驶的车辆。

（5）车辆管理部门认为有必要进行临时检验的车辆（如春运期间、交通安全大检查期间）。

营运车辆在下述情况下，按交通运输管理部门的规定，参加临时性检测：

（1）申请领取营运证的车辆。

（2）经批准停驶的车辆恢复行驶前。

（3）经批准封存的车辆启封他用时。

（4）改装和主要总成改造后的车辆。

（5）申请报废的车辆。

（6）其它车辆检测诊断服务。

3. 汽车年检和审验的主要内容

汽车检测及审验的类型和目的不同，其检测内容也不同。

1）汽车安全检测

汽车安全检测以涉及汽车行驶安全及环保的项目为主要检测内容。其目的是确定汽车性能是否满足有关汽车运行安全和公害等法规的规定，是对全社会民用汽车的安全性检查。根据检测手段不同，一般分为外观检测和有关性能的检测。

外观检测通过目检和实际操作来完成，其主要内容有：

（1）检查车辆号牌、行车执照有无损坏、涂改、字迹不清等情况，校对行车执照与车辆的各种数据是否一致。

（2）检查车辆是否经过改装、改型、更换总成，其更改是否经过审批及办理过有关手续。

（3）检查车辆外观是否完好，联接件是否牢固，是否有四漏（漏水、漏油、漏气、漏电）现象。

（4）检查车辆整车及各系统是否满足《机动车运行安全技术条件》所规定的基本要求。

对汽车有关性能的检测，采用专用检测设备对汽车进行规定项目的检测完成。主要有转向轮侧滑、制动性能、车速表误差、前照灯性能、废气排放、喇叭声级和噪声六项。

2）汽车综合性能检测

汽车综合性能检测的目的是对在用运输车辆的技术状况进行检测诊断，对汽车维修行业的维修车辆进行质量检测，以确保运输车辆安全运行，提高运输效率和降低运行成本。根据中华人民共和国交通部《汽车运输业车辆技术管理规定》，汽车综合性能检测的主要内容包括：

（1）汽车的安全性（制动、侧滑、转向、前照灯等）。

（2）可靠性（异响、磨损、变形、裂纹等）。

（3）动力性（车速、加速能力、底盘输出功率、发动机功率、转矩、供给系统、点气火系统状况等）。

（4）经济性（燃油消耗）。

（5）噪声和废气排放状况。

3）汽车维修检测

汽车维修检测以汽车性能检测和故障诊断为主要内容，其目的是对汽车维修前进行技术状况检测和故障诊断，据此确定附加作业和小修项目以及是否需要大修，同时对汽车维修后的质量进行检测。

（1）汽车二级维护前的检测。

汽车进行二级维护前，应进行技术状况检测和故障诊断，据此确定二级维护附加作业和小修项目以及是否需要大修。其主要检测内容有：

①汽车基本性能：最高车速、加速性能、燃油消耗量、制动性能、转向轮侧滑量、滑行能力等。

②发动机技术状况：气缸压力、机油压力、工作温度、点火系统技术状况、机油质量、发动机异响等。

③底盘技术状况：离合器工作状况；变速器、主减速器、传动轴技术状况（密封，工作温度、异响等）；车轮、悬架技术状况；车架有无裂伤及各部件铆接状况等。

④车辆外观状况检查：车辆装备是否齐全；车身有无损伤；车轴及车架有无断裂、变形及有无“四漏”现象等。

（2）维修质量检测。

维修质量检测指汽车维修完工后进行的汽车二级维护质量检测，汽车或发动机大修质量检测。

汽车二级维护质量检测的主要内容有：

①外观检查：车容整齐，装备齐全、无“四漏”现象等。

②动力性能检测：发动机功率或气缸压力、汽车的加速性能、滑行能力等。

③经济性能检测：燃油消耗量。

④安全性能：转向轮定位和侧滑量、转向盘自由转动量、制动性能、前照灯发光强度及光束照射位置、车速表误差、喇叭声级及噪声等。

⑤废气排放：汽油车怠速污染物（CO、HC）排放、柴油车自由加速烟度排放。

⑥异响：发动机和底盘各总成有无异常声响。

4）特殊检测

特殊检测是指为了不同的目的和要求对在用车辆进行的检验。在检验的内容和重点上与上述各类检测有所不同，故称为特殊检测。主要包括：

（1）改装车辆的检测。

为了不同的使用目的，在原车型底盘的基础上改制成其它用途的车辆后，因其结构和使用性能变更较大，车辆管理部门在核发号牌及行车执照时，应对其进行特殊检验。包括汽车主要总成改掉后的车辆检测，有关新工艺、新技术、新产品，以及节能、科研项目等的检测鉴定。

（2）事故车辆的检测。

对发生交通事故并有损伤的车辆进行检测。一方面是为了分析事故原因，分清事故责任；另一方面是为了查找车辆的故障，确定汽车的技术状况，以保证再行驶的安全。

（3）外事车辆的检验。

为保证参加外事活动车辆的技术状况，防止意外事故发生，必须对车辆的安全性能和其它有关性能进行检验。

（4）其它检测。

受公安、商检、计量、保险等部门的委托，进行有关项目的检测。

二、汽车检测技术及其发展

1. 国外汽车检测技术概况

汽车从发明至今已有一个多世纪了，在现代社会，汽车已经成为人们工作、生活中不可缺少的一种交通工具。汽车在为人类造福的同时，也带来大气污染、噪声和交通安全等一系列问题。汽车本身又是一个复杂的系统，随着行驶里程的增加和使用时间的延续，其技术状况不断恶化。因此，一方面要不断研制性能优良的汽车；另一方面要借助维护和修理恢复其技术状况。汽车综合性能检测就是在汽车使用、维护和修理中对汽车的技术状况进行检测和检验的一门技术。

1）制度化

在国外，汽车检测工作由交通部门统一领导，全国各地建有由交通部门认证的汽车检测场（站），负责新车的登记和在用车的安全检测，修理厂维修过的汽车也要经过汽车检测场的检测，以确认其安全性能和排放是否符合国家标准。

2）标准化

工业发达国家的汽车检测有一整套的标准。断定汽车技术状况是否良好，是以标准中规定的数据为准则，检查结果是以数字显示，有量化指标，以避免主观上的误差。

除对检测结果有严格完整的标准外，国外的检测设备也有标准规定，对检测设备的使用周期、技术更新等也有具体要求。

3）智能化

自动化检测是随着科学技术的进步而进步的，国外汽车检测设备在智能化、自动化、精密化、综合化等方面都有新的发展，应用新技术开拓新的检测领域，研制新的检测设备。随着电子计算机技术的发展，出现了汽车检测诊断、控制自动化、数据采集处理自动化、检测结果直接打印等功能的现代化综合性能检测技术与设备。

2. 国内汽车检测技术发展

我国从 20 世纪 60 年代开始研究汽车检测技术，70 年代大力发展了汽车检测技术。进入 20 世纪 80 年代，随着我国经济的发展，科学技术的各个领域都有了较快的发展。汽车检测及诊断技术也随之得到快速发展，加之我国的汽车制造和公路交通运输业发展迅猛，对汽车检测诊断技术和设备的需求也与日俱增。我国机动车保有量迅速增加，随之而来的是交通安全和环境保护等社会问题。为配合汽车检测工作，国内已发布实施了 100 多项有关汽车检测的国家标准、行业标准、计量验定规程等。使汽车综合性能检测的具体检测项目都基本上做到了有法可依。

我国汽车综合性能检测技术经历了从无到有、从小到大，从引进技术、引进检测设备，到自主研究开发推广应用，从单一性能检测到综合性能检测，取得了很大的进步。尤其是检测设备的研制生产得到了快速发展，缩小了与先进国家的差距。我国汽车检测技术要赶超世界先进水平，应该从汽车检测管理网络化等方面进行研究和发展，概括起来有以下几点。

1）汽车检测技术基础规范化

（1）制定和完善汽车检测项目的检测方法和限制标准，如驱动轮输出功率、底盘传动系统功率损耗、滑行距离等；

（2）制定营运汽车技术状况检测评定细则，统一规范全国各地的检测要求及操作技术；

（3）制定用于规定综合性能检测站的大型检测设备的形式认证规范，以保证综合性能检测站履行其职责。

2）汽车检测设备智能化

目前国外的汽车检测设备已大量应用机电一体化技术，并采用计算机控制，有些检测设备有专家系统和智能化功能，能对汽车技术状况进行检测，并能诊断出汽车故障发生的部位和原因，引导维修人员迅速排除故障。

3）汽车检测管理网络化

目前我国的汽车综合性能检测站部分已实现了计算机管理系统检测，虽然计算机管理系统采用了计算机控制，但各个站的计算机测控方式千差万别。随着技术和管理的进步，今后汽车检测将实现真正的网络化（局域网），从而做到信息资源共享、软件资源共享。在此基础上，利用信息高速公路将全国的汽车综合性能检测站联成一个广域网，使上级交通管理部门可以及时了解各地车辆状况。

三、机动车检测线安全操作规程

1. 工作前

（1）仔细阅读交接班记录，了解上一班检测线的运转情况。

（2）检查各工位检测设备紧固件牢靠，各运动面及滑动面无障碍物，限位装置及安全装置可靠，各电气箱关闭牢靠，电气接地良好，检验车辆行驶通道通畅无阻。

（3）检查计算机操作系统正常，各工位灯牌、面板显示正常；各操作机构处于非工作位置，保持各地坑的干燥和清洁。

（4）按规定检查各检测设备的润滑状况并按规定做好润滑工作。

在设备检修或调整之后，也必须按上述（4 条）规定详细检查设备，认为一切无误后方可开始工作。

2. 工作中

（1）坚守岗位，精心操作，不做与工作无关的事。因事离开设备时要停车，关闭电源、气源。

（2）按照检测线启动程序启动各工位检测设备。

（3）烟度检测仪在测量前必须通电预热 30min，检查清洗压缩空气压力 0.05MPa ~ 0.1MPa，管路完好无泄漏。

（4）操作者离开检测线操作现场或进行清洁、检修时须关闭电源。

（5）被检机动车应保持清洁干净，不得有石子、铁钉等杂物，油箱、水箱无泄漏。

（6）机动车检测时，操作员须严格按照检测程序逐步进行，驾驶员须按照灯牌的指示按规定安全行车，并注意行车方向、速度、停车位置等因素。

（7）密切注意各检测设备的运转状况，如发生故障应立即停止使用，故障排除后方可继续使用。

（8）不准擅自拆卸检测设备上的安全防护装置，缺少安全防护装置的机床不准工作。

3. 工作后

（1）检测工作结束后，使各检测设备操作机构处于非工作位置；停止各检测设备的运转，关闭电源、气源；清理工作现场，清洁各检测设备，做好保养工作。

（2）认真填写交接班记录。

四、机动车检验程序

1. 车辆登录

车辆登录是将检测车辆的有关信息按照要求正确无误地输入机动车安检系统中的一

种行为。

登录时由送检人员提供机动车行驶证，机动车定期检验表、机动车交通事故责任强制保险单（副本）。如果是旅游客车、公路营运载客汽车、大型非营运载客汽车和危险化学运输车的，还需要提交当天行驶记录仪的《状态曲线图》。经登录员初审符合要求时，将机动车的有关信息输入机动车安检系统中。

机动车登录时需输入的信息有：号牌编号、车主（单位）名称、号牌种类、车辆类型、前照灯制、厂牌型号、燃料类别、检验类别、驱动形式、检验项目、驻车轴、发动机号、VIN（或车架）号、出厂日期、初次登录日期、登录日期、检验日期以及登录员的姓名。

2. 外观检查

外观检查是检验人员依据《机动车运行安全技术条件》GB 7258—2004、《机动车安全检验项目和方法》GA 468—2004 规定的项目和检验方法对机动车辆外观进行查验的行为。

初次参加年检的车辆需提供发动机号、车架号拓印、经外观检验员查验合格，粘贴在机动车“两号”拓印表上，随《检测报告》一并存档。

在外观检查中，检验人员对不符合技术的不合格项在工位机中输入相对应的编码并发送信息给车辆，如全部符合要求的输入合格编码。

在外观检查合格后，车辆将进入第三道程序，即线上检测。送检人员将车辆停于停车线前候检，暂先离开，接下来由引车员送检。

3. 线上检测

由引车员室工位机根据检测车辆排队的先后次序在选择窗口发送上线，引车员根据点阵屏提示，分别对被检车辆的车速度、尾气排放、制动性能、地沟检查、前照灯、喇叭声级、侧滑项目进行检测，自动判定检验结果。

4. 路试和动态检验

在线上检测结束后，引车员驾驶被检车辆在路试车道上进行底盘动态检验。然后将车停放在规定的停车场地，再输入底盘动态检验结果。

5. 签证、申领标志

本次检验结束后，送检人员可以去签证大厅领取《检验告知书》或《检测报告》。

被检测车辆不合格，在领取《检验告知书》后，若有不合格的项目，车主自行修理调整，或开车回修理厂进行整修，在完全修复后再来检测站登录，重复检验程序，直到合格才能去办理签证手续。

任务 1.2 汽车一般参数的测定

1.2.1 任务实施

一、测定内容

（1）汽车尺寸参数的测定。

（2）汽车重量参数的测定。

（3）汽车重心位置的测定。

二、实施目的

（1）了解车辆的基本性能参数，以此确定汽车技术状况是否满足有关技术要求。

（2）掌握汽车基本性能检测的方法及内容，通过一边检查，一边实验，一边分析，进而对汽车技术状况进行简单的技术分析。

三、实施用的仪器和设备：

（1）皮卷尺、钢卷尺。

（2）角度尺。

（3）地磅。

（4）被测车辆。

四、实施方法和步聚

1. 汽车尺寸参数的测定

用足够长度的皮尺或卷尺测量停放在水平路面上测量的外部尺寸。

1）汽车外部长度（总长）

使用足够长度的皮卷尺或钢尺直接测量车辆前保险杠外边缘至后保险杠外边缘直线距离，即为汽车总长 L。

2）汽车外廓宽度（总宽）

测量方法与测量汽车外部长度类似，可用足够长度的皮尺或钢尺直接测量车辆头部及尾部左右两侧外沿的直线距离，汽车的总宽度也可以在车辆任意负载下测量。注意，车辆外部的额外附加装备如反光镜、转向标等不在测量范围之内。

3）汽车外廓高度（总高）

可直接使用皮卷尺或钢尺测量车辆上平面顶部至地面的垂直直线距离，测量车辆总高时应分别在汽车空载和满载状况下逐次测量。

4）轴距

使用足够长度的皮卷尺或钢尺直接测量汽车前后轴中心点之间的直线距离。测量三轴汽车时可先测量前轴中心点至中桥中心点之间的水平直线距离，再测量后桥中心点至中桥之间的水平直线距离。

5）轮距（前轮轮距、后轮轮距）

用皮卷尺或钢卷尺测量前轴两轮胎面对称平面之间的距离及后轴两轮胎面对称平面之间的距离。如果后轮采用双胎，则应取其两内外车轮轮距的算术平均值。

6）车轮静力半径

用钢卷或高度卡尺测量地面到车轮中心点的垂直距离，须在空载状况下测量。

7）车轮滚动半径

测量时可在车轮外表面上涂抹与地面颜色有区别的颜料，启动车辆并以低速行驶 1 ~ 3min 或车轮滚动 1 圈以上。轮胎外表面的颜料便在地面上以一定间隔留下印迹。使用皮尺或钢尺测量其中1段印迹之间的距离，按公式即可得出轮胎的滚动半径：

$$R = S/2\pi$$

式中，S 为同一印记之间的距离。

2. 汽车重量参数的测定

1）汽车自重

使用地磅测量汽车自重时应包括除驾乘人员外所有附件，如工具和备胎等，并加满燃料、油料和水。

2）汽车总重

使用地磅测量车辆总重时应包括所有附件，如工具和备胎等，并加满燃料、油料和水。车内乘有额定数目和重量的人员。

3）汽车无载时前后轴荷重

测量时逐次将汽车的前轮和后轮行驶至地磅上测重。再将汽车调头，重复测量前后两轮重量。取前后两次的算术平均值为此车的前后轴荷重 G_1、G_2。注意测量前后轴荷重时发动机应熄火，并在无制动无挡位的情况下测量。

3. 汽车重心位置的测定

1）汽车重心离前、后轮中心线的距离

首先测量前轴在满载和空载状态下的轴荷取其平均值代入下式：

$$a = \frac{G_2}{G_a}L$$

再以同样方法测得后轴轴荷并带入下式：

$$b = \frac{G_1}{G_a}L$$

即得出汽车重心离前、后轮中心线的距离。式中 a 和 b 分别为汽车重心至前后轴中心的距离（m），G_1 和 G_2 分别为汽车前、后轴的荷重（kg）。

2）汽车重心高度

将汽车的前轮（或后轮）抬起在2～3种不同的倾角（8°、10°、12°）情况下置于地磅的平台上，然后观测地磅的读数及汽车的倾角。将读数代入下式，最后取其平均值即得出车辆的重心高度。

$$h_g \mathrm{ctan}\alpha \frac{\Delta G_2}{G_a} + r_r$$

式中 α——汽车倾角；

ΔG_2——后轮荷重的增量，即汽车水平放置时后轮载荷同汽车倾斜时荷重的差值（kg）；

r_r——车轮半径（m）。

五、实验结果的处理

将上述各项测量结果填入表1-3～表1-5。

1. 汽车尺寸参数

表 1-3 汽车参数测量表

序号	总长/mm	总宽/mm	总高/mm	货台装载高度/mm	货厢内部尺寸（长×宽×高）	前轮距/mm	后轮距/mm	轴距/mm	车轮静力半径/mm
1									
2									
3									

2. 汽车重量参数

表 1-4 汽车重量参数测量表

序号	载荷	左前轮荷重/kg	右前轮荷重/kg	左后轮荷重/kg	右后轮荷重/kg
1	空车				
2	空车				
3	满载				
4	满载				

3. 汽车重心高度

表 1-5 汽车重量高度参数测量表

序号	汽车总质量/kg	后轴荷重/kg	汽车倾角/（°）	抬起后后轴荷重/kg	轴距/mm	汽车重心高度/m
1						

1.2.2 支撑知识

一、汽车的主要尺寸参数

1. 轴距

轴距是描述汽车轴与轴之间距离的参数，通常可通过汽车前后车轮中心来测量。轴距的长短直接影响到汽车的长度、重量和许多使用性能。轴距短一些，汽车长度就短一些，自重就轻，最小转弯半径和纵向通过角就小，但若轴距过短，则会带来一系列缺点，如车厢长度不足或后悬过长，汽车行驶时纵摆和横摆较大，在制动时或上坡时重量转移较大，使汽车的操纵性和稳定性变差。

2. 轮距

轮距是指同一轴上车轮接地点中心之间的距离，对双胎汽车，则是指两双胎接地点连线之中点之间的距离。

轮距对汽车的总宽、总重、横向稳定性和机动性影响较大。轮距愈大，则横向稳定性愈好，对增加轿车车厢内宽也有利。但轮距宽了，汽车的总宽和总重一般也加大，而且容易产生向车身侧面甩泥。此外，轮距过宽也会影响汽车的安全性，因此，轮距应与车身宽度相适应。

3. 前悬和后悬

前悬是指汽车最前端（除灯罩、后视镜等非刚性固定部分外）至前轴中心之间的水平距离。前悬的长度应足以固定和安装驾驶室前支点。发动机、水箱、转向机、弹簧前托架和保险杠等零件和部件。前悬不宜过长，否则，汽车的接近角过小。

后悬是指汽车最后端（除灯罩等非刚性固定部分外）至后桥中心之间的水平距离，后悬的长度主要决定于货厢长度、轴距和轴荷分配情况，同时要保证适当的离去角。

4. 汽车的外廓尺寸（总长、总宽、总高）

汽车的外廓尺寸是根据汽车的用途、道路条件、吨位（或载客数）、外形设计、公路限制和结构布置等因素来确定的。在总体设计时要力求减少汽车的外廓尺寸，以减轻汽车的自重，提高汽车的动力性、经济性和机动性。

每个国家对公路运输车辆的外廓尺寸均有法规限制。这是为了使汽车的外廓尺寸适合本国的公路桥梁、涵洞和铁路运输的标准及保证行驶的安全性。我国对公路车辆的极限尺寸规定如下：汽车总高≤4m；总宽（不含后视镜）≤2.5m；总长：货车（含越野车）≤12m，一般客车≤12m，铰接大客车≤18m，半挂牵引车（含挂车）≤16m，汽车拖挂后总长≤20m。

二、汽车的重量参数

1. 汽车的整备质量

所谓汽车的整备质量是指汽车按出厂技术条件装备完整（如备胎、工具等安装齐备），各种油水添满后的重量。这是汽车的一个重要设计指标。该指标既要先进又要切实可行。它与汽车的设计水平、制造水平以及工业化水平密切相关。同等车型条件下，谁的设计方法优化，生产水平优越，工业化水平高，则整备质量就会下降。

2. 汽车的载重质量（载客量）

汽车的载重质量是汽车的基本使用参数之一，它关系到汽车的运输效率、运输成本、使用方便性、产品系列化和生产装备等诸多方面。

确定汽车的载重质量应考虑下面几个因素：

（1）必须与汽车的用途和使用条件相适应。

（2）各种车型的载重量要合理分级，以利于产品的系列化、通用化和标准化。

（3）要考虑到对现有生产设备和生产线变动的大小和可利用程度。

3. 汽车总质量

汽车总质量是指汽车装备齐全，并按规定装满客（包括驾驶员）、装满货时的重量。

汽车总质量的确定：

对于轿车，汽车总质量＝整备质量＋驾驶员及乘员质量＋行李质量。

对于客车，汽车总质量＝整备质量＋驾驶员及乘员质量＋行李质量＋附件质量。

对于货车，汽车总质量＝整备质量＋驾驶员及助手质量＋货物质量。

4. 汽车自重利用系数

这是一个重要的评价指标（对载货车而言）。它是指汽车载重质量与汽车干重之比。所谓汽车干重就是指汽车无冷却液、燃油、机油、备胎及工具和附件时的空车重量。显然，在载重质量相同的情况下，干重越小，则汽车的质量利用系数也越高，其运输效率也越高。EQ1092F 的质量利用系数为 1.22 左右。随着汽车材料技术、制造水平和设计能力的发展，汽车质量利用系数有不断提高的趋势。

5. 汽车的轴荷分配

汽车的轴荷分配指汽车的质量在前轴、后轴上所占的比例。轴荷分配的原则是依据轮胎均匀磨损、汽车主要性能的需要以及汽车的布置型式来确定的。为了使轮胎均匀磨损，一般希望满载时每个轮胎的负荷大致相等。例如，对后轴为单胎的汽车，则希望前后轴的轴荷各为50%，而后轴为双胎的汽车，则希望后轴的轴荷按 2/3 比例来分配。实际生活中，这些只能近似满足要求，例如，一般载货汽车，其前轴荷分配在28% ~30%。

1.2.3 拓展知识

汽车常见参数

许多消费者在购车之前都会先关注车型的口碑，这是很实用的方法。不过读懂参数可能更方便找到满足自身需求的车型。

在每款车型上市前后，汽车厂家都会配套公布该车的一份完整参数表。虽然很多参数都仅仅是一个简单的数据，但就是这个简单的数据，要真正读懂也需要一些理性分析和研究。这是因为有些参数具有非常明显的实际意义，有些参数则不然。而且，同一组参数还可能让人产生混淆，毕竟汽车的结构和各种标准非常复杂，非专业人士难以准确地理解参数的意义是无可厚非的。

为了更准确地挑选到满足自己的车型，有些汽车参数还是必须仔细了解。以下就是最常接触到，也容易在解读时产生误差的汽车参数。

1. 发动机

目前，车市在售的车型中，发动机类型主要有 L 形（直列分布）、V 形（气缸分布呈一定夹角）两种，还有 B 形（水平对置）以及 W 形（气缸分布呈 W 形）两种不常见的。通常而言，L 形发动机绝大部分采用 4 缸设计，V 形发动机为 6 缸及以上。相比之下，L4 油耗更小，V6 动力更足。

此外，关于发动机，还分为前置、中置和后置，以及前驱和后驱等。现在绝大部分轿车采用了前置前驱方式，好处是减轻了车重，结构比较紧凑，动力传递效率高，燃油经济性好，并增强了操控稳定性和制动时的方向稳定性；但也有弊端，启动、加速或爬坡时，牵引力下降。另外一种比较可能接触到的则是前置后驱。这类车型的优势在于启动、加速或爬坡时驱动力更强，操纵性更好。例如凯美瑞就属于 L4 前置前驱车型，新一代天籁 2.5L 属于 V6 前置前驱车型，而锐志 2.5L 则属于 V6 前置后驱车型。

2. 最大功率

最大功率是关于发动机的动力参数之一。简单地理解，功率越高，车辆的最大车速将越大。

很多消费者在购车之前都会对不同车型的最大功率进行比较，认为越高越好，这没错，但存在片面性。和最大功率相关的，还有一个非常重要的参数——发动机转速。例如某款 1.8L

发动机，最高功率达到103kW，但其前提条件是发动机转速必须达到6300r/min。显然，6300r/min在日常使用中出现的几率极小，小到基本上可以忽略，实际意义并不大。

因此，关于功率参数，更应该关注其在常见转速下的发挥情况，例如2000r～4000r内发动机能发挥出多大的功率。

3. 最大扭矩

扭矩越大，则意味着车辆的瞬间加速性将越好。而在这个参数中，发动机转速更值得去研究。

和最大功率一样，最大扭矩所需的发动机转速越高，现实意义将越小。为了让消费者更好地理解这一问题，许多发动机技术实力较强的汽车厂家通常都会附带另外一项说明，例如在2000r～3500r之间，发动机能爆发出90%的扭力等。这也是现在低转高扭车型之所以受到欢迎的原因之一。

4. 变速箱

轿车的变速箱主要有自动变速箱、手动变速箱和手自一体变速箱等。自动变速箱又可分为有级变速箱和无级变速箱，前者如4速、5速、6速乃至7速自动变速箱，后者如CVT。

从理论上来看，手动变速箱通过驾驶者对情况的判断来换挡，提速或减速在变速箱中最为直接，劣势是城市驾驶的方便性降低。自动变速箱刚好与此相反。

有级变速箱的级数越多，意味着车辆行驶的平顺性和节油性越好，并且保养相对低廉，耐用性好；CVT的原理就是将级数增加到无限多，平顺性和节油性显然更好，但保养也相对较高，耐用性则降低。

至于手自一体变速箱，通常都在20万元及以上的车型中得到应用。它的好处是兼顾了驾驶乐趣和驾驶的方便性。

5. 油耗

油耗是目前最受消费者关注的参数之一。汽车厂家在车型发布时也会公布油耗参数，但往往为了数据上好看，一般都采用了“理论油耗”或者“等速油耗”等字眼。因此关于这一参数需要特别分析。

每款发动机都有所谓的经济时速，例如90km/h，在这一时速下油耗最低。但城市路况下这种情况并不多，实际意义也被大大削弱。至于理论油耗，甚至是在这种情况下，再剔除各种影响因素，例如风阻等，油耗更低。这几乎可以将其视为发动机的潜力，或者直接忽略不计。

此外，特别值得一提的是，看油耗参数还要与车重联系起来看。例如欧洲车的车重普遍比日系车重，那么同一排量下油耗偏高也可以理解了。

6. 轴距

轴距和车长存在一定的联系，却是分开的两个独立的概念。通常而言，轴距越长，意味着车辆的行驶稳定性越高，车内空间越大，舒适性越好，而车辆的转弯半径也越大。

7. 风阻系数

汽车的风阻系数经常被准车主们忽略，其实风阻是个非常重要的参数，它关系到车辆行驶时的噪声、油耗、稳定性等重要问题。

空气阻力是汽车行驶过程中遇到最大的也是最重要的外力（高速时）。权威测试表明，当车辆以 80km/h 的速度前进时，60% 的耗油是用于克服风阻消耗；当车辆以 200km/h 前进时，85% 的油耗是用于克服风阻。一辆车的风阻系数每降低 10%，至少能降低 7% 的油耗，而百公里加速将可能提高 23%。目前，大多数轿车的风阻系数在0. 28 ~ 0. 4 间，流线性较好的轿车风阻系数可能仅有 0. 25 左右。

项目2 汽车安全性能检测

〈**典型事故/案例**〉

故障现象一：

一辆一汽奥迪100轿车空车、低速行驶时，制动正常，但重载、高速时，制动力则显得不足，表现为制动不灵。

故障现象二：

一辆奔驰S600轿车，加速防滑系统ASR故障灯亮且加速无力，怠速过高，右侧节气门动作时还有“咔咔”的异响声。

〈**项目任务**〉

汽车制动、侧滑、前照灯、车速表进行相关性能参数检测。

〈**能力目标**〉

能对汽车的安全性能进行正确的检测，并对检测结果进行分析和评价。

〈**知识目标**〉

了解汽车安全性能检测项目基本内容，检测相关标准；理解检测设备工作原理，基本结构；掌握各检测项目基本操作规范。

〈**素质目标**〉

加强安全教育，增强安全意识；培养严谨的工作作风和科学的工作态度。

任务2.1 制动性能检测

2.1.1 任务实施

汽车制动性能检验

1. 制动性能台试检验

1）制动性能台试检验的主要检验项目

（1）制动力；

（2）制动力平衡要求；

（3）车轮阻滞力；

（4）制动协调时间。

2）制动性能台试检验的技术要求

（1）制动性能台试检验车轴制动力的要求见表 2-1。

表 2-1

车辆类型	制动力总和整车质量的百分比/%		前轴制动力于轴荷的百分比/%
	空载	满载	
汽车、汽车列车	≥60	≥50	≥60

注：空、满载状况下测试应满足此要求

（2）制动力平衡要求。

在制动力增长全过程中，左、右轮制动力差与该左、右轮中制动力大者比较，对前轴不得大于20%，对于后轴不得大于24%。

（3）车轮阻滞力。

汽车和无轨电车车轮阻滞力均不得大于该轴轴荷5%。

（4）驻车制动性能检验。

当采用制动试验台检验车辆驻车制动的制动力时，车辆空载，乘坐一名驾驶员，使用驻车制动装置，驻车制动力的总和应不小于该车在测试状态下整车重量的20%。对总质量为整备质量1.2倍以下的车辆此值为15%。

（5）机动车制动完全释放时间限制。

机动车制动完全释放时间（从松开制动踏板到制动消除所需要的时间）对单车不得大于0.8s。

根据《机动车运行安全技术条件》中的规定，当汽车经台架检验后对制动性能有质疑时，可用道路试验检验，并以满载的检验结果为准。

3）制动性能台式检验方法

（1）用反力式滚筒试验台检验。

制动试验台滚筒表面应干燥，没有松散物质即油污。驾驶员将车辆驶上滚筒，位置摆正，变速器置于空挡，启动滚筒，使用制动，测取各轮制动力、每轴左右轮在制动力增长全过程中的制动力差、制动协调时间、车轮阻滞力和驻车制动力等参数值，并记录车轮是否抱死。

在测量制动时，为了获得足够的附着力以避免车轮抱死，允许在车辆上增加足够的附加质量和施加相当于附加质量的作用力（附加质量和作用力不计入轴荷）；也可采取防止车轮移动的措施（例如加三角垫块或采取牵引等方法）。

a）试验台的准备：

①检查试验台滚筒上有无泥、水、油等杂物，如有则应清除干净。

②使滚筒在无负荷状态下运转，检查并调整仪表指针零位。

③检查举升器动作是否灵活，如动作阻滞或有漏气部位应进行检修。举升器是否在升起位置。否则应使举升器升起到位。

④检查各指示灯工作是否正常。

⑤检查各种导线有无因损伤造成接触不良现象。

b）被测车辆的准备：

①核实汽车各轴轴荷，确保被测汽车车轴轴荷在试验台允许载荷范围内。

②检查轮胎是否粘有泥、水、油污等杂物。要特别注意检查轮胎花纹内或后轴双轮胎间嵌入的小石子与石块，应清除干净。

③检查轮胎气压，使其符合出厂规定值。

c）测试步骤：

①接通试验台总电源，按说明书要求预热至规定时间。

②汽车从其纵向中心线与滚筒轴线垂直的方向驶入试验台。先前轴，再后轴，使车轮处于两滚筒之间的举升平板上。

③汽车停稳后，变速器置于空挡位置，脚、手制动处于放松状态，能测制动协调时间的试验台还应将脚踏开关套装在制动踏板上。

④降下举升平板，至轮胎与举升平板完全脱离为止。

⑤起动电动机，使滚筒带动车轮旋转，待转速稳定后，从仪表上读取车轮阻滞力数值。

⑥踩下制动踏板，从指示仪表上读取最大制动力值，并打印检测结果，一般试验台在 1.5s ~ 3.0s 后或第三滚筒发出车轮即将抱死的信号后滚筒自动停转。

⑦升起举升平板，驶出已测车轴，按上述相同方法继续进行检测。

⑧所有车轴的脚制动及驻车制动性能检测完毕后，升起举升平板，汽车驶出试验台。

⑨切断试验台总电源。

（2）用平板制动试验台检验。

制动试验台平板表面应干燥，没有松散物质或油污。驾驶员以 5km/h ~ 10km/h 的速度将车辆对正平板台并驶上平板，将变速器置于空挡，急踩制动，使车辆停住，测得的各轮制动力、每轴左右轮在制动力增长全过程的制动力差、制动协调时间、车轮阻滞力和驻车制动力等参数值。

2. 制动性能路试检验

1）制动性能路试检验项目（见表 2-2 ~ 表 2-8）

表 2-2　制动距离和制动稳定性要求

车辆类型	制动初速度/(km/h)	满载检验制动距离要求/m	空载检验制动距离要求/m	制动稳定性要求，车辆任何部位不得超出试车道宽度/m
座位数≤9 的载客汽车	50	≤20	≤19	2.5
其他总质量≤4.5t 的汽车	50	≤22	≤21	2.5*
其它汽车、汽车列车及无轨电车	30	≤10	≤9	3.0
注：对质量大于 3.5t 并小于等于 4.5t 的汽车，试车道宽度为 3.0m				

（1）制动距离；

（2）充分发出的平均减速度；

（3）制动稳定性；

（4）制动协调时间；

（5）驻车制动坡度。

2）制动性能路试检验要求

表 2-3　制动减速度和制动稳定性要求

车辆类型	制动初速度/(km/h)	满载检验充分发出的平均减速度/（$m \cdot s^{-2}$）	空载检验充分发出的平均减速度/（$m \cdot s^{-2}$）	制动稳定性要求，车辆任何部位不得超出试车道宽度/m
座位数≤9 的载客汽车	50	≥5.9	≥6.2	2.5
其他总质量≤4.5t 的汽车	50	≥5.4	≥5.8	2.5*
其他汽车、汽车列车及无轨电车	30	≥5.0	≥5.4	3.0
注：对质量大于 3.5t 并小于等于 4.5t 的汽车，试车道宽度为 3.0m				

表 2-4　制动性能检验时制动踏板力或制动气压要求

项　　目		空　　载	满　　载
气压制动系气压表指示气压 /kPa		≤600	≤额定工作气压
液压制动系踏板力/N	座位数≤9 的载客汽车	≤400	≤500
	其他汽车	≤450	≤700

表 2-5　空载状态驻车制动性能要求

车辆类型	轮胎与路面间的附着系数	停驻坡道坡度（车辆正方向）/%	保持时间/min
总质量/整备质量<1.2	≥0.7	15	≥5
其他车辆	≥0.7	20	≥5

表 2-6　驻车制动性能检验时操纵力

车辆类型	手操纵时操纵力/N	脚操纵时操纵力/N
座位数≤9 的载客汽车	≤400	≤500
其他车辆	≤600	≤700

表 2-7　应急制动性能要求

车辆类型	制动初速度/（km/h）	制动距离/m	充分发出的平均减速度/（$m \cdot s^{-2}$）	手操纵力/N	脚操纵力/N
座位数≤9 的载客汽车	50	≤38	≥2.9	≤400	≤500
其它载客汽车	30	≤18	≥2.5	600	≤700
其他车辆	30	≤20	≥2.2	≥600	≤700

表2-8　制动协调时间

单车制动协调时间/s	0.6
汽车列车制动协调时间/s	0.8

3）路试制动性能检验方法

测试路面应平坦（坡度不超过1%）、干燥和清洁的水泥或沥青路面。轮胎与路面之间的附着系数不小于0.7，风速不大于5m/s，在试验路面上应画出标准中规定的制动稳定性要求相应宽度试车道的边线。被测车辆沿着试验车道的中线行驶至高于规定的初速度后，将变速器置于空挡，当滑行到规定的初速度时急踩制动，使车辆停止。

用速度计，第五轮仪或用其他测试方法测量车辆制动距离。

用速度计，制动减速度仪或用其他测试方法测量车辆重复发出的平均减速度（MFDD）与制动协调时间。重复发出的平均减速度应在测得公式（MFDD）中相关参数后计算确定。

3. 两种检验方法比较

路试法检验制动性能的优点是直观、简便，能真实地反映实际工作中汽车动态的制动性能，能综合反映汽车其他系统的结构性能对汽车制动性能的影响，如转向机构，且不需要大型设备与厂房，但也存在下列不足之处：

（1）只能反映整车制动性能的好坏，而对于各轮的制动状况及制动力的分配，虽能从拖、压印做出定性分析，但不易取得定量的数值。

（2）不易诊断故障发生的部位。

（3）重复性较差。制动距离的长短和制动减速度的大小，往往因驾驶员操作方法、路面状况和交通状况而异，只有在专用试验仪器的情况下才能获得重复性较好的检验结果。

（4）除道路条件外，路试还将受到气候条件等的限制，且易发生事故的危险性。

（5）消耗燃料、磨损轮胎。紧急制动时的冲击载荷对汽车各部件都有不良影响。

台试法检验制动性能的优点是迅速、准确、安全，不受外界条件的限制，重复性较好，能测得各车轮的制动全过程（制动力随时间增长的过程）。有利于分析前、后轴制动力的分配及每轴制动力的平衡状态、制动协调时间等参数，给故障诊断提供可靠依据。

台试法检验的不足之处有：

（1）通常台试法被检车辆处于空载状态，且制动时没有因惯性作用而引起的轴荷前移作用，故前轴车轮容易抱死而不易测得前轴制动器可能提供的最大制动力。

（2）同一试验台对于不同型号的车辆（主要是轮胎直径不同的车辆），因其轮胎在试验台滚筒间的安置角不同而影响其制动测定能力（即最大制动力的测定）。图2-1所示为被测车轮在滚筒试验台上进行制动测试的受力情况。

当车轮制动时，试验台所能提供的附着力为：

$$F_{\varphi} = (F_{N1} + F_{N2})\ \varphi = \frac{G \cdot \varphi}{(1+\varphi^2)\ \cos\alpha}$$

受安置角，α 附着系数 ϕ，水平推力 F（与测试车轮的制动性能有关）等三个因素的影响，当安装角 α，附着系数 ϕ 、水平推力 F 增加时，试验台所能提供的附着力相应增大。而安置角 α 与被测车轮的直径 D、试验台的结构参数、滚筒中心距 L、滚筒直径 d 有关。当 D、d 减小，L 增大时会使安置角 α 增大。

为了防止测试制动力时整车平移，希望受检测车轮不脱离前滚筒，即 $N_1 \geqslant 0$，且 $F=0$，则可推得：$\sin\alpha - \phi\cos\alpha \geqslant 0$，即 $\tan\alpha > \phi$。若滚筒附着系数按 0.7 计算，则相应的安置角 α 约为 35°。

以上分析可见，适当大的安置角对检测有利，但也不是越大越好，因为当安置角 α 增大时车轮轮胎相对变形增大，迟滞损失增大，滚筒带动车轮轮胎的附加转矩增大，仪器示值大，影响测量精度，同时增加车轮驶离滚筒时的困难。

(3) 制动测试滚筒的制动速度较低与实际制动状况相差甚远。这将影响所测试制动力上升速度使制动协调时间延长，若与采用时间不能很良好匹配时甚至影响所测制动力值的大小。不能反映汽车其他系统（如转向机构、悬架）的结构、性能对制动性能的影响。

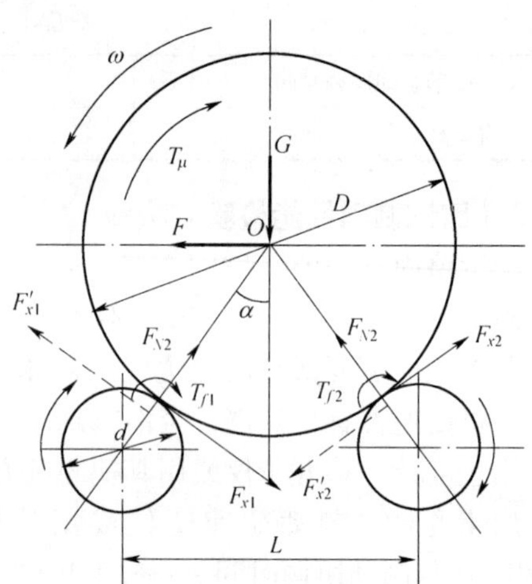

图 2-1 在试验台上试验时车轮受力图

G——车轮所受的载荷；

F——车桥对车轮水平轴的推力；

F_{N1}、F_{N2}——滚筒对车轮的支承力；

F_{x2}、F_{x2}——滚筒对车轮的切向摩擦力，$F_x = F_N\varphi$；

F'_{x1}、F'_{x2}——车轮对滚筒的切向反作用力；

φ——滚筒与车轮的表面附着系数；

T_μ——制动器摩擦力矩；

T_{f2}、T_{f2}——车轮滚动阻力矩；

α——安置角，$\alpha = \sin(L/(D/d))$。

安全提示：

1. 制动检测设备必须在指导老师的指导下进行，注意操作规范。
2. 检测过程中，所有同学站在安全线内。

2.1.2 支撑知识

一、汽车制动性能的评价指标

1. 制动效能

制动效能是指汽车迅速降低行驶速度直至停车的能力，是制动性能最基本的评价指标。它是由制动力、制动减速度、制动距离和制动时间来评价的。

2. 制动力

汽车在制动过程中人为地使汽车受到一个与其行驶方向相反的外力，汽车在受一外力作用下迅速地降低车速至停车，这个外力称为汽车的制动力。

图 2-2 为汽车在良好的路面上制动时的车轮受力图，图中 T_μ 为车轮制动器的摩擦力矩，T_j 为汽车旋转质量的惯性力矩，T_f 车轮的滚动阻力矩，F 为车轴对车轮的推力，G 为

车轮的垂直载荷，F_Z 是地面对车轮的法向反作用力。

在制动工程中滚动阻力矩 T_f，惯性力矩 T_j 相对较小时可忽略不计。地面制动力 F_X 可写为：

$$F_X = \frac{T_\mu}{r}$$

式中　r——车轮半径。

地面制动力 F_X 是汽车制动时地面作用于车轮的外力，F_X 值取决于车轮的半径与制动器的摩擦力矩 T_μ，但其极限值受到轮胎与地面间附着力 F_φ 的限制。

在轮胎周缘克服车轮制动器摩擦力矩所需的力称为制动器制动力 F_μ，即

$$F_\mu = \frac{T_\mu}{r}$$

式中　T_μ——车轮制动器（制动蹄与制动鼓相对滑转时）的摩擦力矩。

制动器制动力 F_μ 取决于制动器结构、型式与尺寸大小，制动器摩擦副系数和车轮半径。一般情况下其数值与制动踏板成正比，即与制动系的液压或气压大小成线性关系。对于机构、尺寸一定的制动器而言，制动器动力主要取决于制动踏板与摩擦副的表面状况，如接触面积大小，表面有无油污等。

图2-3是在不考虑附着系数 φ 变化的制动过程，地面制动力 F_X 及附着力 F_φ 随制动系的压力（液压或气压）的变化关系。

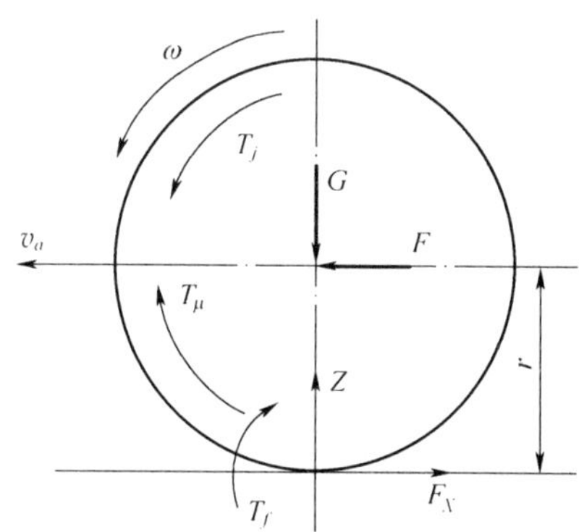

图2-2　制动时车轮受力

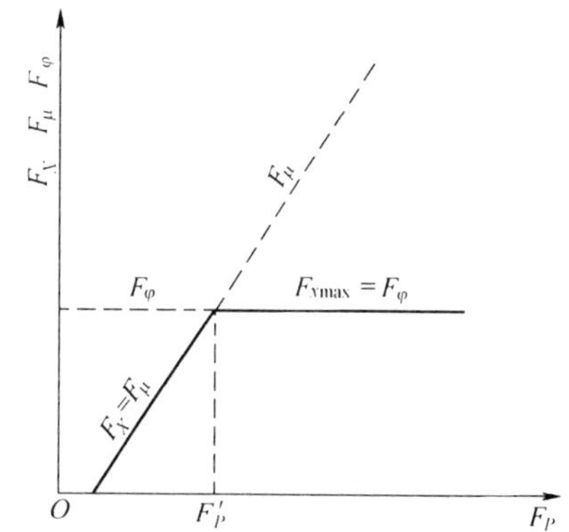

图2-3　地面制动力、制动器制动力及附着的关系

车辆制动时，车轮有滚动或抱死滑移两种运动状态。当制动踏板力 F_P（$F_P < F'_P$）较小时，踏板力和制动摩擦力矩不大，地面与轮胎摩擦力即地面制动力 F_X 足以克服制动器摩擦力矩使车轮滚动。车轮滚动时的地面制动力等于制动器制动力（$F_X = F_\mu$），且随踏板力 F_P 的增长成正比增长。

但当制动踏板力 $F_P = F'_P$ 时，地面制动力 F_X 等于附着力 $F_\varphi = F_Z\varphi$ 时，车轮即抱死而出现拖滑现象，显然，地面制动力 F_X 受轮胎与路面附着条件的限制，其最大值 $F_{X\max}$ 不可超过附着力，即

$$F_X \leqslant F_\varphi = F_Z\varphi \text{ 或 } F_{X\max} = F_Z\varphi$$

当车轮抱死而拖滑后，随着制动踏板力继续增大（$F_P > F'_P$），制动器制动力 F_μ 由于制动器摩擦力矩的增长而直线上升，当地面制动力 F_X 达到极限值 F_φ 后不再增长。

因此，地面制动力 F_X 首先取决于制动器制动力 F_μ，但同时又受到地面附着条件 F_φ 的限制。所以，汽车制动时必须具有足够的制动器制动力（制动器摩擦力矩），同时路面又能提供高的附着力，才能获得足够的地面制动力。

由上述分析可知，制动器制动力是评价汽车制动性能的最基本指标之一。通过对制动力的检测，不仅可以测得各车轮的制动力的大小，还可了解汽车前后轴制动力合理分配，以及两轮制动力平衡状况。若同时测得制动协调时间便能全面的检验车辆的制动性能。

在试验台检验车轮制动时，与车辆行驶中情况类似，车轮也会出现两种运动状态，一种是车轮转动状态，此时试验台将测得与制动踏板力相应的最大车轮制动力（等于制动器制动力）；另一种是车轮处于停转（试验台滚筒相对车轮轮胎滑转）状态，此时试验台测得的车轮制动力（相当于前述的地面制动力）将等于轮胎与试验台滚筒之间的附着力。往往小于车轮制动器制动力，而无法测得车轮制动器制动力的最大值。因为附着力大小和轮胎与滚筒之间的正压力及附着系数有关。

正压力与轮轴负荷大小，以及车轮在试验台上与滚筒之间的安置角有关，在试验检测时该轮轴负荷多半是车辆空载状态。为排除这种检测的不确切性，在 GB 7258—2004《机动车运行安全技术条件》内规定可通过增加相应车轴上的附加质量和作用力来获得足够的附着力。

3. 制动距离

制动距离与行车安全有直接关系，而且最直观。驾驶员可按预计停车地点来控制制动强度，故政府职能部门通常按制动距离来制定安全法规。

各国对制动距离的定义不一致，在我国安全法中，是指在指定的道路条件下，机动车在规定的初速度下急踩制动时，从脚接触制动踏板（或手触动制动手柄）时起至车辆停止车辆驶过的距离（见 GB 7258—2004）。制动距离与制动过程的地面制动力以及制动传动机构与制动器工作滞后时间有关，而地面制动力与检验时在制动踏板上的踏板力或制动系的压力（液压或气压）以及路面的附着条件有关，因此，测试制动距离时必须对制动踏板力或制动系的压力以及轮胎与地面的附着条件做出相应的规定。

4. 制动减速度

制动减速度 j 与地面制动力 F_X 及车辆总质量有关，以下式表示：

$$j=\frac{g}{\delta\times G}F_X$$

式中 G——汽车总重力；

g——重力加速度；

δ——汽车旋转质量换算系数。

对某一具体车辆而言，制动减速度与地面制动力是等效的。因此也常用制动减速度作为评价制动效能的指标。制动减速度在一次制动过程中是变化的，如图 2-4 所示。当车辆制动到全部车轮抱死滑移时，回转质量换算系数 δ 等于 1，而此时地面制动力 $F_X=F=G_\varphi$，由此可得最大减速度：

$$j_{\max}=g\cdot\varphi$$

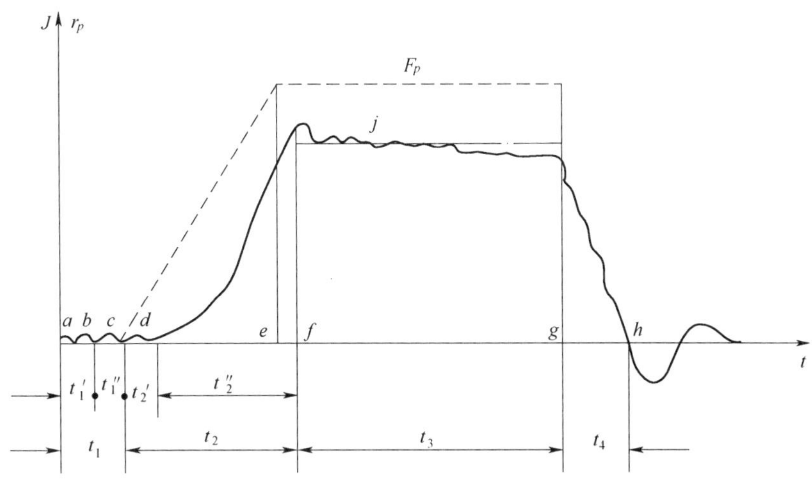

图2-4　制动过程中制动减速度变化

通常，车辆检测时用平均减速度或最大减速度作为制动效能的评价指标，在我国的安全法中则采取充分发出的平均减速度 *MFDD*（Mean Fully Development Deceleration）

$$MFDD = \frac{V_b^2 - V_e^2}{25.92\ (S_e - S_b)} \quad (\mathrm{m/s})$$

式中　V_b——$0.8V_o$，车辆速度（km/h）；

V_e——$0.1V_o$，车辆速度（km/h）；

V_0——制动初速度（km/h）；

S_b——在速度 V_o 和 V_b 之间车辆驶过的距离（m）；

S_e——在速度 V_o 和 V_e 之间车辆事故的距离（m）。

充分发挥的平均减速度 *MFDD* 的表达式可通过舞体运动过程功能平衡的原理推导得到。当汽车由制动初速度 V_0 经制动到 V_b 的过程中，其动能变化为$\frac{1}{2}m\ (V_0^2 - V_b^2)$，应等于地面制动力对汽车做的阻力功 mjS_b，即

$$\frac{1}{2}m\ (V_0^2 - V_b^2) = mjS_b$$

式中　m——汽车的总质量；

j——制动过程的平均减速度。

上式可简化为

$$V_0^2 - V_b^2 = 2jS_b$$

同理，当车辆由制动初速度经制动减速达到 V_e 的过程，有计算式

$$V_0^2 - V_e^2 = 2jS_e$$

为简化起见，假设制动过程中车辆的平均减速度是相同的，则上面两式可合并得：

$$V_b^2 - V_e^2 = 2j\ (S_e - S_b)$$

式中 V_b、V_e 的单位为 km/h，若以基本单位进行运算则应乘系数 1/3.6，将上式整理得：

$$j = \frac{1}{2\ (3.6)^2} \times \frac{V_b^2 - V_e^2}{S_e - S_b} = \frac{V_b^2 - V_e^2}{25.92\ (S_e - S_b)}$$

当制动过程比较稳定，制动减速度比较稳定也可以认为充分发出的平均减速度是采样时段的平均减速度，即为

$$\frac{V_b - V_e}{3.6t_{be}} \ (\mathrm{m/s^2})$$

式中：t_{be}为汽车速度由 V_b 降至 V_e 所用的时间。

5. 制动时间

制动过程所经历的时间即制动时间，制动时间很少作为单纯的评价指标。但是作为分析制动过程和评价制动效能又是不可缺少的参数。如对于同一型号的两辆汽车产生同样的制动力所经历的时间不同，在两辆汽车的制动距离就可能相差很大，对行驶安全将产生不同效果。因此，通常把制动时间作为一辅助的评价指标。制动过程各阶段的时间分布大致如图2-4所示。图中所示时间 t_1 为驾驶员反应时间，从接受制动信号到脚踩到制动踏板为止，一般需要0.7～1.0s。该时间车辆按原车速继续行驶；t_2 为制动器作用时间（又称制动协调时间）。一般为0.2～0.7s，主要取决于驾驶员踩制动踏板的速度和制动系的形式和结构，该期间制动减速度逐渐增大，直至达到最大制动减速度；t_3 为持续制动时间，该期间制动减速度基本不变；t_4 为制动释放时间，一般在0.2～1.0s之间。

在我国安全法规中还采用制动协调时间评价制动效能（见GB 7258—2004）。该法规中所提到的制动协调时间是指，在急踩制动时从踏板开始工作至车辆减速度（或制动力）达到规定的车辆充分发出的平均减速度的75%时所需时间。

6. 制动抗热衰退性

汽车制动抗热衰退性能是指汽车高速制动、短时间内重复制动或下长坡连续制动时制动效能的热稳定性。因为制动过程实质是把汽车的动能通过制动器吸收转化为热能。制动过程中制动器温度不断升高，制动器摩擦系数下降，制动器摩擦阻力矩减小，从而使制动能力降低，这种现象称热衰退现象。因此，可以用制动器处于热状态时能否保持有冷状态时的制动效能来评价汽车制动抗热衰退性能。制动抗热衰退性是衡量制动效能恒定性的一个指标。随着高速公路的发展和车速的提高，汽车制动性能的恒定性也愈来愈高。但由于测试方法复杂，在一般汽车综合检测中较难实施。对于在用汽车也无需检测制动抗热衰退性。

7. 制动稳定性

制动稳定性是指制动时汽车的方向稳定性。通过制动时汽车按给定轨迹行驶的能力来评价，即汽车制动时维持直线行驶或预定弯道行驶的能力。制动稳定性良好的汽车，在试验时不会产生不可控制的效能使汽车偏离一定的试验通道。我国安全法规中对制动稳定性有相应的规定。

汽车丧失制动稳定性表现为制动跑偏和车轮侧滑现象，特别是后轮侧滑，是造成交通事故的重要原因。

汽车制动跑偏是指汽车制动时不能按直线方向减速停车，而无法控制地向左和向右偏驶的现象。汽车制动时出现某一轴或两轴的车轮相对地面同时发生横行移到的现象称为制动侧滑现象。

产生制动跑偏的主要原因是汽车左右车轮制动时制动力增长快慢不一致或左右轮制

动力不等，特别是转向轮左右车轮制动器制动力不相等。另外，轮胎的机械特性、悬架系统的结构与刚度、前轮定位、道路状况、车轮负荷分布状况等因素也会影响制动跑偏。为了控制制动跑偏，在安全法规中对左右轮制动力的平衡有相应要求。

汽车在制动过程中，当车轮未抱死制动时，车辆具有承受一定侧向力的能力。汽车在一般横向干扰力的作用下不会发生制动侧滑现象。当车轮抱死制动时，车轮承受侧向力的能力几乎全部丧失，汽车在横向干扰力作用下极易发生侧滑。

制动时前后轮抱死的顺序取决于设计时制动力在各轴之间的合理分配。为了改善制动稳定性，在有的汽车上装有制动力分配调节装置，如限压阀、比例阀、感载阀等，目前以发展到采用计算机来控制的汽车防抱死装置。汽车制动跑偏与汽车制动时车轮侧滑也是有联系的。严重的跑偏常会引起后轮侧滑。

上述几方面的评价指标主要评价汽车制动时，制动性能的好坏，然而一旦需要解除制动力时，制动装置能否迅速、彻底、解除往往也会影响行车安全，严重时也会造成交通事故。例如当车轮抱死制动而汽车又失去控制时，驾驶员通过放松制动踏板不能迅速解除制动，此时汽车将可能丧失制动稳定性。

在行车中，若踩下制动踏板后再抬起踏板而不能迅速解除制动，这种现象称为制动拖滞。除上例外，一般情况下这种现象不会立即引起行车事故，但如果不及时排除其故障，将会导致制动系统损坏，特别是引起制动系过热，制动蹄片烧蚀，降低车辆制动性能，增加车辆行驶阻力。因此，车轮阻滞力也应列入汽车制动性能检测项目。但需要指出的是这里所检测的车轮阻滞力除包含制动系的因素外，还与车轮安装有关，如轴承安装紧度、车轴变形以及车轮与试验台滚筒之间的安置角等。

二、汽车制动试验台

1. 单轴反力式滚筒制动试验台

1）基本结构

单轴反力式滚筒制动试验台的结构简图如图 2-5 所示。

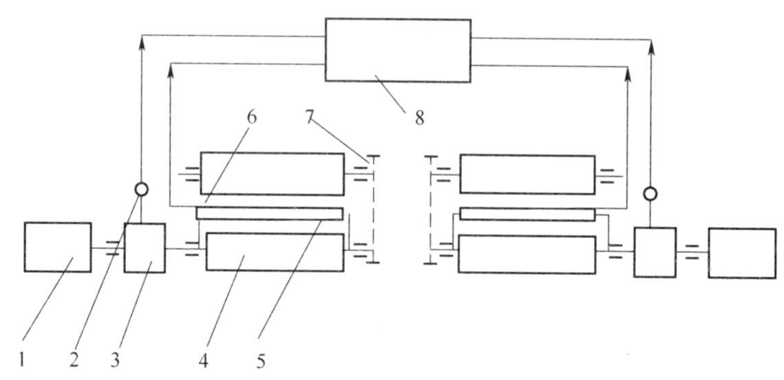

图 2-5　单轴反力式制动试验台原理图

1—电动机；2—压力传感器；3—减速器；4—滚筒；5—第三滚筒；6—电磁传感器；7—链传动；8—测量指示仪表。

它由结构完全相同左右两套车轮制动力测试单元和一套指示控制装置组成。每一套车轮制动力测试单元由框架（有的试验台将左右测试单元由框架制成一体）、驱动装置、滚筒组、举升装置、测量装置等构成。

（1）驱动装置。

驱动装置由电动机、减速器和链传动组成。电动机通过减速器两级减速后驱动（或再通过链传动，如图 2-6 所示）主动滚筒，主动滚筒通过链传动带动从动滚筒旋转。减速器输出轴与主动滚筒共用一轴，减速器壳体为浮动连接（即可绕主动滚筒轴自由摆动。或如图 2-5 所示，电动机电枢轴与减速器输出轴同心，减速器壳与电动机壳连成一体，电动机电枢轴与减速器输出轴分别通过滚动轴承及轴承座支承在框架上，减速器壳与电动机壳可绕支承轴线自由摆动）。

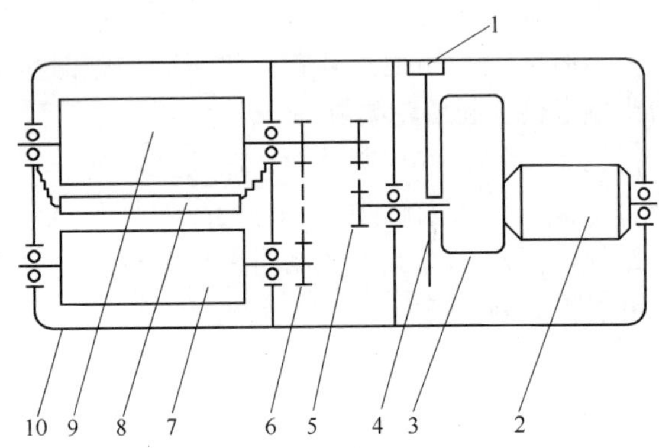

图 2-6　车轮制动力测试单元

1—传感器；2—电动机；3—减速器；4—测力杆；
5、6—链传动；7—从动滚筒；8—第三滚筒；9—主动滚筒；10—框架。

（2）滚筒组。

每一车轮制动力测试单元设置一对主、从动滚筒。每个滚筒的两端分别用滚动轴承与轴承座支承在框架上，且保持两滚筒轴线平行。滚筒相当于一个活动的路面，用来支承被检车辆的车轮，并承受和传递制动力。汽车轮胎与滚筒间的附着系数将直接影响制动试验台所能测得的制动力大小。为了增大滚筒与轮胎间的附着系数，滚筒表面都进行了相应加工与处理，如矩形槽滚筒、表面粘砂滚筒、表面烧结滚筒等。这些滚筒表面附着系数均能达到 0.7 以上。目前采用较多的有下列 5 种。

①开有纵向浅槽的金属滚筒，在滚筒外圆表面沿轴向开有若干间隔均匀、有一定深度的沟槽。这种滚筒表面附着系数最高可达 0.65。在制动试验车轮抱死时，容易剥伤轮胎。当表面磨损且沾有油、水时，附着系数将急剧下降。

②表面粘有熔烧铝矾土砂粒的金属滚筒，这种滚筒表面无论干或湿，其附着系数可达 0.8。

③表面具有嵌砂喷焊层的金属滚筒喷焊层材料选用 NiCrBSi 自熔性合金粉末及钢砂。这种滚筒表面新的时候其附着系数可达 0.9 以上，其耐磨性也较好。

④高硅合金铸铁滚筒，这种滚筒表面带槽、耐磨，附着系数可达 0.7 ~0.8，价格便宜。

⑤表面带有特殊水泥覆盖层的滚筒，这种滚筒比金属滚筒表面耐磨，表面附着系数可达 0.7 ~0.8。但表面容易被油污与橡胶粉粒附着，使附着系数降低。

滚筒直径与两滚筒间中心距的大小，对试验台有较大影响。滚筒直径增大有利于改善与车轮之间的附着情况，增加测试速度，使检测过程更接近实际制动情况。但必须相应增加驱动电机的功率。而且随着滚筒直径增大，两滚筒中心距也增大，才能保证合适的安置角。这样使试验台结构尺寸相应增大，制造要求提高。

有的滚筒制动试验台在主、从动滚筒之间设置一直径较小，既可自转又可上下摆动的第三滚筒，平时由弹簧使其保持在最高位置，而在设置有第三滚筒的制动试验台上大都取消了举升装置。在第三滚筒上装有转速传感器。在检验时，被检车辆的车轮置于主、从动滚筒上的同时压下第三滚筒，并与其保持可靠接触。控制装置通过转速传感器即可获知被测车轮的转动情况。当被检车轮制动，转速下降至接近抱死时，控制装置根据转速传感器送出的相应电信号使驱动电动机停止转动，以防止滚筒剥伤轮胎和保护驱动电动机。第三滚筒除了上述作用外，有的试验台上还作为安全保护装置用，只有当两个车轮制动测试单元的第三滚筒不同时被压下时，试验台电动机电路才能接通。

(3) 制动力测量装置。

制动力测量装置主要由测力杠杆和传感器组成。测力杠杆一端与传感器连接，另一端与减速器壳体连接，被测车轮制动时测力杠杆与减速器壳体将一起绕主动滚筒（或绕减速器输出轴、电动机枢轴）轴线摆动，传感器将测力杠杆传来的、与制动力成比例的力（或位移）转变成电信号输送到指示、控制装置，传感器有应变测力式、自整角电动机式、电位计式、差动变压器式等多种类型。日本式制动试验台多采用自整角电机式测量，而欧洲式以及近期国产制动试验台多用应变测力式传感器。

(4) 举升装置。

为了便于汽车出入制动试验台，在主、从两滚筒之间设置有举升装置。该装置通常由举升器、举升平板和控制开关等组成，举升器常用的有气压式、电动螺旋式、液压式三种形式。气压式是用压缩空气驱动气缸中的活塞或使气囊膨胀完成举升作用；电动螺旋式是由电动机通过减速器带动丝母转动，迫使丝杠轴向运动起举升作用；液压式是由液压举升缸完成举升动作。带有第三滚筒的制动试验台不用举升装置。

(5) 指示与控制装置。

制动力指示装置有指针式和数字显示式两种。指针式指示仪表有单针式和双针式两种形式。制动试验台控制装置一般采用电子式。为提高自动化与智能化程度，有的控制装置中配置计算机。带计算机的控制装置多配置数字显示器，但也有配置指针式指示仪表的。带计算机的指示与控制装置主要由计算机、放大器、A/D 转换器、数字显示器和打印机等组成，如图 2-7 所示。目前指示装置向大型点阵显示屏或大表盘、大刻度方向发展。以使检测人员在较远距离处也清晰易读。

指针式指示仪表有两种形式，一种是一轴单针式，另一种是一轴双针式，如图2-8所示。

采用一轴单针式指示仪表时，则每一车轮测试单元配置一个指示仪表，分别指示左右轮的制动力；采用一轴双针式指示仪表时，则左、右车轮测试单元指示装置共用一个刻度盘，两根表针分别指示左、右轮的制动力，所谓一轴双针，实际上是一根实心轴与一根空心轴套装在一起，两根表针套在各自的转轴上，如手表的秒针、分针一样。它的优点是容易读出制动过程差（剪力差）。目前指示装置向大型点阵显示屏或大表盘方向发展，以使检测人员在较远处也清晰易读。

2）工作原理

进行车轮制动力检测时，被检汽车驶上制动试验台，车轮置于主、从动滚筒之间，

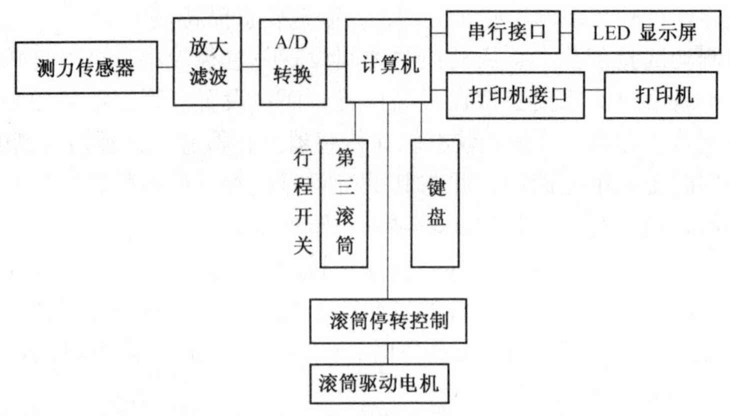

图 2-7　计算机控制框图

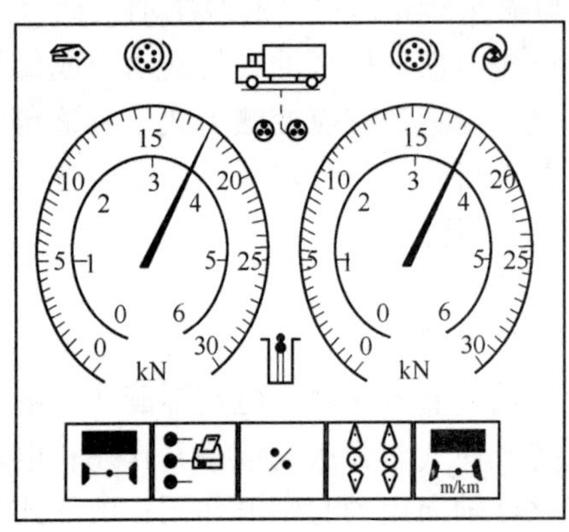

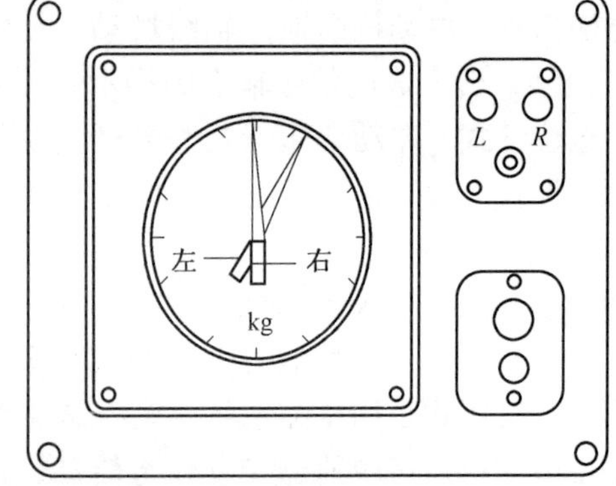

图 2-8　指针式指示仪表

放下举升器（或压下第三滚筒，装在第三滚筒支架下的行程开关被接通）。通过延时电路起动电动机，经减速器、链传动和主、从动滚筒带动车轮低速旋转，待车轮转速稳定后驾驶员踩下制动踏板。车轮在车轮制动器的摩擦力矩 T_{μ} 作用下开始减速旋转。此时电动机驱动的滚筒对车轮轮胎周缘的切线方向作用制动力 F_{X1}、F_{X2}，以克服制动器摩擦力矩，维持车轮继续旋转。与此同时车轮轮胎对滚筒表面切线方向附加一个与制动力方向反向等值的反作用力 F'_{X1}、F'_{X2}，在 F'_{X1}、F'_{X2}形成的反作用力矩作用下，减速器壳体与测力杠杆一起朝滚筒转动相反方向摆动，测力杠杆一端的力或位移经传感器转换成与制动力大小成比例的电信号，从测力传感器送来的电信号经放大滤波后，送往 A/D 转换器转换成相应数字量，经计算机采集、存储和处理后，检测结果由数码管显示或由打印机打印出来，打印格式与内容由软件设计而定。

一般可以把左、右轮最大制动力，制动力和，制动力差，阻滞力和制动力—时间曲线等一并打印出来。在制动过程中，当左、右车轮制动力和的值大于某一值（如 500N）时，计算机即开始采集数据，采集过程所经历时间是一定的（如 3s）。经历了规定的采集时间后，计算机发出指令使电动机停转，以防止轮胎剥伤。在有第三滚筒的制动试验台上，在制动过程中第三滚筒的转速信号由传感器转变成电信号后输入计算机，计算出车轮与滚筒之间的滑差率。当滑差率达到一定值（如 25%）时，计算机发出指令使电动机停转。如车轮不驶离制动台，延时电路将电动机关闭 3 ~ 10s 后又自动启动。检测过程结束，车辆即可驶出制动试验台。

由于制动力检测技术条件要求是以轴制动力与轴荷的百分比来评判的。对总质量不同的汽车来说是比较客观的标准。为此除了设置制动试验台外，还必须配备轴重计或轮重仪，有些复合式滚筒制动试验台装有轴重测量装置，其称重传感器（应变片式）通常安装在车轮测试单元框架的 4 个支承脚处。

GB/T 7258—2004《机动车安全运行技术条件》中定义制动协调时间是从驾驶员踩下制动踏板的瞬间作为起始计时点，为此，在制动测试过程中必须由驾驶员通过套装在汽车制动踏板上的脚踏开关向试验台指示、控制装置发出一个“开关”信号，开始时间计数，直至制动力与轴荷之比达到标准规定值的 75% 时瞬间为止，这段时间历程即为制动协调时间，通常可以通过试验台的计算机执行相应程序来实现。

目前，采用的反力式滚筒制动试验台对具有防抱死（ABS）系统的汽车制动系的制动性能，还无法进行准确的测试。主要原因是这些试验台的测试车速较低，一般不超过 5km/h。而现代防抱死系统均在范围 10km/h ~ 20km/h 以上范围起作用，所以在上述试验台上检测车轮制动力时，车辆的防抱死系统不起作用，只能相当于对普通的液压制动系统的检测过程。

3）使用方法

反力式滚筒制动试验台的型号不同，其使用方法也不同，在使用前一定要认真阅读试验台的《使用说明书》，按照《使用说明书》的规定进行正确操作。

一般制动试验台的使用方法如下：

（1）试验台的准备：

①检查试验台滚筒上有无泥、水、油等杂物，如有则应清除干净。

②使滚筒在无负荷状态下运转，检查并调整仪表指针零位。

③检查举升器动作是否灵活，如动作阻滞或有漏气部位应进行检修。举升器是否在升起位置，否则应使举升器升起到位。

④检查各指示灯工作是否正常。

⑤检查各种导线有无因损伤造成接触不良现象。

（2）被测车辆的准备：

①核实汽车各轴轴荷，确保被测汽车车轴轴荷在试验台允许载荷范围内。

②检查轮胎是否沾有泥、水、油污等杂物，要特别注意检查轮胎花纹内或后轴双轮胎间嵌入的小石子与石块，应清除干净。

③检查轮胎气压，使其符合出厂规定值。

（3）测试步骤：

①接通试验台总电源，按说明书要求预热至规定时间。

②汽车从其纵向中心线与滚筒轴线垂直的方向驶入试验台。先前轴，再后轴，使车轮处于两滚筒之间的举升平板上。

③汽车停稳后，变速器置于空挡位置，脚、手制动处于放松状态，能测制动协调时间的试验台还应将脚踏开关套装在制动踏板上。

④降下举升平板，至轮胎与举升平板完全脱离为止。

⑤起动电动机，使滚筒带动车轮旋转，待转速稳定后，从仪表上读取车轮阻滞力

数值。

⑥踩下制动踏板，从指示仪表上读取最大制动力值。并打印检测结果，一般试验台在1.5s~3.0s后或第三滚筒发出车轮即将抱死的信号后滚筒自动停转。

⑦升起举升平板，驶出已测车辆，按上述相同方法继续进行其它车轮的检测。

⑧前、后轮的制动力检测完后，拉动手制动拉杆，从指示仪表上读取最大制动力值。

⑨所有车轴的脚制动及驻车制动性能检测完毕后，升起举升平板，汽车驶出试验台，切断试验台总电源。

4）制动试验台的维护

（1）每周维护。

除了进行使用前的维护项目外，还应检查滚筒轴承座和减速器、电动机等轴承座处的螺栓是否松动，否则应予紧固。

（2）每季维护。

除了进行每周维护项目外，还应检查滚筒轴承处润滑情况。如有脏污或干涸时，应按厂家规定的油品加注润滑脂。

（3）每半年维护。

除进行每季维护外，还应进行如下项目的维护：

①检查滚筒有无运转杂音或损伤，否则应予修理。

②检查减速器内润滑油的油量即脏污程度，否则应按厂家规定的油品进行补充或更换。

③拆下链条罩检查链条脏污和张紧情况。链条脏污要彻底清洗、润滑。若松紧度不合适重新调整张紧，若链条磨损严重应予更换。

（4）每年维护。

除进行每半年维护外还需接受计量部门对试验的检定或自检，以便保证试验台的测试精度。

检定的技术要求，检定项目与检定法见JJG（交通）003-93《滚筒式汽车车速表检定规程》规定内容逐项检查，并进行相应的维护。

该检定规程对滚筒式车速表检验台的技术要求如下。

a）外观及性能：

①车速台应有清晰的铭牌标志。

②显示仪板为数显时，显示应正确、清晰，示值保留时间不少于8s。配有打印装置时，其打印结果应清除，不应有缺笔短划的现象。

③显示仪表为指针式时，表盘清晰指针运行平稳，不允许有松动和弯曲现象。

④机械、电气部分应完整无损，工作安全可靠，无异响、漏气、漏油现象。

⑤滚筒表面完好，转动自如。

⑥齿槽式滚筒表面不允许有损伤及损坏轮胎的锐利部分。

⑦粘结式滚筒，占滚筒全长80%的中段圆柱表面不允许有成片的剥落现象。

⑧外露焊缝平整，涂漆色泽均匀、光滑、美观。

b）零值允许误差为：

指针式不大于$1/2d$；数显式不大于$2d$。

注：d 为实际分度值。

c）鉴别力阀为：

施加于制动台不大于 0.003mg 制动力时，制动表显示值应有变化。

其中：m——制动台额定承载质量；

g——重力加速度。

d）示值允许误差为：

①制动力大于 0.0075mg 时，误差不应超过各检定给定值的 ±5%。

②制动力不大于 0.0075mg 时，误差不应超过 0.30 的 ±0.5%。

③在同一制动力的作用下，左、右制动示值误差间不应超过 3%。即

$$\delta_j = | \delta_{Lj} - \delta_{Ri} | \leqslant 3\%$$

式中　δ_i——左右制动力示值误差间差（%）；

δ_{Li}——左制动力示值误差（%）；

δ_{Ri}——右制动力示值误差（%）。

$$\delta_{L(R)i} = \frac{F_{L(R)i} + F_i}{F_i} \times 100\%$$

式中　$F_{L(R)i}$——左（右）制动力示值的算术平均值（N）；

F_i——检定点制动力值（N）。

滚筒表面附着系数不低于 0.65。滚筒表面附着系数的检定方法见 J《滚筒反力式全长制动检验台》。

2. 惯性式制动试验台

惯性式制动试验台的滚筒相当于一个移动的路面，试验台上各对滚筒分别带有飞轮，其惯性质量与受检汽车的惯性质量相当。因此，滚筒传动系统具有相当于汽车在道路行驶的惯性，制动时，轮胎对滚筒表面产生阻力，虽然这时驱动滚筒传动系统的动力（如电动机或汽车发动机的动力）已被切断。但由于滚筒传动系统肯定有一定的惯性，因而滚筒表面将相对于车轮移过一定距离。由此可见，在惯性式制动试验台上可以模拟道路制动试验工况。这种试验台的主要检测参数是各轮的制动距离，同时还可测得制动时间或减速度。

惯性式滚筒制动试验台按同时检测的轴数不同可分为单轴式、双轴式。双轴惯性式滚筒制动试验台的结构简图，如图 2-9 所示。

试验时，被检车驶上试验台后，前、后滚筒组之间的距离可用液压缸 17 调节，调节后用液压缸 18 锁紧。由汽车发动机动力驱动轮驱动后滚筒组旋转，左右主动滚筒用半轴与传动器 2 相连，并经变速器 3、万向节 13、电磁离合器 12、传动轴 11、变速器 6、传动器 2 带动前滚筒及汽车前轮一起旋转。此时，按被检车辆行驶时的惯性等效质量配置的飞轮 1 也一起旋转。当达到试验转速时，断开连接各滚筒的电磁离合器，同时作紧急制动。车轮制动后，滚筒飞轮依靠惯性继续转动，滚筒能转动的圈数相当于车轮的制动距离。在规定试验车速下，滚筒继续转动圈数取决于车轮制动器和整个制动系的技术状况。滚筒转动圈数由装在滚筒端部的光电传感器 5 转变为电脉冲送入计数器记录，在滚筒的端部还装有测速发电机 4 测定试验车速。为防止汽车制动时向后窜出，在后滚筒组后装有第三滚筒 19。

这种动态检验制动性能的使用发法的试验条件接近汽车实际行驶条件，具有在任何

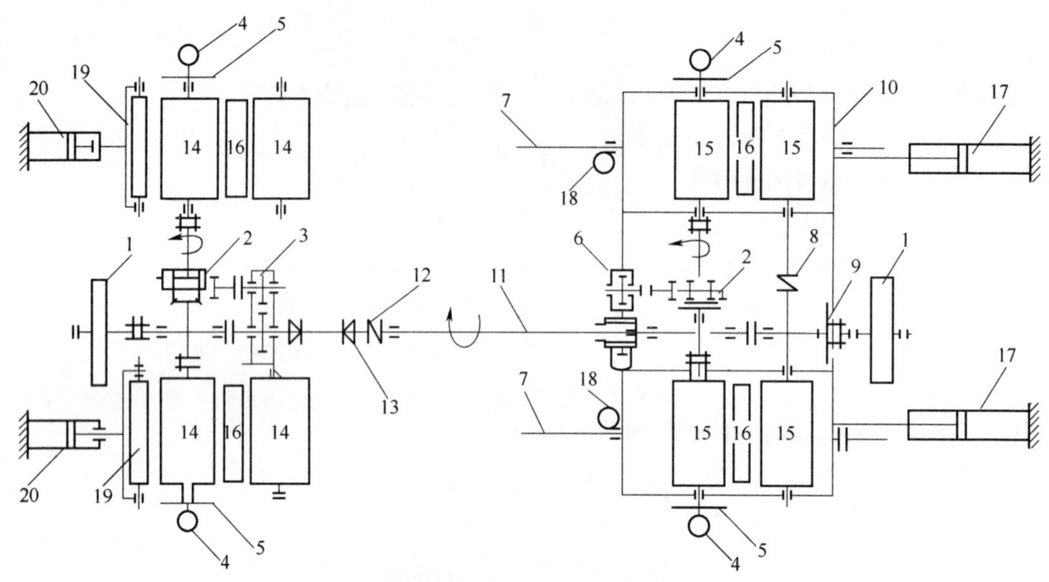

图 2-9　双轴惯性式滚筒制动试验台简图

1—飞轮；2—传动器；3、6—变速器；4—测速发电机；5、9—光电传感器；7—可移导轨；8、12—电磁离合器；10—移动架；11—传动轴；13—万向节；14—后滚筒；15—前滚筒；16—举升托板；17—移动架驱动液压缸；18—锁紧液压缸；19—第三滚筒；20—第三滚筒调节器。

车速下进行制动测试的优点。但这种试验台旋转部分转动惯量较大，因此其结构较复杂，占地面积大，且检验的车型范围受到一定限制，所以应用范围不如反力式来得广泛。

3. 平板式制动试验台

平板式制动试验台是20世纪80年代发展起来的检测设备，它凭借汽车在测试平板上的实际紧急制动过程来测定前、后轴制动力，因此能比较客观地反映汽车制动器产生的制动力的大小，正确评价汽车的制动性能。

1）平板式制动试验台的结构与工作原理

平板式制动试验台如图2-10所示，它是由四块表面轧花的测试平板、控制柜和踏板压力计等组成。

测试平板是制动力和垂直力的承受与传递装置。面板为一长方形钢板，其下面四个角上安置四个压力传感器，压力传感器底部加工成可以放置钢珠的纵向V形沟槽，底板与压力传感器底部的纵向沟槽对应处也加工有四条可以放置钢珠的纵向沟槽。这样，面板既可以通过钢珠在底板上沿纵向移动，又可以通过钢珠将作用于面板上的垂直力传递到底板上。此外，面板还经过一根装有拉力传感器的纵向拉杆扇结在底板上。当汽车行驶到四块测试平板上进行制动时，这些压力传感器和拉力传感器就能同时测出每个车轮作用于测试平板上的制动力与垂直力。

控制柜包括数据采集系统、计算机、键盘打印机、显示器及遥控接收模块等。

踏板压力计是用来测量制动时制动踏板力的装置，除常见的有线式以外，还有红外线式和无线式等。测量时，将其固定在汽车制动踏板上方。

2）平板式制动试验台的使用方法

检测汽车制动性能时，检测台应处于开机状态，被检汽车以5～10km的速度驶上平

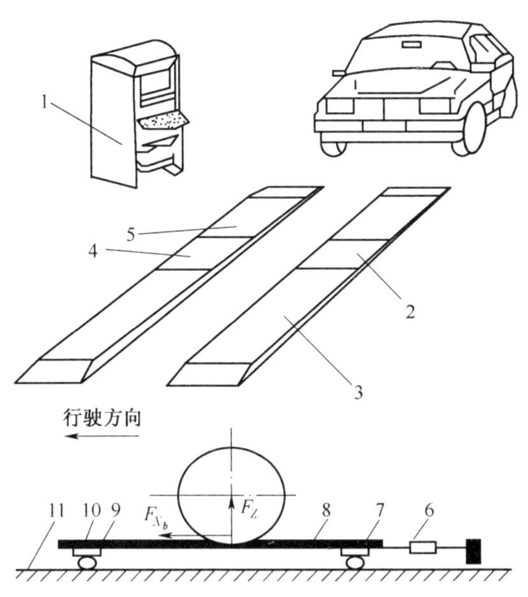

图2-10 平板式制动试验台

1—控制台；2—侧滑测试平板；3、5—制动轮荷测试平板；4—空板；6—拉力传感器；7、10—压力传感器；8—面板；9—钢球；11—底板。

板，引车员根据显示器上提示的信息及时迅速地踩下装有踏板压力计的制动踏板，使车辆在测试平板上制动直至停车。与此同时，数据采集系统通过各传感器采集制动过程中的全部数据，并经计算机分析处理，在显示器上以数字、图形、曲线形式显示检测结果，最后可用打印机将检测结果打印出来。如果检测台是两块测试板的组合形式，应采用逐桥检测的方式进行，即先检测前桥，接着检测后桥。逐桥检测和四轮同时检测在原理上是一样的，但后者能够测出汽车前/后制动力分配比，并且能获得制动过程变化曲线。

3）平板式制动试验台的特点

平板式试验台结构简单、安装方便、检测速度快、工作可靠性高。由于被测车辆采用紧急制动方式，基本反映制动过程的实际情况，尤其能反映由于车辆制动引起的动态轴荷变化，从而防止了附着性能对制动力检测的影响，完全可以检测轿车高速制动时车身重心向前转移引起的前轴最大制动器制动力。由于平板式制动试验台可对汽车前后桥制动力同时进行检测，而且在检测台上的测试条件和实际车辆制动时的情况基本一致，因此测试结果能反映前后桥的同步情况和前后制动力的分配，对装有比例阀的车辆制动性能测试更为有利。

该试验台不需要每次测量转动惯量，将制动试验台以轮重仪、侧滑仪组合在一起，使车辆测试方便且效率高。但这种试验台存在测试重复性差、占地面积大、需要助跑车道和不安全等缺点，目前国内尚未广泛采用。

2.1.3 拓展知识

一、高速公路安全行车须知

在上高速公路前一定要对车辆做细致地检查。

1. 要检查燃油量

汽车高速行驶，燃料的消耗要比预想得多。因此，高速行驶时，燃料要准备充分。

2. 要检查轮胎的气压

汽车在行驶中，轮胎将产生压缩及膨胀，即所谓的轮胎变形，特别在轮胎气压较低、车速较高时，这种现象更加明显，此时轮胎内部异常高温，将产生橡胶层与覆盖层分离，或外胎面橡胶破碎飞散等现象而引起爆胎，发生车辆事故。因此高速行驶前，轮胎的气压要比平时高一些。

3. 要检查制动效果

汽车的制动效果对行车安全有着举足轻重的地位。在高速公路上行驶，更要注意制动效果。出发前，应先低速行驶检查制动效果，发现有异常时，一定要进行维修，否则，极有可能引起重大事故。

另外，对机油、冷却液、风扇皮带、转向、传动、灯光、信号等一些部位的检查也不容忽视。

做完检查工作后，在高速公路上行驶时，还要注意以下行车要诀。

1. 正确进入行车道

车辆从匝道入口进入高速路，必须在加速车道提高车速，并打开左转向灯，在不影响行车道上车辆正常行驶时，从加速车道进入行车道，然后关闭转向灯。

2. 保持安全距离

车辆高速行驶中，同一车道内的后车必须与前车保持足够的安全距离。经验做法是，安全距离约等于车速，当车速为100km/h时，安全距离为100m，车速为70km/h，安全距离为70m，若遇雨、雪、雾等不良天气，更需加大行车间隙，同时也要适当降低车速。

3. 谨慎超越车辆

需超车时，首先应注意观察前、后车状态，同时打开左转向灯，确认安全后，再缓慢向左转动方向盘，使车辆平顺地进入超车道，超越被超车辆后，打开右转向灯，待被超车辆全部进入后视镜后，再平滑地操作方向盘，进入右侧行车道，关闭转向灯，严禁在超车过程中急打方向。

4. 正确使用制动

在高速公路上行车，使用紧急制动是非常危险的，因为随着车速的提高，轮胎对路面的附着能力下降，制动跑偏、侧滑的几率增大，使汽车的方向难以控制，同时，若后车来不及采取措施，将发生多车相撞事故。行车中需制动时，首先松开加速踏板，然后小行程、多次轻踩制动踏板，这样点刹的做法，能够使制动灯快速闪亮，有利于引起后车的注意。

二、夜间行车三大纪律八项注意

1. 三大纪律

1）灯光不全不许上路

灯光是夜间行车安全的生命保障决不能有半点马虎。尤其是前照灯、后尾灯、转向灯和制动灯出故障时，上路行车是非常危险的，因此夜间上路行驶之前务必要对灯光进行全面检查，确认良好方可上路。

2）无精打采不许驾车

夜间开车最常遇到的问题就是一个“困”字，疲劳驾驶是驾车的一项大忌，技术再好也会因一时困怠而铸成大错。因此决不许强打精神，勉强上路。

3）控制车速没有事故

夜间由于路上行人、车辆相应减少，驾驶急于赶路，所以车速都比较快。在弯道，坡道，窄路，雨、雾天都会严重影响视力，遇有紧急情况极易发生危险，一定要降低车速。

2. 八项注意

1）密切注意路面变化

夜晚驾车能见度较差，尤其是在郊区或山区公路等无路灯的环境里行驶，更需要注意观察道路的变化。要学会利用路面明暗和不同的反光来判断路形路况，凡在前照灯能够涉及的范围内的任何光照形状的变化都应及时注意。如：光柱变窄可能是山口，光柱变短可能是弯道或上坡，光柱变长可能是弯道或下坡，光柱下缘出现缺口可能是坎坷或坑洼。此外还应学会利用颜色判断路形路况，凡是发现前方路面颜色变化就要注意。如：成片的亮处可能是积冰或积水，暗处可能是坑。

2）注意经常变换远近灯光

经常变换远近灯光对夜间安全驾驶主要有三方面的好处：首先，变换远近光有利于观察环境和路况，更容易及时发现隐患；其次，经常变换远近光有利于视神经减轻疲劳，提高加强驾驶者的兴奋度；再次，经常变换远近灯有利于及早引起其它车辆，特别是弯道另一侧来车的注意。

3）礼貌会车注意右侧距离

会车时关闭远光灯既是礼貌又是安全行车的必要手段之一。关闭远光或关闭大灯利用对面来车的灯光对路面和物体勾勒的剪影效果来观察路况，比开远光灯的效果更好，但一定要充分估计右侧的距离，不可只顾躲对面的车而忽略右侧。由于会车灯光会造成“光盲”要提前注意会车点路面，注意“独眼灯”车，放宽会车距离。

4）谨慎超车注意直线距离

夜间超车一定要有足够的直线距离，无论如何不要在弯道中超车。超车前应接近前车后以变换灯光的方式来提醒前车减速让道，待对方做出让行动作时再加速。

5）细心观察注意路标提示

在有道路标线的道路上行驶时较容易判断道路的路形，但如果是夜间行驶在无标线的道路上，就要仔细观察指示牌和路边的路碑了。遇有疑问时一定要减速甚至停车探明情况后再上路。

6）适时休息注意调节情绪

夜间行车由于四周一片漆黑，很少能感觉到周围景物的变换，所以应适时休息，驱赶困意，以提高注意力。

7）控制车速随时注意仪表

因为能见度差，周围速度参照物不易辨认，所以夜间行车从视觉感受上对车速的判断相对偏低，许多人会下意识提高车速。因此，要随时注意察看仪表板上的时速表和发动机转速表，把车速控制在安全速度以下。

8）带全必备用品注意停车安全

上路之前除了带全一些维修用品，如备胎、千斤顶、轮胎扳子等，还必须带上一些应急物品，故障紧急停车警告标牌、应急灯，有可能的话还应该带上水和清洁用品。因为在夜间行车除扎胎或其它机械故障外，也还会因昆虫趋光而导致前大灯照度下降或散热器效果下降。但是夜间停车一定要注意安全，除开启故障紧急停车双闪灯外，还应将警告标牌放置在车后足够远的地方，以尽早给后面来车一个提示。

任务 2.2　转向轮侧滑性能检测

2.2.1　任务实施

一、实施目的

1. 学习平板制动试验台的操作方法。
2. 学习利用平板制动试验台检测汽车制动、轴重、侧滑和悬架性能。

二、所需仪器设备

平板式制动试验台、汽车。

4PLDT 型平板式制动试验台是一种新型的综合试验台，除了能检验制动性能外，还可以测试轮重和侧滑量等参数。该试验台带有计算机。来自各传感器的模拟量信号经放大后进入数据采集板，再由计算机进行数据处理，以显示和打印数据结果。

三、检测前的准备

1. 打开计算机和传感器电源。通电后，计算机将自动进行系统测试和传感器测试。如一切正常，屏幕上将出现首页页面。
2. 按 F2 键，输入被测车辆的车牌号等信息，然后回车确认。屏幕将进入测试画面。
3. 将被测车辆停在距离试验台一个车位以外的位置，方向正对试验台。
4. 检查并确认测试平板上无任何杂物。

四、测试操作

1. 行车制动与侧滑量测试

将车辆以 5～10km/h 的速度驶上制动平板。前轮驶上平板后踩下离合器，在四个车轮分别驶上各自平板后，提示刹车的红色指示灯会亮。此时急踩制动踏板。画面将显示前后制动力数据。其中，左边显示的是制动力的相关数据，右边显示的是各车轮动态载荷数据，中间是侧滑数据，下面显示制动初速度、制动减速度以及前后轴制动力之比。

2. 驻车制动测试

在红色指示灯灭后，再起步并随即拉紧手制动。画面将显示手制动力以及侧滑和悬架等项目的数据，画面与图 2-11 类似。

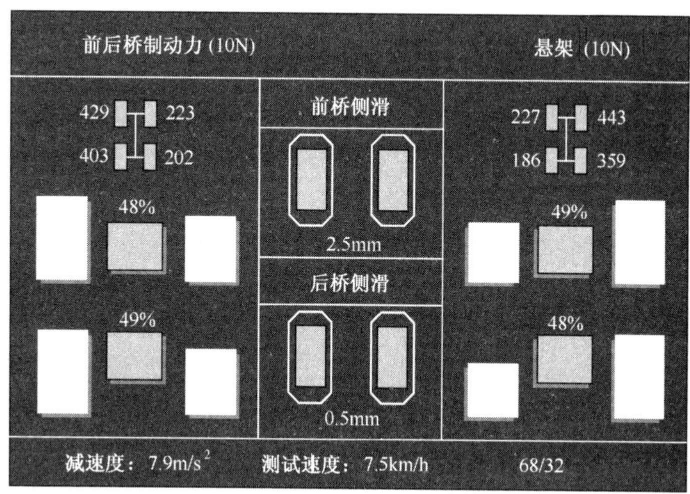

图2-11　平板制动台测试数据画面

3. 测试结束

本次测量结束后，将车辆驶离试验台。按Esc键返回画面测试准备首页，可以继续测试。

4. 测试数据查阅与打印

在键盘上按Page Up、Page Down键，可翻页查看前后制动力、总制动力、手制动力、前后轴重、总重量、制动力与轴重或总重量的百分比、前轮侧滑量以及悬架性能测试的数据及曲线。按F3或F6键，可以不同的格式（曲线或数据）打印测试结果。

在测试画面下按F7，可根据提示输入车辆型号、生产厂家等有关数据信息，并与检测数据一起存盘，以便随时查阅检索。

五、测试注意事项

（1）测试前，制动板上不准摆放杂物。测试结束后，制动板上也不准长期停放重物，以免影响测试精度。

（2）测试制动力时，一定要等各轮都驶上制动板后再踩制动踏板。测完前后制动力后，一定要等屏幕画面出现制动数据后，再开车做手制动测试。否则都会增加测试误差。

六、考核要求

（1）了解仪器各旋钮、开关的作用。

（2）掌握用标准气进行校正的方法。

（3）掌握仪器的简易校正方法。

（4）掌握废气测量操作方法，包括准备、测量和结束测量程序。

（5）正确读数并记录数据。

（6）回答教师的问题。

（7）完成实训报告。

安全提示：

1. 侧滑检测设备必须在指导老师的指导下进行，注意操作规范。

2. 检测过程中，所有同学站在安全线内。

2.2.2 支撑知识

一、侧滑检验台的结构

侧滑台是使汽车在滑动板上驶过时，用测量滑动板左右移动量的方法来测量车轮滑移量的大小和方向，并判断是否合格的一种检测设备。侧滑台分单板式侧滑台和双板式侧滑台。

1. 双板联动式侧滑台的结构

双板联动式侧滑检验台的结构如图 2-12 所示，由机械部分、测量装置、指示装置等几部分组成。机械部分包括左右滑动板、双摇臂杠杆机构、回位装置、导向和限位装置等。滑动板长度有 500mm、800mm 和 1000mm 三种，滑动板越长精度越高。滑动板通过滚轮、轨道和两板间的杠杆机构进行左右等量的相对运动。现在大多数侧滑台的测量装置有两种，一种是电位计式，另一种是差动变压式。

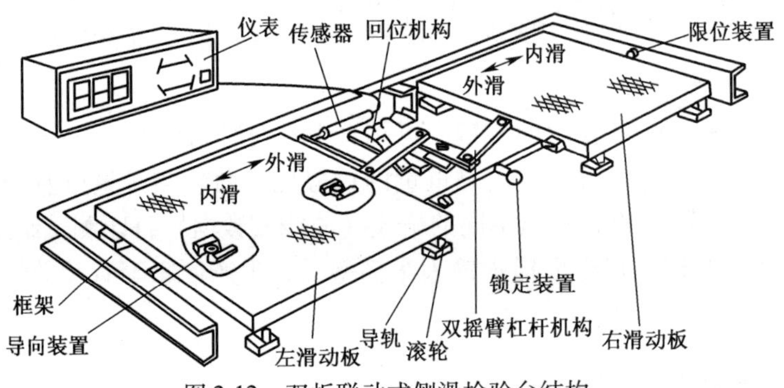

图 2-12　双板联动式侧滑检验台结构

电位计式的测量装置安装在图 2-13 所示的位置。将滑动板的移动量变为电位计触点的位移，从而引起电压量的变化，并传给指示装置。

电位计式测量装置的电路原理如图 2-14 所示，电位计两端加上一定的电压，当电位计的滑动触点随滑动板移动时，触点的输出电压与位移量成正比，通过指示计可指示出对应于滑动板的位移量。差动变压器式测量装置的位移传感器安装位置，由滑动板带动位移传感器的拨杆产生位移，传感器输出与位移量成正比的电压量，并传递给指示装置。

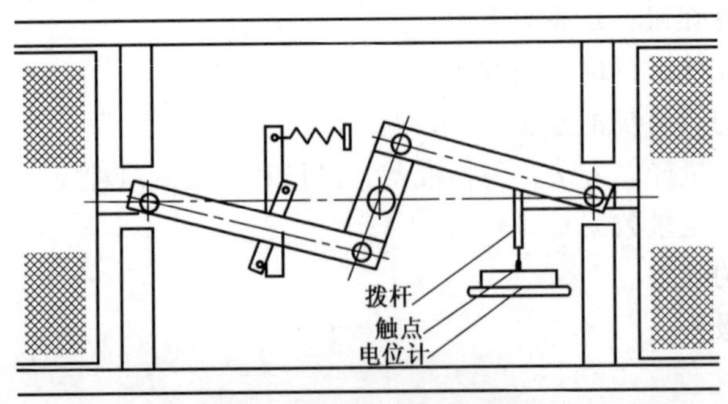

图 2-13　电位计式测量装置

差动变压器式的位移传感器的结构及工作原理如图2-15所示。差动变压器是将测量信号的变化转化成线性互感系数变化的传感器，它的结构如同一个变压器，由初级线圈、次级线圈、铁芯等几部分组成。在初级线圈接入电源 U 后，次级线圈即感应输出电压 U，滑动板移动时引起铁芯的移动，从而引起线圈互感系数的变化，此时的输出电压随之作相应的变化。它的特点是结构简单、灵敏度高、测量范围大、使用寿命长。

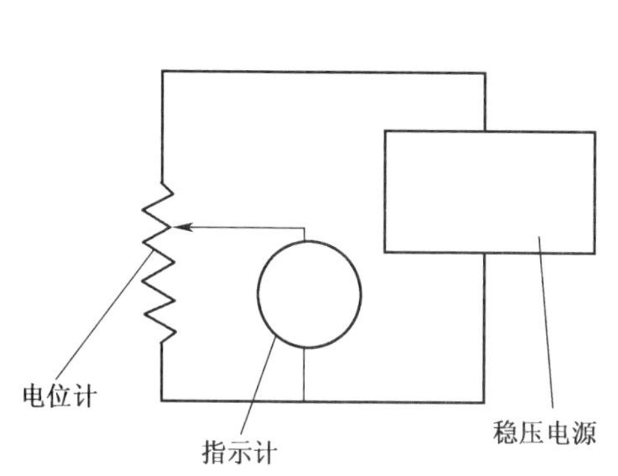

图2-14　电位计式测量装置的电路原理

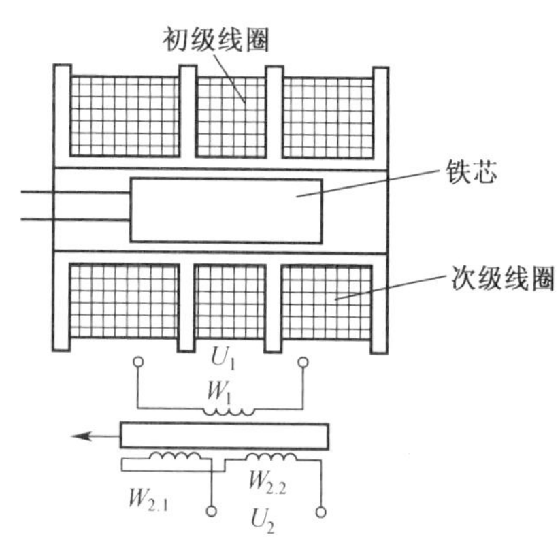

图2-15　差动变压器式位移传感器

常用的指示装置有指针和数字显示两种。指针式指示仪表如图2-16所示，该仪表把从测量装置传递的滑动板位移量，按汽车每行驶1km侧滑1m定为一格刻度指示。因此，滑动板长度为1m时，单边滑动1mm时指示一格2刻度（侧滑量单位为m/km）；滑动板长度为0.5m时0.5mm指示一格刻度。

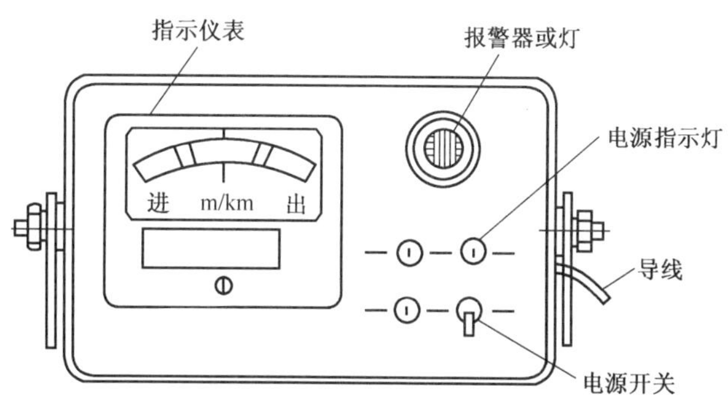

图2-16　指针式指示装置

遵照汽车侧滑台的检测标准，常常在指针指示装置的仪表盘上将侧滑量示值分为三个区域：侧滑量0～3m/km（IN或OUT）为合格区域或GOOD区域，标记为绿色；3m/km<侧滑量≤5m/km（IN或OUT）为警示区域或FIRE区域，标记为黄色；侧滑量>5～10m/km（IN或OUT）为不合格区域或BAD区域，标记为红色，当指针到达这一区域时并伴有蜂鸣声报警。

智能型侧滑仪的数字图形显示方式的指示装置能够及时记录侧滑量数值的大小，并能够将数据进行锁存，以保证车轮驶离侧滑台后操作人员能读取侧滑量的显示值。当后轮通过或前轮后退通过滑板时，自动清零复位，准备下次测量。从这一点来看，它要优越于指针式和常用数字式侧滑仪表。

2. 单板式侧滑台的结构

便携式单板侧滑试验台，其结构如图 2-17 所示。在上下滑动板之间装有滚棒，从而可以使滑动板沿横向（左右方向）自由滑动，但纵向不能移动，当被测车轮从上滑动板上通过时，车轮的侧滑通过轮胎与上滑动板间的附着作用传递给上滑动板，使上滑动板左右横向滑动（关于上滑动板滑动的原因同双板联动式侧滑试验台的侧滑板滑动原因相同），通过杠杆机构带动指示偏转，从而在刻度尺上显出侧滑量的大小和方向，为了防止滚动棒滑出上下板之外，在两板间设有滚棒和导轨。当车轮通过上滑板后，在回位弹簧的作用下，上滑板重新回位。另外一种单板式侧滑试验台是固定在面上使用，其结构主要特点是在上下滑板之间装有位移传感器，其工作原理同前面双板联动式侧滑台的一致。由于这种试验台结构简单、磨损件少、工作可靠，单板式侧滑试验台及其显示仪表部分结构外观如图 2-18 所示。

3. 侧向力与侧滑量双功能检验台结构

侧滑台是用来检验车轮外倾角和车轮前束匹配状况是否良好的一种检测设备。但由于侧向力与侧滑量双功能检验台结构滑动板的横向移动会释放积蓄在左右轮胎与地面间的横向作用力和能量，与实际行车状况不符，为更准确地测出轮胎与地面间的侧向力的大小和方向，可在原有侧滑台的基础上，加装上两个测力传感器，测量车轮与地面间的侧向力。

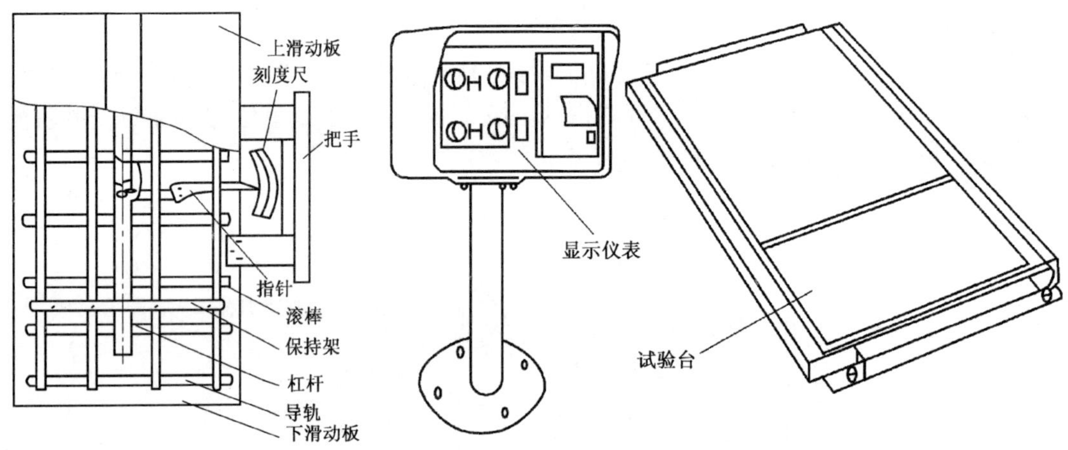

图 2-17　便携式单板侧滑试验台　　图 2-18　单板侧滑试验台仪表

如图 2-19 所示，在左右滑动板旁边安装了两个传感器，两传感器通过连接器与两滑动板相联，它们的连接与松开只要轻扳手柄就可以完成，连接器松开时滑动板可以移动，恢复其原有侧滑台的功能，此时的侧滑量由位移传感器测出，连接器连接时，两侧滑板被测力传感器连接在一起，如同地面一样稳定不动，此时所测得的力就是行驶时受到的车轮侧向力。因而采用两个力传感器可以同时测出左右车轮所受到的侧向力的大小，为了便于分析，规定：侧滑板受到的向外的作用力记为负的侧向力；侧滑板受到向内的作用力记为正的侧向力。

侧向力更能准确反映车轮与地面之间的作用力，诊断车轮定位故障，根据实测，侧滑量超过 8m/km 以上的普通轿车车轮间的侧向力高达 1000N 以上。这么大的侧向力很容易破坏车轮的附着条件使汽车失控，从而证明检测侧滑量的重要性。

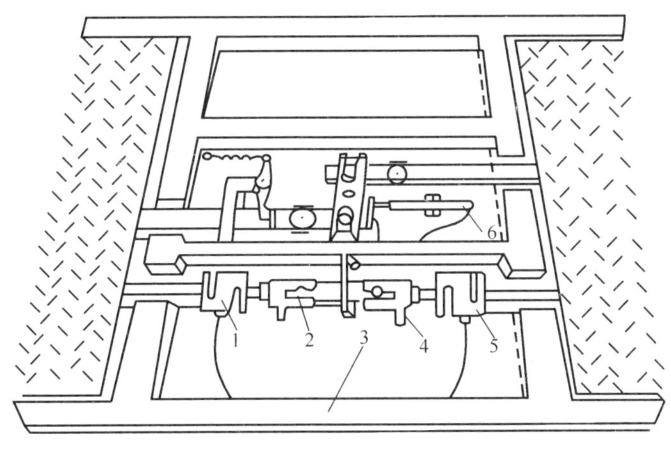

图 2-19　加装上两个测力传感器的侧滑检测台

二、侧滑台的工作原理

1. 双板联动式侧滑台的工作原理

1）滑动板仅受到车轮外倾角的作用

以右前轮为例，先讨论只存在车轮外倾角（前束为零）的情况。具有外倾角的车轮，其中心线的延长线必定与地面在一定距离处有一个交点 O，此时的车轮相当于一圆锥体的一部分，如图 2-20 所示，在车轮向前或向后运动时，其运动形式均类似于滚锥。从图 2-19 可以看出，具有外倾的车轮在滑动滚动时，车轮有向外滚动的趋势，由于受到车桥的约束，车轮不能向外移动，从而通过车轮与滑动板间的附着作用带动滑动板向内运动，运动方向如图 2-20 所示。此时滑动板向内移动的位移量记为 S_a（由外倾角所引起的侧滑分量）。按照约定，具有外倾的车轮，由于类似于滚锥的运动情况，因而无论其前进还是后退时所引起的侧滑均为正。反之，内倾角车轮引起的侧滑分量为负。

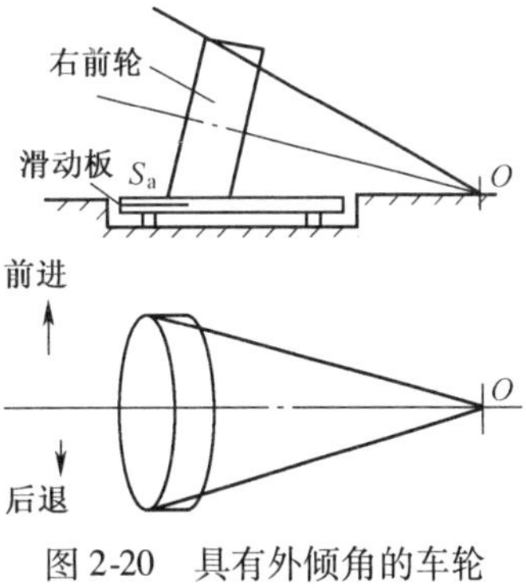

图 2-20　具有外倾角的车轮在滑动板上滚动

2）滑动板仅受到车轮前束的作用

仅讨论车轮只存在前束角，而外倾角为零时的情况，前束是为了消除具有外倾角的车轮类似于滚锥运动所带来的不良后果而设计的。滑动板仅受到车轮前束的作用，具有前束的车轮前进时，由于车轮有向内运动的趋势，但因受到车桥的约束作用，在实际前进驶过侧滑台时，车轮不可能向内滚动，从而会通过车轮与滑动板间的附着作用带动滑动板向外侧运动。此时，车轮在滑动板上作纯滚动，滑动板相对于地面有侧向移动，其运动方向如图 2-21 所示。此时测得的滑动板的横向位移量记为 S_t（即有前束引起的侧滑分量）遵照约定，前进时，由车轮前束引起的侧滑分量 S_t 小于或等于零。反之，汽车前进时由车轮前张（负前束）引起的侧滑分量 S_t 大于或等于零。

当具有前束的车轮后退时，若在无任何约束情况下，车轮必定向外侧滚动，但因受到车桥的约束作用，虽然其存在着向外滚动的趋势，但不可能向外滚动，从而会通过其与滑动板间的附着作用带动滑动板向内侧移动，其运动方向如图 2-21 所示。此时测得的

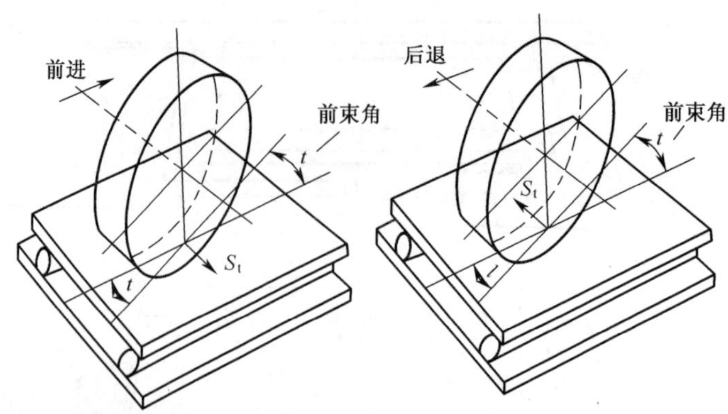

图 2-21　具有前束角的车轮在滑动板上的滚动情况

滑动板向内的位移量记为 S_{t0}，按照约定具有前束角的车轮在后退时，若在无任何约束的情况下车轮必定向外侧滚动，但因其受到车桥的约束作用，侧滑分量 S_t 大于或等于零。反之，仅具有前张角的车轮在后退时，通过侧滑台所引起的侧滑分量 S_t 小于或等于零。

综上可知，仅具有前束的车轮，在前进时驶过侧滑台时所引起的侧滑分量为负值，在后退时驶过侧滑台所引起的侧滑分量为正值。反之，仅具有前张角的车轮，在前进驶过侧滑台时所引起的侧滑分量为正值，在后退时驶过侧滑台所引起的侧滑分量为负值。

3）滑动板受到车轮外倾角和前束角的同时作用

汽车转向轮同时具有外倾角和前束角，在前进时外倾所引起的侧滑分量 S_a 与前束所引起的侧滑分量 S_t 的方向相反，因而两者互相抵消。在后退时两者方向相同，两分量互相叠加。在外倾角即前束值不大的情况下，可以认为 S_a 和 S_t 在前进和后退的过程中，侧滑分量数值不变。设车轮在前进时通过侧滑台所产生的侧滑量为 A，在后退时的侧滑量为 B，则可得到下述结论（在遵循上述对侧滑量的符合约定的条件下）：

B 大于和等于零，且 B 大于和等于 A 的绝对值。

另外，如果假设前进时的侧滑量就是 S_a 和 S_t 简单叠加（或抵消）关系，则还可以得出下列结论：

（1）若前进时的侧滑量 A 大于一定的正数，后退时的侧滑量 B 大于另一正数，则侧滑量主要是由外倾所引起的。

（2）前进时的侧滑量 A 小于一定的负数，后退时的侧滑量 B 大于某一正数，则侧滑量主要是由前束所引起的。

（3）外倾角引起的侧滑量 $S_a = (A+B)/2$；

前束所引起的侧滑量 $S_t = (B-A)/2$。

遵循上述分析和讨论，可以得到其余三种组合情况下侧滑台板的运动规律，从车轮外倾、车轮内倾、车轮前束和前张四个因素中判断出是哪个因素主要引起车轮侧滑的故障。因此可有效地指导维修人员调整车轮前束及车轮外倾角。

2. 单板式侧滑台的工作原理

如图 2-22 所示，汽车左前轮从单滑动板上行驶，右前轮从地面上行驶。若右前轮正直行驶无侧滑，即侧滑角 β 为零，而左前轮具有侧滑角 α 向内侧滑时如图 2-22（a）所示。通过车轮与滑动板间的附着作用带动滑动板向左移动距离 b。若右前轮也具有侧滑角 β，同样右前轮相对左前轮也会向内侧滑，此时，滑动板向左移动距离 c，并由于左前轮同时向内侧滑为 b，则滑动板的移动距离为两前轮向内侧滑量之和，即 $b+c$，如图2-22（b）所示。

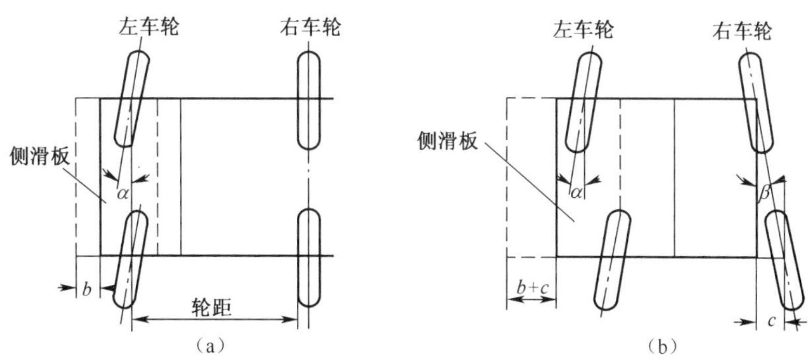

图2-22 单板式侧滑检测台的测试分析

上述 $b+c$ 距离可反映出汽车左右车轮总的侧滑量及侧滑方向。也就是说，采用单板式侧滑台测量汽车的侧滑量时，虽然是一侧车轮从滑动板通过，但测量的结果并非是单轮的侧滑量，而是左右轮侧滑量的综合反应。此侧滑量与汽车驶过台板时的偏斜度无关。根据这一侧滑量可以计算出每一边车轮的侧滑量，即单轮的侧滑量为 $(b+c)/2$。

三、侧滑台的使用

不同型号的侧滑台，其使用方法有所区别，应根据使用说明书制定操作规程，一般都应进行如下工作。

1. 检测前的准备

（1）在不通电的情况下，检查仪表指针是否在零位上；接通电源，晃动滑动板，待滑动板停止后，查看指针是否仍在零位或数据显示仪表上的侧滑量数值是否为零。如发现不准，对于指针式仪表，可以用零点调整电位计或游丝零点调整钮将仪表调零；对于数显式仪表，可按下校准键，调节调零电阻，使侧滑量显示值为零，或按复位键清零。

（2）检查侧滑台及周围场地有无机油、石子、泥污等杂物，并清除干净。

（3）检查各种导线有无损伤而造成接触不良的部位，必要时应进行修理或更换。

（4）待检测车辆轮胎气压应符合各自的规定值（出厂标准）。

（5）检查并清除轮胎上的油污、水渍和嵌入的石子、杂物等。

2. 检测步骤

（1）开滑动板的锁止手柄，接通电源。

（2）车以3～5km/h的低速垂直地使被测车辆通过滑动板。速度过高会因台板的惯性力和仪表的动态响应迟滞而影响测量精度。速度过低也会引起失真误差。

（3）被测车轮从滑动板上完全通过时，察看指示仪表，读出最大值，注意记下滑动板的运动方向，即区别滑动板是向外还是向内滑动。进行记录时，应遵循如下约定：滑动板向外滑动，侧滑量记为负值，表示车轮向内侧滑动（即IN）；滑动板向内侧滑动，侧滑量记为正值，表示车轮向外侧滑动（即OUT）。

（4）测结束后，锁止滑动板，切断电源。

3. 检测时的注意事项

（1）不允许超过容许吨位的汽车驶入侧滑台，以防压坏和损坏易损机件。

（2）不允许汽车在侧滑台上转向或转动，因为会影响测量精度和检验台的使用寿命。

（3）前驱动的汽车在测试时，不应该突然加油、收油或踏离合器，这样会改变前轮受力状态和定位角，造成测量误差。

2.2.3 拓展知识

一、车轮侧滑台的维护

（1）试验台不使用时，一定要锁止滑动板，以防止受到外界因素（人或汽车等）引起的经常晃动而损坏测量机件。

（2）保持试验台表面及周围环境清洁，及时清除泥、水和垃圾，以防止它们浸入侧滑台。

（3）侧滑台上不要停放车辆和堆放杂物，防止滑动板及测量机件变形或损坏。

（4）每使用1个月，应重点检查蜂鸣器或信号灯在侧滑量超过规定值时能否及时报警或给出侧滑量不合格的信息。在蜂鸣器、信号灯或限位开关工作状况不良时，应给予及时调整或更换。

（5）使用3个月，除作上述保养作业外，还需检查测量装置的杠杆机构指针和回位装置等动作是否灵便。如动作不灵活或油迟滞，应及时进行清洁和润滑工作，必要时需进行修理或更换有关零件。

（6）使用6个月后，除进行第5项保养工作外，还需要拆下滑动板，检查滑动板下的滚轮及导轨，检查各部位有无脏污、变形、锈蚀、磨损等情况，并进行清洁、紧固和润滑工作。对磨损严重的零部件应酌情更换。

（7）使用1年后，除进行第6项保养作业外，还须接受有关部门的检定以确保测试精度。

二、侧滑台的检定和调整

汽车侧滑台长期使用后，由于零部件磨损会造成测试精度下降，为此需定期（一年或半年）进行检定和调整，以保证工作的可靠性。

侧滑台的检定需按照国家标准《汽车安全检测设备——双滑板式侧滑试验台检定技术条件》（GB 11798.1—89）的有关规定进行。

通过对侧滑台的检定，往往会发现示值超差，造成超差的原因基本有两个方面：一是机械方面的原因，主要是滑动板及联动机构等机械构件在制造过程中存在隐蔽缺陷，以及长期使用后机件磨损，间隙增大所致。二是电气方面的原因，测试仪表内电子器件日久老化，或使用过程中的操作不慎而造成零点漂移或阻值变化，或部分元件损坏所致。出现超差后的调整方法如下。

1）调整仪表零点

侧滑台显示仪表根据仪表类型可分为以下两种调整零点形式。

（1）电零位调整：利用仪表上的零点调整电位，改变电阻值的大小进行调整。

（2）机械零位调整：当电零位调整仍无法将仪表指针调零时，改变传感器的安装位置，改变滑臂转动角度（对于旋转电位器）或调整回位弹簧预紧力（对机械指针显示仪表）等。

2）调整示值超差

当侧滑台左右滑动板的示值偏大或偏小时，可通过仪表板上增益电位器进行调整。有些侧滑台的仪表板上设有两只调整增益用的电位器，对滑动板的外向（IN）和向内（OUT）可分别进行调整。由于联动机构间隙过大或轴承松旷，造成仪表示值误差。可适当增加调整垫片或对轴承座圈进行镀铬修复。或改变调整螺母的松紧度以消除间隙，必要时可更换磨损严重的轴承等易损件。

3）调整报警判定点超差

由于报警点规定5m/km点，因此报警判定点超差必然是5m/km点，示值误差超差所致。有些仪表板上有电位器调整点，通过它可以方便地进行调整。当无此电位器调整点时，可单用机械调整方法解决。

4）调整动作力超差

滑动板动作力超差时，可以通过回位弹簧预紧力解决，必要时甚至可更换回位弹簧。

任务2.3　前照灯检测

2.3.1　任务实施

一、检测目的

（1）学习FD-103型前照灯检验仪的使用方法。

（2）学习前照灯远光、近光的自动测量方法。

二、仪器与设备条件

QD-100D型电动式前照灯检测仪（见图2-23）。

FD-103型自动式前照灯检验仪（见图2-24）。（以此仪器为例进行说明）

图2-23　QD-100D型电动式前照灯检测仪

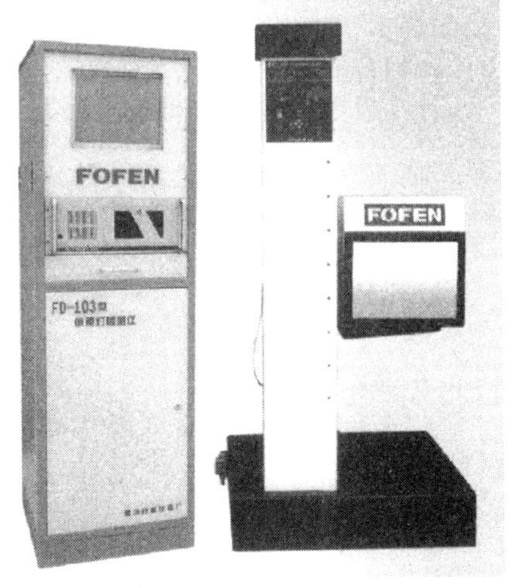

图2-24　FD-103型电动式前照灯检测仪

三、检测前的准备工作

1. 仪器与被检车的对准

用于停放被检车的场地应平坦、水平，并划有导引行车的标志线，使被检车辆的纵向中心线与仪器的光接收箱镜面垂直。(见图 2-24)

2. 被检验车的准备

被检车应空载，驾驶室内乘坐一人，蓄电池应充足电，轮胎应全部按规定气压充足气，被检车的前照灯表面中心到仪器的镜面距离应为 1m。

3. 开机、登录与初始设置

开机后自动进入基本测试画面，如图 2-25 所示。

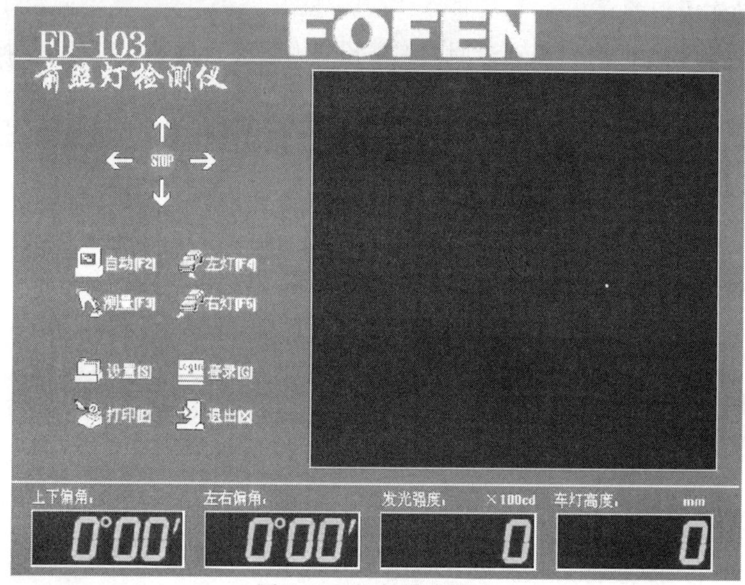

图 2-25　基本测试画面

1）被测车数据登录

在此画面内选择“登录”，即进入登录画面，在此输入被测车的有关数据信息。

2）测量模式设置

在初始测试画面中选择“设置”按钮，即进入系统设置画面，如图 2-26 所示。

在此画面下，点击“常规”菜单，在“预置检测箱中心高度”中，输入前照灯的近似高度。在“显示单位”中尽量选择“cm/dam”。

单击“检测模式”菜单（见图 2-27），在“请选择检测模式”栏中提供了八种检测模式与灯制的组合。选择要检测的灯制种类，如“远光双灯”。

其他系统设置项目，可保留系统初始设定状态，一般不必调整。

系统设置完成后，按回车返回基本测试画面。

四、测量操作

1. 远近光的测量

起动发动机，打开车灯远光，在基本测试画面上选择“自动”，仪器即根据设定的测量

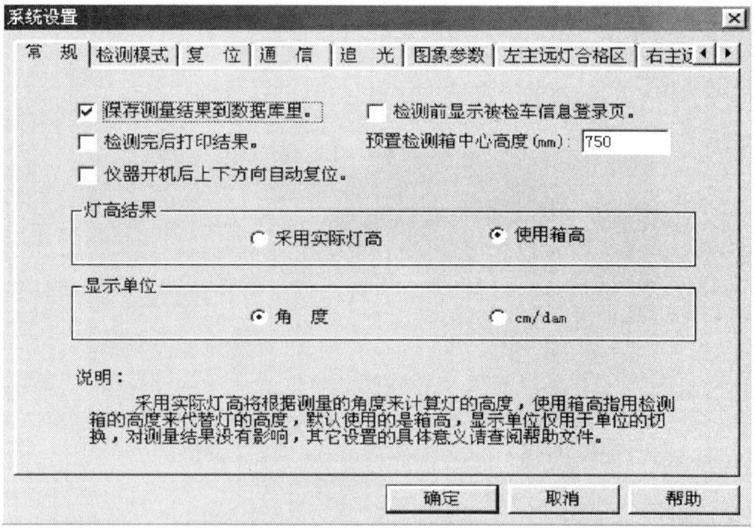

图 2-26　系统设置画面

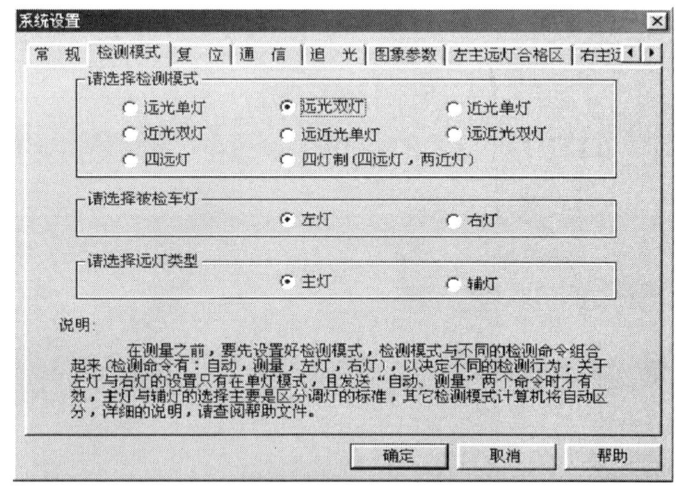

图 2-27　“检测模式”输入菜单

灯制种类，按预定的顺序对各灯自动进行测量。一般测量顺序是：先左灯、后右灯；先远光、后近光。对于四灯制车辆，测量某个远光灯时，需将同一侧另外的远光灯遮住。测量完远光后，需用变光开关将远光切换为近光。具体可按屏幕的提示操作。测量结束后，仪器执行机构会自动退回到初始位置，数字仪表或电脑屏幕上都会显示测量结果数据。

2. 光斑分析

在基本测量画面中单击“退出”按钮，将退到主页面。在主菜单上（见图 2-28）选择“车灯检测”子菜单，系统会弹出一个下拉菜单。选择“光斑分析”菜单，系统将进入光斑分析画面。选择“测量”按钮，在测量远光或近光时，屏幕上会显示出远、近光光斑图像（见图 2-29）。

3. 数据查阅

在主页面上的主菜单中选择“数据库管理”子菜单（见图 2-30），系统将弹出数据查询画面。

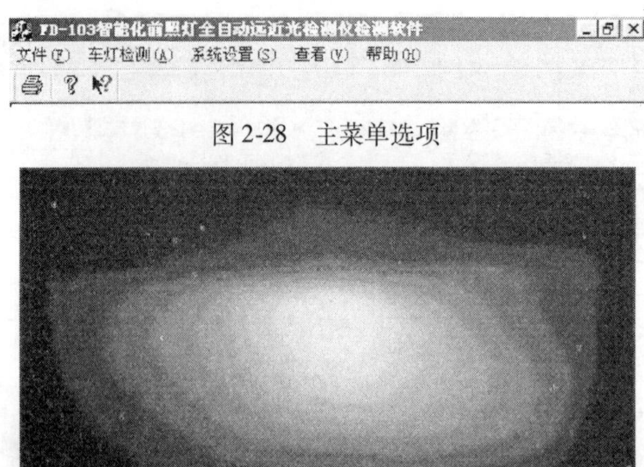

图 2-28　主菜单选项

图 2-29　近光光斑图像

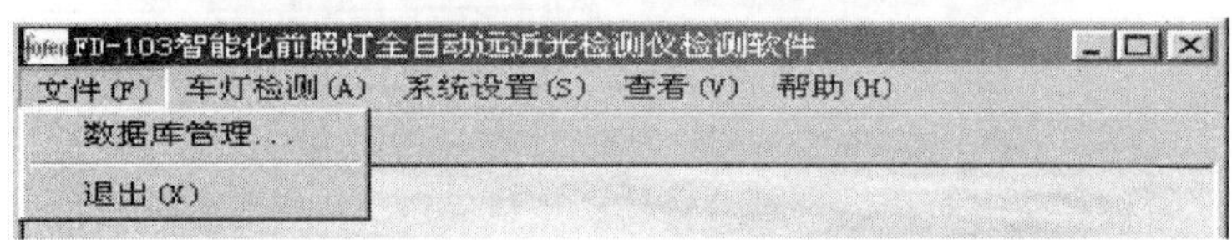

图 2-30　在主菜单上选择“数据库管理”项目

如图 2-31 所示。在该画面中除了显示刚刚检测的车灯数据外，还可以查阅已测车灯的数据。

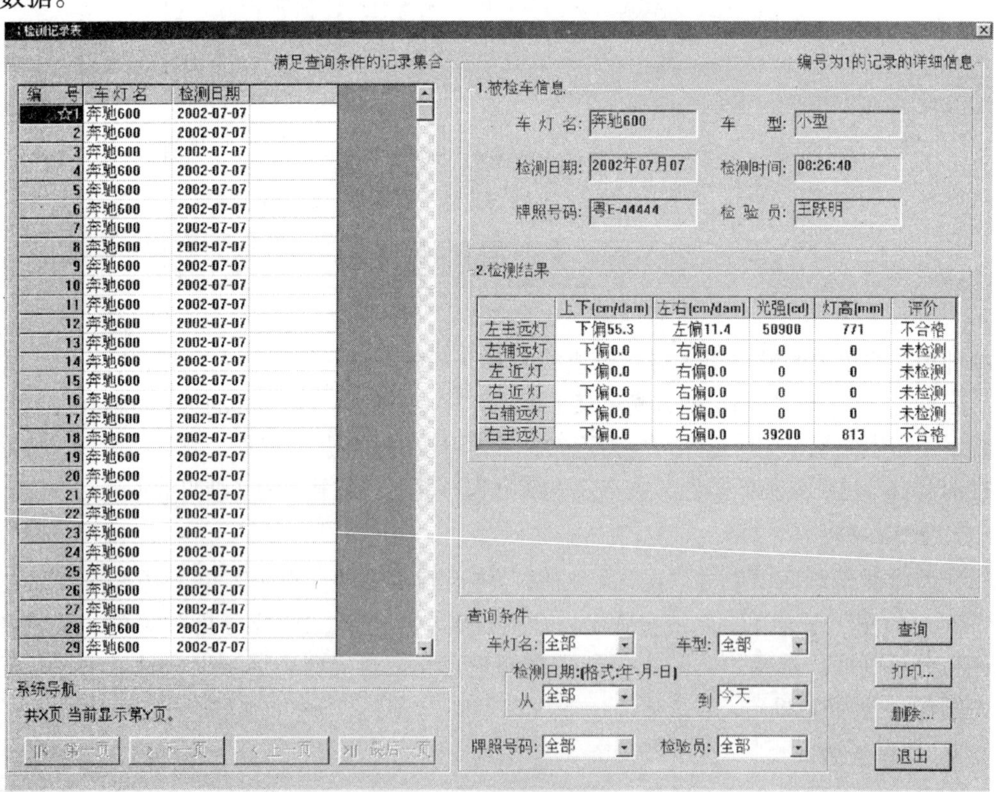

图 2-31　检测数据菜单

五、操作注意事项

（1）仪器操作机构上方的按钮与计算机屏幕上的按钮作用相同。在初步或临时操作时可以使用仪器上的各按钮，但正式测量操作时建议使用计算机进行自动测量。

（2）在进行测量操作过程中，轨道上不要放置任何杂物，不要人为强制推动或阻止仪器执行机构的运动。

（3）测量时注意避免强光干扰，勿使阳光直射到仪器光接收箱表面。

（4）设定检测灯箱高度尽量接近被测灯的高度，可以减少自动追踪灯光的时间。

（5）在测量结束、仪器回到初始位置后，再关闭计算机和仪器电源。

六、考核要求

（1）掌握仪器与车辆的对准方法。

（2）掌握前照灯远光和近光的自动测量方法。

（3）正确读数并记录数据，能够对测量结果做初步分析。

（4）正确回答问题。

（5）完成实训报告。

2.3.2　支撑知识

为了使汽车夜间行驶保持足够的照明，前照灯不仅要有一定的亮度（发光强度），而且照射的方向（前照灯主光轴方向）也要适合。汽车前照灯发光强度高、亮度充分，才能保证驾驶员夜间行车时辨认道路情况；前照灯照射方向不仅为本车驾驶员提供可靠的照明，而且还要防止夜间会车时给对方驾驶员造成眩目。因此，前照灯的发光强度和照射方向，是影响汽车夜间行车安全的关键因素，必须定期检测。

一、前照灯检测要求

大灯仪由测光箱与机座跟踪机构组成，主要有聚光式、屏幕式、投影式和自动追踪光轴式等。测光箱包含镜头行走（X 方向与 Y 方向）机构和四象限光轴测量系统；机座跟踪机构包含底座 X 方向行走机构、测光箱 Y 方向行走机构和受光面测量系统。测光箱的四象限光轴测量系统与机座跟踪受光面测量系统的结构、原理基本相似：测光箱受光面上、下、左、右各装置一块硒光电池（四象限光轴测量系统也相当于有上、下、左、右四个电池）。按前照灯光束照射方向，如有偏差时，上下光电池输出信号控制电机使测光箱（镜头）上下移动，左右光电池输出信号控制电机使机座（镜头）左右移动，直至受光面对正（上下两只光电池和左右两只光电池的输出电压分别相等）。测光箱内的镜头移动时，有 X、Y 两个电位计与之联动，两电位计分别输出光轴 X、Y 偏移量的信号，四象限光轴测量系统中的四块电池回路的电流和作为当前灯光的光强信号输出。

国家标准（GB/T 7258—2004）《机动车运行安全技术条件》中，对前照灯的发光强度处及光照射位置规定如下：

（1）在正常使用条件下，机动车前照灯光束照射位置应保持稳定。

（2）装有前照灯的机动车应有远、近光变换装置，并且当远光变为近光时，所有远光应能同时熄灭。同一辆机动车上的前照灯不允许左、右的远、近光灯交叉开亮。

（3）前照灯的远、近光灯上下并列设置时，近光灯应位于上侧，其它情况下近光灯应位于外侧。

（4）所有前照灯的近光都不允许眩目。

1. 前照灯光束照射位置要求

（1）在检验前照灯近光光束照射位置时，前照灯照射在距离 10m 的屏幕上时，乘用车前照灯近光光束明暗截止线转角或中点的高度应为 0.7H ~ 0.9H（H 为前照灯基准中心高度，下同），其它机动车（拖拉机运输机组除外）应为 0.6H ~ 0.8H 。机动车（装用一只前照灯的机动车除外）前照灯近光光束水平方向位置向左偏不允许超过 170mm ，向右偏不允许超过 350 mm 。

（2）轮式拖拉机运输机组装用的前照灯近光光束的照射位置，按照上述方法检验时，要求在屏幕上光束中点的离地高度不允许大于 0.7H ；水平位置要求，向右偏移不允许超过 350mm ，不允许向左偏移。

（3）在检验前照灯远光光束及远光单光束灯照射位置时，前照灯照射在距离 10m 的屏幕上时，要求在屏幕光束中心离地高度，对乘用车为 0.9H ~ 1.0H ，对其它机动车为 0.8H ~0.95H ；机动车（装用一只前照灯的机动车除外）前照灯远光光束水平位置要求，左灯向左偏不允许超过 170mm ，向右偏不允许超过 350mm ，右灯向左或向右偏均不允许超过 350mm 。

2. 前照灯发光强度要求

机动车每只前照灯的远光光束发光强度应达到表 2-9 所列的要求。测试时，其电源系统应处于充电状态。

表 2-9 前照灯远光光束发光强度最小值要求（单位：坎德拉）

<table>
<tr><th colspan="2" rowspan="3">机动车类型</th><th colspan="6">检查项目</th></tr>
<tr><th colspan="3">新注册车</th><th colspan="3">在用车</th></tr>
<tr><th>一灯制</th><th>两灯制</th><th>四灯制①</th><th>一灯制</th><th>两灯制</th><th>四灯制①</th></tr>
<tr><td colspan="2">三轮汽车</td><td>8000</td><td>6000</td><td>—</td><td>6000</td><td>5000</td><td>—</td></tr>
<tr><td colspan="2">最高设计车速小于 70km/h 的汽车</td><td>—</td><td>10000</td><td>8000</td><td>—</td><td>8000</td><td>6000</td></tr>
<tr><td colspan="2">其他汽车</td><td>—</td><td>18000</td><td>15000</td><td>—</td><td>15000</td><td>12000</td></tr>
<tr><td colspan="2">摩托车</td><td>10000</td><td>8000</td><td>—</td><td>8000</td><td>6000</td><td>—</td></tr>
<tr><td colspan="2">轻便摩托车</td><td>4000</td><td>—</td><td>—</td><td>3000</td><td>—</td><td>—</td></tr>
<tr><td rowspan="2">拖拉机运输机组</td><td>标定功率 >18kW</td><td>—</td><td>8000</td><td>—</td><td>—</td><td>6000</td><td>—</td></tr>
<tr><td>标定功率 ≤18kW</td><td>6000②</td><td>6000</td><td>—</td><td>5000②</td><td>5000</td><td>—</td></tr>
<tr><td colspan="8">注：①四灯制是指前照灯具有四个远光光束；采用四灯制的机动车其中两只对称的灯达到两灯制的要求时视为合格；
②允许手扶拖拉机运输机组只装用一只前照灯</td></tr>
</table>

二、前照灯检测仪

1. 检测原理

前照灯检测仪是采用具有把光能转变为电能的光电池，按照前照灯照射光电池产生电流的强弱及比例来测量前照灯的发光强度和光轴偏斜量。有聚光式、屏幕式、自动追踪光轴式、投影式四种。

全自动前照灯检测仪外形如图 2-32 所示。光接收箱在立柱的导引下，由链条牵引作上下运动，仪器的底箱下面装有轮子，可沿地面导轨左右移动整个设备。在光接收箱内部有一透镜组件、光电池与光检测系统。在底箱内装有两个方向的驱动系统。

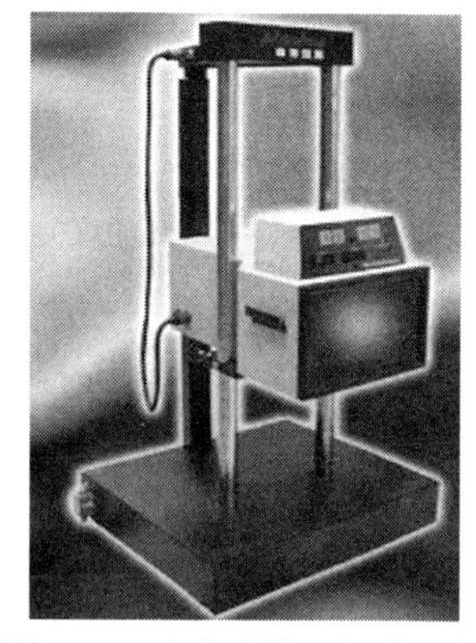

图 2-32　全自动前照灯检测仪

在光接收箱的正面装有上、下、左、右四个光电池，用作光轴追踪，其原理如前所述。当上下光电池受到的光照度不同时，产生的偏差信号驱动上下传动部件中的电机，牵引光接收箱向光照平衡的位置移动。同样，左右光电池的偏差信号将驱动左右传动部件中的电机，使仪器向左或向右移动，直到光轴位置偏差信号为零。

透镜后面有一组四象限光电池。当前照灯光束通过透镜聚光后，照射在这一光电池组的中央时，四光电池产生的偏差信号为零（上下表和左右表指示为零）。如果在仪器定位于主光轴位置时，通过聚光透镜的光束偏离中心位置，必然会产生偏差信号。左右偏移的偏差信号驱动左右电机，使透镜移动，以减少这一偏差，亦即使得会聚的光束向光电池组中心逼近。同样，上下偏移偏差信号则驱动透镜在垂直方向上作调整，以使光点能在垂直方向逼近光电池组的中心。透镜在两个方向的位移量由分别安装在两个方向上的位移传感器检测，并送检测电路处理。

2. 主要功能特点

（1）采用多 CCD 摄像和双 DSP 技术（灯像跟踪对准及测量处理分别由两个 DSP 处理器完成）快速完成前照灯远光的光强、光轴偏移量，近光的明暗截止线（拐角）偏移量以及灯高的准确检测。

（2）具备快速光电扫描定位功能，有效排除外界光干扰，确保自动追光定位的精确性。

（3）仪器的标定、调整均由软件自动完成，快速便捷。

（4）具备前照灯远、近光的单独检测功能，适应各级检测站车辆复检和汽车制造厂检测需要。

（5）仪器具有多种检测模式设置，可进行单机、上位机控制等多种方式检测。

（6）仪器驱动部分采用 PWM 控制交流伺服电机，稳定可靠。

（7）具备视频输出接口可实时监控仪器的跟踪、测量过程。

3. 主要技术参数

（1）测量范围：

远光发光强度：0 ~ 60000cd

光轴偏移量：

上 1°30′～下 3°（上 20cm/10m～下 50cm/10m）

左 3°～右 3°（左 50cm/10m～右 50cm/10m）

前照灯中心高：50cm～130cm

（2）示值误差：

远光发光强度：±12%

远光光轴偏移量：±12

近光光轴偏移量：±15

前照灯中心高：±1cm

（3）检测距离：1m

（4）电 源：AC 220V±10% 50Hz±1Hz

（5）外形尺寸：850mm（宽）×1600mm（高）×730mm（深）

三、前照灯检测仪的使用

1. 检测前的准备

1）检测仪的准备

（1）在前照灯检验仪不受光状态下，检查光度计和光轴偏斜指示计的指针是否能对准机械零点。若指针失准，可用零点调整螺钉将其调整在零点上。

（2）检查聚光透镜和反射镜的镜面有无污物或模糊不清的地方。若有，可用柔软的布或镜头纸等擦拭干净。

（3）检查水准器的技术状况。若水准器无气泡，要进行修理；若气泡不在红线框内时，可用水准器调节器或垫片进行调整。

（4）检查导轨是否沾有泥土或小石子等杂物。有杂物时要扫除干净。

2）车辆的准备

（1）清除前照灯上的油污。

（2）轮胎气压应符合汽车制造厂的规定。

（3）汽车蓄电池应处于充足垫状态。

2. 自动追踪光轴式前照灯检验仪的检验方法

（1）将汽车尽可能地与导轨保持垂直方向驶近检验仪，使前照灯与检验仪受光器相距 3m。

（2）将车辆摆正找准器使检验仪和汽车对正。

（3）开亮前照灯，接通检验仪电源，用上下、左右控制开关移动检验仪位置，使前照灯光束射到受光器上。

（4）按下测量开关，受光器可追踪到前照灯光中心，根据光轴偏斜指示计（标有刻度）和光度计的指示值，即可测得和发光强度。

前照灯光轴偏斜量如需调整，可一边调整前照灯的照射方向，一边观察光轴偏斜指示计，使指针回到规定范围即可。

3. 检测注意事项

（1）检验仪的底座一定要保持水平；

（2）检验仪不要受外来光线的影响；

（3）必须在汽车保持空载并乘坐1名驾驶员的状态下检测；

（4）汽车有四只前照灯时，一定要把辅助照明灯遮住后再进行测量；

（5）开亮前照灯照射受光器，一定要把光电池灵敏度稳定后再进行检测；

（6）仪器不用时，要用罩子把受光器盖好。

4. 仪器常见故障

（1）仪器不能动作。检查电源是否接通。

（2）仪器在某个方向不能移动。检查该方向的限位开关是否损坏，因而产生错误的限位信号；检查该方向移动信号的通路是否阻断；转向控制电路板输出是否正常；制动器是否释放；电机的起动电容是否失效等。

（3）仪器移动的终点位置不正确。检查限位开关是否损坏，限位挡块是否松动或位置安装不当。

（4）仪器移动过程中发生抖动应检查信号通路上各继电器是否接触不良，或者连线接头是否发生松动。

（5）指示计指针故障。检查指示计电路的输出是否正常；供电电源是否正常；位移传感器动作是否正常；光电池输出是否正常；受光面是否清洁等。

在计算机控制环境下，一般应首先判断故障原因是仪器自身造成的，还是计算机信号出现异常，为此，可用手动控制盒来操作仪器以助诊断。若是仪器故障亦应先排除人为因素，例如是否有违反操作规程的错误操作，线缆有无机械损坏或误接等。仪器的各个调节电位器应由专人负责在校准仪器时使用，不得随意调节。若属于电路板内的故障，一般以更换单元电路为宜。

5. 在自动检测线上的应用

首先，为了避免外来光线的影响，前照灯检测仪应安排在自动检测线的中间工位上。为了保证前照灯光轴与仪器受光面的垂直度，在检测仪前应有恰当的引车线。为了保证3m的检测距离，在检测仪前应设置车位控制装置，例如光电检测装置。仪器的导轨和光接收箱，必须按使用说明书的要求正确地安装。

检测仪的接口信号有模拟量信号和开关量信号两种类型。模拟量信号中有发光强度信号，光轴上下偏转角和左右偏转角信号。其中发光强度信号为0～5V，光轴角信号为－2.5 V～＋2.5V，均采自各自的指示计电路，其幅度可由相应的输出电压调节电位器进行调整。开关量信号用以控制仪器快速进入或退出测定位置，以及提供仪器处在光照区并进入光轴自动跟踪状态的检测跟踪信号和对准光轴时的自动采样信号。

控制仪器和光接收箱运动的信号有三个不同的来源，其一是手动控制盒上的移动扳键信号；其二是电机转向控制板输出的光轴追踪信号；其三是计算机输出的控制信号。因此，在手动操作的时候，计算机控制应撤销。为避免意外，在仪器正常运行时可拆去控制盒。为了减少外部信号对计算机的干扰，通常在计算机和仪器之间必须加隔离电路。

在仪器进入光照区后应开始光轴自动追踪状态，因此必须撤销手动控制和计算机控制，也就是说要释放手动开关和切断中间继电器 J_U，而转向控制电路驱动功率继电器 J_4。因此，在计算机控制时必须采样和处理检测跟踪信号。

为了采集仪器输出的模拟信号（光强和光轴角），计算机必须配置A/D转换电路，该电路至少须配置三个模拟量通道，一个 0～5V 通道用于采样发光强度，两个 ±2.5V 通道用于光轴角信号的采样。按照仪器发光强度的测量范围 0～40000cd 的要求，A/D 的分辨率应达到2～16，即采用16位的 A/D 转换器，成本较高。考虑到仪器的误差为 ±15%，即 ±6000cd 的实际情况，可采用 10 位 A/D 转换器。

由于 A/D 转换器的转换误差一般为 ±1～1.5LSB。所以其对仪器测量精度的影响仅为1%，是可允许的。对于光轴角的测量范围 ±2°30′，误差 ±15′而言，10 位 A/D 的分辨率可达 0.3′，仅为误差的 2%。

在仪器的保养方面，建议每三个月对仪器校准或标定一次，以提高保养水平。标定时计算机可采集仪器标定的合格区数据，作为检测时判别依据，校准应按使用说明书规定的方法进行。仪器在使用过程中，应注意保持传动部件的润滑，导轨和光接收箱正面玻璃应保持清洁，并定期对聚光透镜进行清洁处理，当仪器出现故障时应及时排除，若故障排除会影响测量精度，则必须在排除故障后，对仪器进行校准调整。

2.3.3 拓展知识

前照灯照距自动调节系统

夜晚行车，只有装上良好的前照灯并且随时随地调整前照灯的倾斜角度，才能开好车。换言之，只有路面获得了最佳照明，才不会使车灯晃得对面车辆眩目。然而，载重量的变化、刹车和提速等情况都会引起车身倾斜角度发生变化，进而使近光灯的光束倾角发生变化。塞满行李的后备厢和猛然提速都会造成车尾下沉，车头抬高，以致灯光晃得对面来车的驾驶员睁不开眼。刹车时，车头又会下扎，尤其是在紧急制动时，因车头下扎得厉害，可能会造成视距丧失。全新概念的前照灯照明距离自动调节系统，将使夜晚行车更安全。

1. 技术现状

目前市场上的前照灯照明距离调节系统产品可分为三大类：人工系统或手动调节系统、自动系统或准静态系统、动态系统。

1）手动调节照明距离

在 1980 年，就已经开发出了能让驾驶员根据载重情况设定前照灯倾角的调节系统。这种被称之为“照明距离手动调节”的系统，除了有液压的、气动的外，还有电动的。从那时起，这种手动式照明距离调节系统成了新车的标准配置。尽管有了这一系统，但载重车以及无法校正的前照灯调节系统仍然使刺眼的光束像往常一样影响着夜间行车。大多数司机都对这种照明距离调节装置不满意。

2）自动调节照明距离

照明距离自动调节系统有两种，即准静态照明距离调节系统和动态照明距离调节系统。

常规照明距离调节系统由前照灯作动器、控制装置和前后桥上的两个桥传感器组成。

准静态照明距离调节系统，可以根据载重量的变化校正大灯倾角变化量。其工作原理是由车桥传感器将弹簧压缩行程信号提供给控制装置，控制装置在考虑了车姿后计算出前照灯的理论倾角，并令前照灯的照明距离执行机构作出相应的运动。这套系统由于工作阻尼大，不可能具有很高的调节速度。这套系统，就像大批量生产的机件一样，由于是整体的位置调节回路，所以成本较低。

动态照明距离调节系统，除了考虑载重量的变化外，还考虑了加速和减速对大灯倾角变化的影响。像准静态照明距离调节系统一样，该系统有两个桥传感器，负责将前后桥相对车身的弹簧压缩行程信号提供给控制装置。该控制装置通过一个与动态运动相适的滤波器，使得系统在制动和加速过程中具有较高的反应速度。且在匀速行驶时，静态的灯光视觉感对理论运动不会产生干扰。

目前市面上的系统有用直流作动器驱动前照灯的，也有用步进电机作前照灯执行机构的。直流作动器上装有位置反馈装置，并与位置调节回路构成闭环。在汽车制造厂的流水线末端，通过编码机或编程机，系统可以按照不同的车型被匹配上该种车型特定的参数，从而在数量少类型多方面具有很强的可塑性。

2. 内置传感器的照明距离调节系统

按照汽车业的整体发展目标，今后集成化会越来越高，以减少部件数量，降低制造成本。将来有可能出现各式各样的接口，甚至会将照明距离调节功能组合到别的系统里去。对此，德国 Hella 公司的目标是，开发一种标准组件系统，并使之满足各式各样的用户要求和汽车厂家的产品风格。但是具体到车灯连接中心或氙灯预连器中的这一集成却很难实行，因为用户各式各样的要求会使问题复杂化。

为了解决这一难题，Hella 公司开发出一种将照明距离控制装置组合到车桥传感器上的系统。该装置由此成了动态和准静态照明距离调节系统的核心标准组件。这套内装传感器的照明距离控制装置，其基础器件是一种新型电感转角传感器。

迄今为止，汽车上的行程和角度测量都是用电位计进行的。然而在竞争中已涌现出来大量新的测量原理。它们应用微电子的物理效应，对测量值进行无触点式抓取。无触点传感器尤其适用于极端环境条件下频繁出现的调节运动，而在活动期内它又会回到自身的转角位置。必须要考虑的是温度变化、振动、或强电和电磁的干扰源。

无触点传感器是在应用了静磁学（霍耳磁效应）、电容效应、光学效应、电感效应等物理效应研制而成的。为便于比较，把常用的各种用途传感器的无触点作用原理的评价结果列于表 2-10 中。从表中可见，电位器所用技术最成熟，但可靠性不足；磁力传感器和霍耳传感器在小角度测量时比“天然”测量范围时的测量精度下降，要合成出所需的磁材料，又会提高成本。

Hella 电感传感器由一个定子组成，定子内含有一组压制成线圈形状的同心励磁绕组，形状有如矩形接收线圈一样。这个既当闭环导线回环用又当矩形线圈用的转子与定子相配合，构成了一个完美的角度传感器。接有振荡器的励磁线圈，产生出一个交变电磁场，使转子被感应。在转子中感生出的电流，又形成了第二个电磁场，两场按照叠加原则相互叠加。耦合在转子上的能量与角度无关，但转子耦合到接收线圈的能量则与角度位置有关，尤其用三组接收线圈，以理想形式彼此呈固定角度旋转时，如此设计的几何参数产生出依赖于旋转角度、幅值相同但有相差的接收幅角。通过选取、检波、比较成形，电子统计分析线路即可从这些信号中明白无误地确定出角度。

表 2-10 无角点油量原理评价

Hella 传感器	精度	温度独立性	可靠性	批量性	经济性
MR	0	–	+ +	+	0
霍耳	0	–	+ +	+	0
电容	+	+ +	+ +	0	–
电感	+ +	+ +	+ +	+	+
电位计	+	+ +	–	+ +	+

由 Hella 公司研制的这种行程传感器和角度传感器，将测量技术优势同低成本要求完美地结合到了一起。他们的具体作法是：用多层标准印制电路板焊接面，制成既简单又便宜的发送与接收线圈。根据使用情况，在这种印制电路板上除提供有安置传感器（电子统计分析）线路的地方外，还提供有安置其它电子功能件的地方。转子同样可以用印制电路板材料制作，但也可以用价格更便宜的超薄金属板做成冲压件。通过使用热压或喷铸这类成本便宜的加工技术，可以将转子同转轴连接到一起。

甚至就连调平传感器也是用印制电路板这种材料制作定子，它不但承载着电子统计分析电路（ASIC）和抑制干扰电路的电子器件，而且同插塞相连。转子经过桥与操纵杆相连并悬浮在插件板的传感器骨架上方。这种应用方式，在保持同样高线性度情况下，角度测量范围可以高达 70°。传感器的零位可以在生产线上分别编好程序。为了将数据准确无误地从后桥传输到前桥组装有传感器的控制装置里，使用了 PWM 输出信号。

电感传感器具有下列的优点：

（1）传感器采用比例图像测量原理，对公差和干扰均不敏感。

（2）测量原理与温度全然无关，不用像采用别的测量原理那样需要温度补偿。

（3）传感器由标准印制电路板和电子器件组成，不需要诸如磁芯、铁芯或铁氧体等附加器件。

（4）不受磁和电干扰场的影响。

（5）传感器满足机动车领域所有电磁兼容的要求。

（6）传感器可以灵活地适应测量任务。角度传感器可以测量 360°范围内的任意角度；行程传感器可以在想要测量的范围内准确的补测出角度。

（7）电子统计分析线路（ASIC）可以将机械和电子公差一并加以统调。

3. 内装传感器的照距控制器

内装传感器的控制器，其基本构成是感应式水平传感器。传感器增添了一半的薄板坯，板坯上布置着 μC 电路，从而形成一个器件组合单元。它包括传感器、传感器信号处理器及接有参数存储器的微控器。

动态照距调节系统由内装传感器的控制器、另一个感应式桥传感器以及装在前照灯上的步进电机组成。步进电机装有一个电子控制装置，它包括电机驱动器和一个操纵用的单股拉线接口。反过来，通过这些装置，控制器可以获取这个“两级反应物”的现场信息。高度集成化的好处是：使电缆费用大幅度减少。

准静态照距调节系统与动态系统的区别，从原理上讲仅在于使用了手动照距调节系统的作动器，因为这时要求的调节速度明显地减小了，尤其像手动调节一样，它也采用了模拟控制方式。除此之外，当应用准静态照距调节系统时，也可以针对不同的车型舍弃掉前桥传感器。

当这样的系统不能够调整动态行驶过程时，该过程对前桥压缩行程弹簧的影响则是占压倒优势的；反之，负载的变化则对后桥的影响占压倒优势。行李厢载荷作用点距离后桥后边并不远的汽车，将得出以下画面：人们可以参照欧盟法规来加装负载，通过前后桥压缩行程弹簧分量的变化，来划分倾角的变化，该法规规定了负载的状态和光束亮—暗—极限的允许偏差。这时人们将发现，利用后桥引出的倾角分量作整车检测量和调节量已经足够用了，而且满足法规的各项要求。

据统计，几乎 30% 的交通事故发生在夜间，所以汽车生产厂家和法规制定者都把改进照明放在了优先考虑的地位。使用最佳调节的高质量前照灯即出于此目的。换句话讲，它使驾驶员有了最好的视线，但却不会晃得对面来车的驾驶员睁不开眼。尽管手动的照距调节系统在 1990 年就已经变成厂家份内的标准配置了，但是“防眩板”依然是日常交通不可或缺的配置。

随着新型内装传感器作为组合系统的一个部件，现在完全有能力用一种低成本的自动系统来取代当今仍在流行的照距手动调节系统了。它使驾驶员在载荷发生变化时，不必用人工去调节前照灯。可以说，它的出现对夜间的道路交通安全是一大贡献，加之采用了氙灯前照灯，这种带有内装传感器的动态照距调节系统，其优点是减少了线缆费用、取消了单独的控制器。这种控制器的基础件（新型电感传感器），技术性能绝佳，并且机械结构简单。Hella 专为此开发的两种 ASIC，既可以将这种传感器当作“独立应用”的传感器使用，也可以按照理想的方式组合到仪器内，实际上，这种组合方式已经应用到承担着信号处理任务的 μC 电路中了。

任务 2.4　车速表检测

2.4.1　任务实施

一、实施目的

掌握汽车车速表指示误差检测方法和检测标准；熟悉汽车车速表试验台结构和检测原理；了解车速表误差形成的原因。

二、检测仪器设备

车速表试验台、相关工具、汽车一辆。

三、检测准备

预习汽车车速表指示误差检测原理和方法；预习车速表误差检测的具体实验步骤。

四、试验台结构与检测原理

1. 车速表试验台结构

车速表试验台由速度测量装置、速度指示装置和速度报警装置等组成。

1）速度测量装置

速度测量装置主要由框架、滚筒、转速传感器和举升器等组成。滚筒一般为4个，安装在框架上。在前、后滚筒之间设有举升器，以便汽车进出试验台。转速传感器安装在滚筒的一端，将对应于滚筒转速发出的电信号送至速度指示装置。

2）速度指示装置

速度指示装置根据转速传感器发出的信号，把以滚筒圆周长与滚筒转速算出的为线速度，以 km/h 为单位在速度指示仪表上显示车速。

3）速度报警装置

速度报警装置是为在测量时，便于判明车速表误差是否合格而设置的。

2. 检测原理

车速表指示误差检测是以车速表试验台滚筒作为连续移动的路面，把被测车轮置于滚筒上旋转，模拟汽车在道路上行驶状态。测量时，车轮驱动滚筒旋转，滚筒端部装有转速传感器。滚筒的转速与车速成正比，转速传感器发出的电压随滚筒的转速而变化。因此，实际车速可由车速表试验台测出。同时，汽车驾驶室内的车速表也将显示车速值，将两者相比较，即可得出车速表的指示误差。

五、检测内容与步骤

1. 检测内容

利用标准型车速表试验台检测车速表误差。

2. 实施步骤

1）检测前准备工作

（1）轮胎气压应符合汽车制造厂规定，轮胎上黏有油污、泥土、水或石子时，应清理干净。

（2）打开试验台电源开关，仪器自检、预热、调零。

（3）清洁试验台上面及其周围的污物。

（4）打开试验台锁止装置，检查各机构工作情况是否正常。

2）检测方法

车速表示值误差检测：

（1）接通试验台电源。

（2）升起滚筒间的举升器。

（3）将被检车辆开上试验台，使驱动轮尽可能与滚筒成垂直状态地停放在试验台上。

（4）降下举升器，至轮胎与举升器托板完全脱离为止。

（5）用挡块抵住位于试验台滚筒之外的一对车轮，防止汽车在测试时滑出试验台。

（6）起动汽车，踩下加速踏板，使驱动轮带动滚筒平稳地加速运转。

（7）当汽车车速表的指示值达到规定检测车速（40km/h）时，读取试验台显示的实际车速值。

（8）测试结束，轻轻踩下汽车制动踏板，使滚筒停止转动。

（9）升起举升器，去掉挡块，汽车驶离试验台。

（10）切断试验台电源。

六、诊断参数标准

国家标准 GB 7258—2004《机动车运行安全技术条件》规定的汽车安全性能检测标准如下：

车速表误差允许范围是：当实际车速为 40km/h 时，车速表指示值应在 40km/h ~ 48km/h 范围内；或当车速表指示值为 40km/h 时，实际车速在 32.8km/h ~ 40km/h 范围内为合格，超出上述范围则车速表误差为不合格。

七、试验数据和试验报告

（1）记录试验数据。
（2）分析检测结果。
（3）完成试验报告。

2.4.2　支撑知识

一、车速表测试相关要求

“十次事故九次快”，这是交通管理部门为了行车安全而常用的一条标语。行车速度越高，越容易发生交通事故。理论研究与实验表明，汽车的制动距离与汽车制动时的初速度的平方成正比。正确掌握行车速度显得十分重要，而驾驶员靠感觉估计初速不够准确，有时还会产生错觉，为了行车安全，驾驶员应通过车速表来判断车速。如果车速的误差过大，驾驶员就很难准确掌握车速，从而可能导致交通事故的发生。所以，为了保障行车安全，车速表的指示误差是汽车安全检测中的必检项目之一。

车速表一般与里程表结合在一起，称车速里程表。变速器输出轴驱动的软轴与车速里程表相连，软轴驱动车速表内的永久磁铁 3 旋转，使感应盘 4 切割磁力线产生涡流，建立涡流磁场。涡流磁场与永久磁铁的旋转磁场相互作用，使感应盘产生转动力矩，在转动力矩的作用下，感应盘的转角随永久磁铁转速的升高而增大，指针 6 与感应盘一起转动，这样就指示了行车速度。

在车速表内，零件的磨损、游丝弹力减弱、磁铁磁场强度下降、磁铁与感心盘之间的间隔发生变化及轮胎的磨损，都会造成车速表的指示误差。为了控制车速表的指示误差，汽车安全检测时，必须对车速表进行检测。

在《机动车运行安全技术条件》（GB 7258—1997）中，对汽车车速表的检查作了如下的规定：

车速表指示误差的检验宜在滚筒式车速表检验台上进行。对于无法在车速表检验台上检验车速表指示误差的机动车（如全时四轮驱动汽车、具有驱动防滑控制装置的汽车等）可路试检验车速表指示误差。

当车速表检验台速度指示仪表的指示值（V2 ）为 40km/h 时，读取该机动车车速表的指示值（V1 ），当 V1 的读数在 38 ~ 48 km/h 范围内时为合格。

二、车速表试验台

1. 滚筒式车速表检测台的测试原理

滚筒式车速表试验台的测试原理如图 2-33 所示。

试验时汽车驱动轮置于滚筒上，由发动机经传动系驱动车轮旋转，车轮借助于摩擦力带动滚筒旋转。这旋转的滚筒相当于移动的地面。以驱动轮在滚筒上旋转来模拟汽车在路面行驶时实际状态。通过滚筒端部带动测速发电机（即速度传感器，现在用的较多的是光敏管，霍耳传感器等）。测速发电机所发出的电压（或光敏管，霍耳传感器等发出的脉冲数）随滚筒转速增高而增加，而滚筒的转速与车速成正比，因此测速发电机的电压与车速成正比。

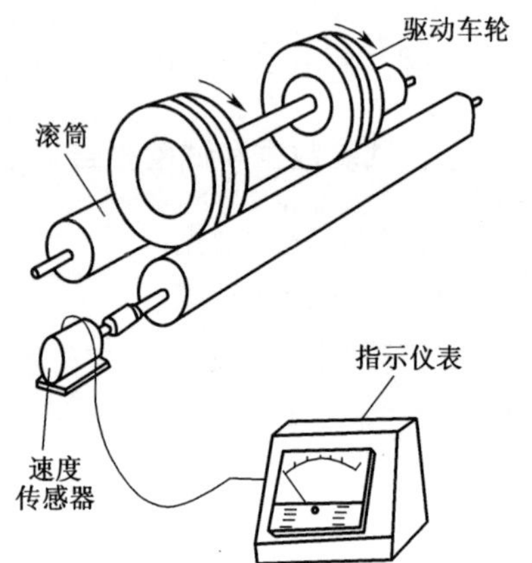

图 2-33　车速表误差的测量装置

滚筒的线速度，圆周长和转速之间的关系可用下式表达：

$$v = L \cdot n \cdot 60 \cdot 10^{-6}$$

式中　v——滚筒的线速度（km/h）；

L——滚筒的圆周长（mm）；

n——滚筒的转速（r/min）。

车轮的线速度与滚筒的线速度相等，故上式计算为汽车真实的速度。该值在试验时由试验台上的速度指示议表显示。

车轮在滚筒上转动的同时，车速表的软轴由车变速器或分动器输出轴带动旋转，并在车速表上显示车速值，即车速真实值。将上述试验台速度指示仪表上显示的真实车速值与车速表显示的车速指示值相比较即可求出车速表的误差。

2. 车速表试验台的结构

车速表试验台按有无驱动装置可分标准型与电驱动型两种。标准型试验台无驱动装置，它靠被测汽车驱动车轮带动滚轮旋转；电机驱动型试验台由电动机驱动滚轮旋转，再由滚筒带动车轮旋转。此外，还有把车速表试验台与制动试验台或底盘测功机组合在一起的综合试验台。

1）标准型车速试验台

该试验台由速度测量装置、速度指示装置和速度报警装置等组成，如图 2-34 所示。

（1）速度测量装置

速度测量装置由滚筒、速度传感器和举升器组成。滚筒分为两组共四个，通过滚动轴承安装在框架上。试验时为防止汽车差速器齿轮滑转，试验台的两前滚筒用联轴器连接在一起。

速度传感器一般采用测速发电机（现在较多用光敏管或霍耳传感器），装在滚筒的一端，将对应于滚筒转速所发出的电压信号（或脉冲信号处理后）送到速度指示装置。

为使汽车进出试验台方便，在前后滚筒之间设举升器。举升器多用气压驱动或液压驱动。举升器与滚筒制动装置联动，举升器升起时，滚筒被制动不能转动。

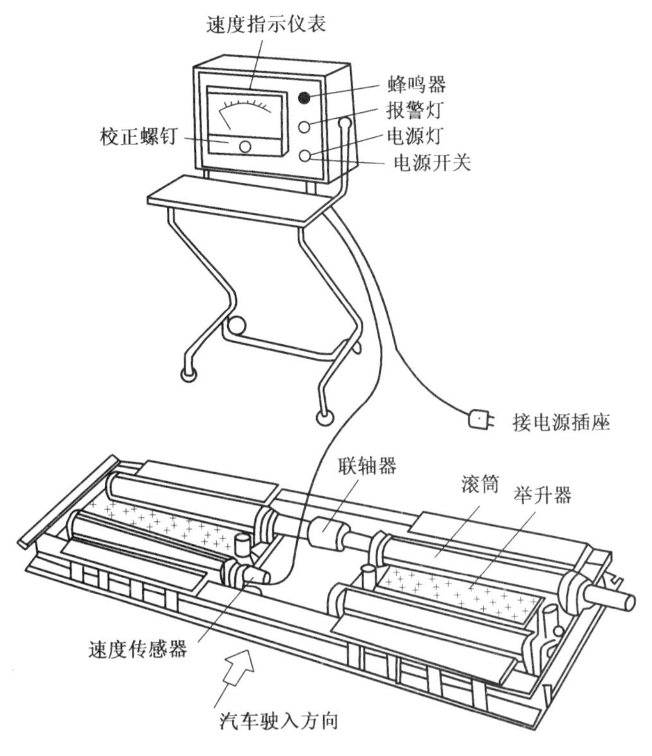

图 2-34　标准型车速表试验台

(2) 速度指示装置。

速度指示装置根据速度传感器传来的电信号（如电压或脉冲数）与滚筒外圆周长等参数，经处理后驱动显示装置指示以 km/h 为单位表示的车速。

(3) 速度报警装置。

速度报警装置是为判明车速表误差是否在合格范围内而设置的。一般有三种形式：

①用在试验台报警装置指示检测车速。当汽车实际车速达到某一值（如 40km/h）时，报警装置的报警灯发亮或蜂鸣器发响。指示驾驶员车辆已到检测车速，注意观察驾驶室指示值是否在合格范围内（如合格范围为 38 ~ 48km/h）。

②指示仪表上涂成绿色区域表示指示值与实际车速误差的合格范围。试验时，汽车车速表指示值达到某一检测车速（40km/h）时，同时观察试验台速度指示值是否在合格的绿色区域内（33.3 ~ 42.1km/h）。

③同时具备上述两种装置的报警装置。

2）电机驱动型车速表试验台

车速表的转速信号多数取自汽车变速器或分动器的输出轴，但对于后置发动机的汽车，由于车速表软轴过长出现传动精度和寿命灯方面的影响问题，所有转速信号取自前从动轮。对这种汽车必须采取电动机驱动型车速表试验台。测试时由电动机驱动滚筒与前从动轮旋转，这种试验台往往在滚筒与电动机之间装有离合器，如图 2-35 所示。若试验时将离合器分离，这种试验台也可作为标准型试验台使用。

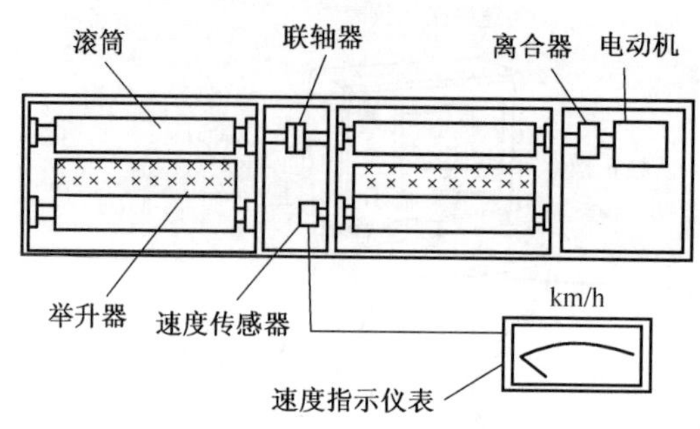

图2-35　电动机驱动型车速表试验台

3. 车速表试验台的测试方法

因形式、牌号不同，不同的车辆表试验台其用法也不同。因此，在使用前一定要认真阅读试验台《使用说明书》，按《使用说明书》的规定正确使用。一般的使用方法如下：

1）检测前准备

（1）试验台准备：

①滚筒处于静止状态下，检查指示仪表的零点位置，若有偏差予以调整。

②检查滚筒是否沾有油污、水泥等杂物，若有应予清除。

③检查举升器动作是否自如或有无漏气（或漏油）部位。否则予以修理。

④检查导线的连接情况，若有接触不良或断路应予以修复。

（2）被检车辆准备：

①按制造厂的规定调整好轮胎气压。

②清除轮胎上黏有的水、油、泥和嵌入轮胎花纹槽内的石子等杂物。

2）检测方法

（1）接通试验台电源。

（2）升起滚筒间举升器。

（3）被测车辆从其纵向中心线与滚筒轴线垂直的方向驶入试验台，使具有车速信号的车轮置于滚筒上。

（4）降下举升器至轮胎与举升器托板完全脱离为止。

（5）为安全起见，在车辆前方不得站有人员，并用挡块抵住处于试验台滚筒外的车轮。

（6）对于标准型车速表试验台：

①起动汽车，待汽车驱动轮在滚筒上稳定后，挂最高挡，踏下加速踏板使驱动轮平稳地加速运转。

②当汽车车速表的指示值达到规定的车速（40km/h）时，读取试验台速度指示值；或当试验台速度的指示值达到检测车速时，读取汽车车速表指示值。

（7）对于电驱动形式车速表试验台：

①结合试验台离合器，使滚筒轴与电动机枢轴相连接。

②汽车的变速器处于空挡，接通试验台电源电动机驱动滚筒旋转。

③当汽车车速表达到检测车速时，读取试验台速度表指示值，或当试验台指示值达到检测车速时，读取汽车车速表指示值。

(8) 检测结束后，轻轻踩下汽车制动踏板，使滚筒停止旋转。对于电动机型试验台必须切断电源。

(9) 降下举升器，去掉挡块，汽车驶离试验台。

(10) 切断试验台电源。

4. 使用注意事项与试验台维护

1) 使用注意事项

(1) 检查汽车的轴荷，以保证待检汽车在试验台允许载荷范围内。

(2) 对于前轮驱动汽车，应在低速情况下操作方向盘确保汽车处于直行状态。然后再加速到检测车速。切记不可汽车一上试验台就迅速加速。

(3) 对电机驱动型车速表试验台，在不用驱动装置进行测试时，务必分离离合器，使滚筒与电动机脱开。

2) 试验台维护

(1) 每日检查。

检查试验台的外表面是否干净；检查电源是否安全接通；检查仪表设备是否完好。

(2) 季度维护。

除每日检查内容外还应进行下列检查：

①检查滚筒的运转情况，有无异响、损伤，运转是否平稳。

②检查联轴节是否松旷。

③检查传感器固定情况，接头有无松动。

④检查滚筒制动器的磨损情况，当举升器升起后，被检车辆驶离试验台时，车轮不应带动滚筒旋转。

(3) 年度维护。

按 JJG（交通）004－93《滚筒式汽车车速表检定规程》规定内容逐项检查，并进行相应的维护。

该检定规程对滚筒式车速表检验台的技术要求如下：

①车速台应有清晰的铭牌标志。

②显示仪板为数显时，显示应正确、清晰，示值保留时间不少于8s。配有打印装置时，其打印结果应清除，不应有缺笔短划的现象。

③显示仪表为指针式时，表盘清晰指针运行平稳，不允许有松动和弯曲现象。

④机械、电气部分应完整无损，工作可靠。

⑤升降机构，工作协调平稳，不漏气（油）。

⑥滚筒表面完好，转动自如，轴承工作时无响。

⑦外露焊缝平整，涂漆色泽均匀、光滑、美观。

⑧零值允许误差应小于±1km/h。

⑨示值允许误差，在30km/h以上时，新制造的车速台不大于±1%；使用中的车速不大于±3%。

⑩滚筒表面的径向圆跳动量，新制造的不大于0.40mm；使用中的不大于1.00mm。

⑪滚筒表面局部磨损率不得超过其标称直径的1%。

⑫平均每个轴承的启动扭矩不大于0.50N/m。

2.4.3 拓展知识

HY-G05 汽车行驶记录仪

1. 汽车行驶记录仪简介

HY-G05 汽车行驶记录仪既满足汽车行驶记录仪国标（GB/T 19956—2003）的功能及性能要求，同时又具备 GPS 全球定位跟踪的功能。HY-G05 汽车行驶记录仪具备实时监控、采集和详细记录机动车的位置信息及机动车在行驶过程中的各种状态和数据，方便车辆管理部门实时监控车辆的行驶状态，监督驾驶员超速、超时、超载驾驶及跨区营运。车辆管理部门可以根据记录仪详细记录的行驶数据，分析驾驶员的驾驶习惯，规范车队管理，有效降低和防止事故的发生，避免国家和企业财产遭受损失。当发生交通事故时，又可为交通执法部门提供可靠、真实的行车数据，作为事故判断的依据之一。

2. 汽车行驶记录仪组成

HY-G05 汽车行驶记录仪由主机、传感器、辅助件和综合管理软件等组成。

1）组成框图

HY-G05 汽车行驶记录仪主机的硬件部分主要有高速 CPU 控制模块、GPS 接收模块、通信模块、开关量输入模块、模拟量放大器、大容量存储器、输入/输出设备接口、电源模块和扩展接口等。原理框图如图 2-36 所示。

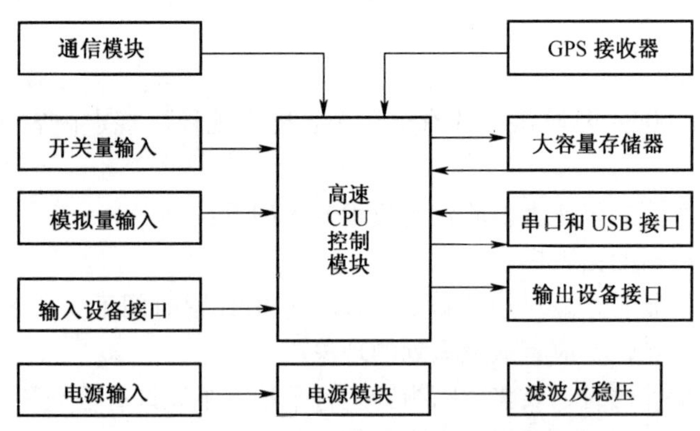

图 2-36 HY-G05 汽车行驶记录仪原理框图

2）主要模块的功能

（1）CPU 控制模块。

控制模块是整个 GPS 汽车行驶记录仪的核心，它负责采集 GPS 接收机接收到的 GPS 定位数据，控制通信模块发送给 GPS 监控中心或者根据实际情况存储到存储模块中；负责采集模拟输入信号（车速）和开关量输入信号（刹车、车灯等）；负责采集输入设备传送过来的信息，经过处理控制通信模块发送给 GPS 监控中心；负责采集通信模块接收到的控制指令，控制输出设备进行车辆控制等。

输入设备是可选项，一般为传感器、报警按钮以及输入键盘等，可根据客户需求来添加输入设备。输入设备的主要作用是将用户输入的短消息以及其他一些车辆状态传送给控制模块，由控制模块通过通信模块发送给 GPS 监控中心。也可根据用户需要来添加输出设备。

（2）通信模块。

通信模块的主要作用是将由控制模块传送过来的数据通过通信链路发送给 GPS 监控中心；将由 GPS 监控中心发送过来的控制指令等传送给控制模块。

（3）GPS 接收机。

GPS 接收机的主要作用是接收 GPS 定位信息，将 GPS 定位数据传送给控制模块。根据需要将定位信息通过通信模块发回 GPS 监控中心或将位置信息存储在大容量存储器中。

（4）速度处理模块。

速度输入分 ABS 车速和非 ABS 车速检测电路。对于 ABS 车速检测是通过高输入阻抗的缓冲器，将 ABS 车的左右速度信号提取出来，通过放大、滤波、整形后送入 CPU。对于非 ABS 车速检测则是用取抖、滤波的措施将杂波信号除去，再送 CPU 处理。

（5）开关信号输入。

该部分是用来检测刹车状态、左右灯、雾灯、尾灯等六种开关动作。由电平转换电路、整形电路和多路选择器等部分组成。当 CPU 检测到有开关量变化时，会以中断的方式将数据及时记录下来。

（6）大容量存储器。

大容量存储器包括随机存储器和高速闪存器。它是记录行车过程中各种数据的关键部件。除具有动态存储数据的功能之外，还可存储车辆的各种信息（比如车型、车牌号、发动机号码等）。当通信状况受到限制车辆定位信息无法传送的情况下，GPS 行驶记录仪将定位信息存储在存储器中，一旦条件许可再将信息传送出去。

3. 汽车行驶记录仪主要功能

HY-G05 行驶记录仪充分考虑运输企业的需求和交通管理部门的需要，在产品的功能设置上做到既满足国标的要求，又满足用户的实际需求。其主要功能包括记录仪功能、GPS 功能、通信功能、扩展功能、综合管理软件。

1）全程行驶定位/跟踪

GPS 汽车行驶记录仪能响应监控调度中心点名指令，立即发出一个位置信息；GPS 汽车行驶记录仪按照设定的时间间隔，发出位置信息。

2）数据实时采集，传输

监控调度中心能够实时采集记录仪中存储的如下数据：

（1）采集驾驶员代码及驾驶号码；

（2）采集指定时刻多功能行驶记录仪行驶记录数据；

（3）采集指定时间段内车辆疲劳驾驶记录数据；

（4）采集事故疑点数据；

（5）采集车辆指定时间段内的行驶里程和车辆总累计行驶里程；

（6）采集车辆位置地理信息；

（7）采集车辆当前环境、情况图像信息。

3）登录和脱网功能

当GPS行驶记录仪在通电、自检正常后，自动发送一条信息，表明车辆入网登录。

当GPS行驶记录仪在断电时，自动进入省电模式，并自动发送一条信息，表明车辆脱网。

4）报警功能

（1）超速报警功能。

当车辆超速时（即车辆行驶速度连续超过设定速度上限值），GPS行驶记录仪以声光的形式提醒司机减速，同时以25s的时间间隔连续发出超速报警信息，直至车辆速度小于设定的速度上限值取消报警。速度上限值可以通过监控调度中心指令设置。

（2）劫警功能。

GPS行驶记录仪上有报警按钮，当遇到抢劫等意外情况时，司机按下该按钮后，即连续发出劫警信息，直到通过指令解除劫警。

（3）区域报警功能（电子围栏）。

当车辆驶出设定的区域范围时，GPS行驶记录仪以声光的形式提醒司机驶出该区域范围，同时以25s的时间间隔连续发出区域报警信息到监控调度中心，直至车辆驶入设定的区域范围自动取消报警。行驶路线可以通过监控调度中心指令设置。

（4）偏移路线报警。

当车辆行驶偏离了设定的行驶路线时，GPS行驶记录仪以声光的形式提醒司机偏离设定的行驶路线，同时以25s的时间间隔连续发出偏离路线报警信息到监控调度中心，直至车辆驶回设定的行驶路线自动取消报警。行驶路线可以通过监控调度中心指令设置。

5）断点续传功能

在车辆进入GSM/CDMA 1X/GPRS网络盲区时，记录仪能够自动存储当前轨迹点，等车辆重新驶出网络盲区时，能手动或自动回传盲区内定位数据。

6）短信收发功能

GPS行驶记录具有预存短信服务功能，能接收监控中心发送的文字信息，并向监控中心回传有关信息。

7）通话功能

当选用车载电话时，GPS行驶记录仪提供通话功能。

8）远程参数设置

如短信平台号码、报警号码、通话号码等。

9）全程行驶记录

GPS行驶记录仪能将汽车360h内的各种行驶状态全部记录于大容量存储器中，记录内容包括汽车起动时间、停车时间、行驶速度、行驶里程、车门、刹车及车灯的工作状态。

10）内置车辆及驾驶员电子档案

用户可按需要将有关机动车的文字和图片资料（如车牌号码、车型、发动机号码、车主档案等），存储在GPS记录仪内，通过监控调度中心可随时读取。

11）疲劳驾驶提示

驾驶员连续驾驶超过4h或24h累计驾驶超过8h，记录仪会声光进行提示。

12）事故、疑点数据记录和分析

记录仪以0.2s间隔记录事故发生前20s车辆行驶速度、行驶方向、刹车、灯光、车门等信息，另外，还以3s的间隔记录了长达4h的详细数据，为交通事故分析提供客观真实的依据。

13）驾驶员身份识别

采用一人一卡的管理模式，驾驶员在开车前利用非接触式IC卡验证其身份，记录仪分类保存每个驾驶员的行车数据，便于车队管理，明确驾驶员相关责任。

14）显示打印功能

汽车行驶的多种数据可以通过显示和便携式微型打印机现场打印，而且能通过计算机综合管理软件可自动生成并打印用户所需的各种报表和图形数据。

4. 汽车行驶记录仪扩展接口

HY-G05汽车行驶记录仪提供标准RS232CD型9针接口和标准的USB接口，用于读取记录仪中保存的数据，自动生成数据文件，并能进行其它功能的硬件扩展（如图像、指纹等）。

5. 汽车行驶记录仪技术参数

1）GPS卫星定位系统：GM-305一体化GPS模块

重新捕获时间：<100ms

热启动：<10s；冷启动：<40s

速度精度：0.1m/s（S/A off）

位置精度：<25m（S/A off）

时间精度：±1μs

加速度限度：±4*g*

速度限度：500m/s

2）输入电压范围

直流6.5V～48V，高可靠性、超宽范围车载电源管理系统。

3）标准输入电压

12V或24V（直接由汽车电瓶供电）

4）整机工作电流

上网峰值电流<300mA

本机峰值电流<210mA

省电模式<30mA

5）硬件电路板尺寸

135mm×99mm，六层板工艺，94V0标准。

6）整机外形尺寸

宽138mm×长103mm×高50mm。

7）环境温度

-40℃～+85℃

8）环境湿度

0～90%

6. HY-G05 汽车行驶记录仪的优点

（1）满足国际 GB/T 19056—2003 的要求，率先通过公安部权威部门的检测；

（2）车辆行驶记录、GPS 定位、数据无线传输等功能集成；

（3）采用专用液晶显示屏，全中文菜单，查询直观快捷；

（4）无线射频身份识别，可实现一对多、多对一的管理模式；

（5）采用特殊电源变换、滤波、保护等措施，有效克服电源波动和汽车点火的干扰；

（6）存储采用多级加密，保证数据完整可靠；

（7）元件选用宽温高性能器件，确保在恶劣环境下稳定工作；

（8）采用在线编程技术，底层软件升级方便；

（9）采集数据方便、可靠，可用串口和 U 盘快速下载，数据保存时间长；

（10）可通过 GSM/CDMA1X/GPRS 无线网络通信方式实时传输数据；

（11）营运过程全程管理，规范驾驶员驾驶行为，纠正不良驾驶习惯，消除隐患。

项目3

汽车环保性能检测

〈典型事故/案例〉

故障现象一：

一辆奥迪100四缸轿车，一段时间以来发现燃油消耗增加。经原地试车，发动机起动性能良好，怠速运转正常，加速良好，只是在由怠速过渡到低、中速时，排气管有较明显的黑烟。

故障现象二：

一辆2004年款赛欧汽车，搭载L01型发动机，行驶里程24000km。据车主反映，仪表板上的机油压力指示灯有时点亮，早晨发动机起动后排气管有冒蓝烟的现象，怠速工作一会儿后就不冒蓝烟了，其他一切正常。

〈项目任务〉

汽油机和柴油机尾气的检测、汽车噪声检测。

〈能力目标〉

能对汽油发动机和柴油发动机汽车进行尾气检测、汽车噪声检测；能根据检测情况，分析和判断汽车工作状态，并进行故障排除。

〈知识目标〉

了解汽车环保性能检测项目基本内容、相关标准；熟悉检测设备的基本结构并理解其工作原理；掌握各检测项目基本操作规范。

〈素质目标〉

加强安全教育，提高安全意识；培养严谨的工作作风和科学的工作态度；提高环保意识，增强环保观念，加强环保的自觉性。

任务3.1 汽油机尾气排放检测

3.1.1 任务实施

方法1 汽油车尾气综合检测

一、检测目的

(1) 学习五气分析仪的基本操作方法。

(2) 利用五气分析仪对汽车尾气进行全面测量，并对测量结果作出分析。

二、所需仪器及设备条件

使用仪器设备：FGA4015分析仪、标准气、汽车、电源。FGA4015型分析仪前面板及按键功能如图3-1所示，后面板及管线连接如图3-2所示。

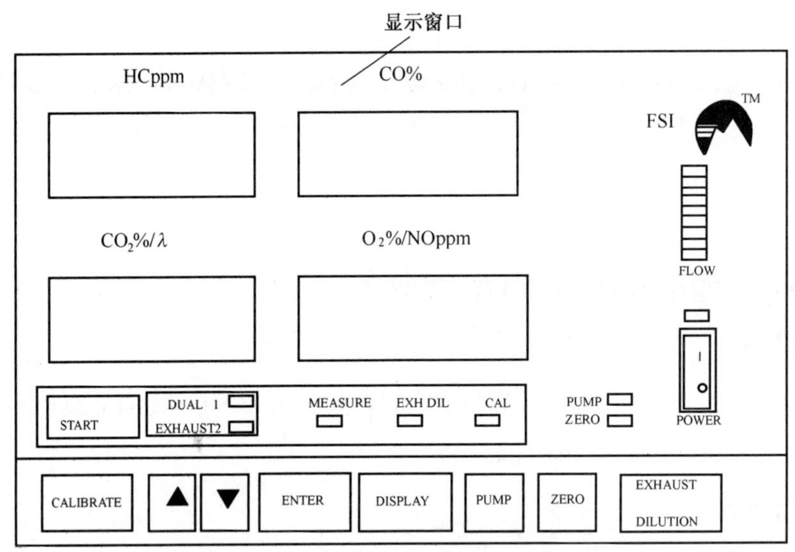

图3-1 FGA4015型分析仪前面板及按键功能

三、仪器的校准

工厂标准是指仪器出厂前制造厂根据当时当地的温度、压力等气候条件，利用标准气体对仪器进行一系列精确校准的过程，校准后把工厂校准常数及校正因子储存在仪器的存储器内，用户不能改变工厂标准常数，但校正因子会随着现场校准而改变。

返回工厂校准状态的方法是：在备用模式下，按CALIBRATE键，等待30s的自动调零结束后，先按住CALIBRATE键，再按ENTER键，这时CAL灯熄灭，仪器接着进行自动调零，

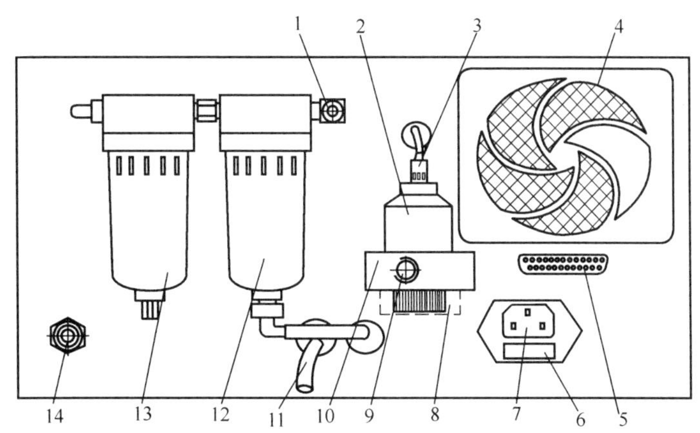

图 3-2 FGA4015 型分析仪后面板及管线连接

1—弯管接头；2—氧传感器；3—氧传感器接头；4—风扇；5—RS-232C 接口；6—保险丝；
7—电源插头；8—塞子或 NO 传感器（五气）；9—排气口；10—氧传感器座；
11—排水口；12——级过滤器；13—二级过滤器；14—清洁空气入口。

最后回到备用模式，即返回到了工厂校准状态。如果 CAL 灯熄灭后，仪器未进行自动调零，必须按 ZERO 键进行调零。

一般地，仪器维持工厂校准状态，就能获得相当准确的测量结果。

四、检测方法及步骤

测量分为单排气管测量模式和双排气管测量模式。

1. 单排气管测量模式

（1）将探头插入汽车排气管里，按 START 键，仪器进入测量模式，测量指示灯（MEASURE）亮，泵运转。

（2）在测量模式下按 DISPLAY 键，可冻结当前显示的读数，便于记录和分析测量结果。再按 DISP，AY 键，可取消冻结显示。

（3）仪器只有 4 个数码显示窗口，CO_2 与 λ、以及 O_2 与 NO 分别共用一个显示窗口。为了交替显示各项数据，可在测量模式下，通过反复按 ENTER 键来实现。每按一次 ENTER 键，就按如表 3-1 所示的顺序切换显示。

表 3-1 测量模式的转换顺序

操作	左下窗口（CO_2 与 λ）	右下窗口（O_2 与 NO）
按 ENTER 键	显示 CO_2	显示 O_2
按 ENTER 键	交替显示 CO_2 与 λ	交替显示 O_2 与 NO
按 ENTER 键	显示 λ	显示 NO
按 ENTER 键	交替显示 CO_2 与 λ	交替显示 O_2 与 NO
按 ENTER 键	重复循环	重复循环

注意下面左右两个窗口中，CO_2 与 O_2 同时显示；λ 与 NO 同时显示。请注意区别显示内容。

(4) 测量结束后，为了清除取样系统中的水蒸气和吸附的废气，必须先将探头从排气管中取出，再按一次START键结束测量模式，仪器进行两分钟的清洗模式，然后自动调零，进入备用模式。

2. 双排气管测量模式

此模式用于测量具有双排气管的汽车。其操作步骤如下：

(1) 在备用模式下按START键，进入测量模式后，按DUAL EXHAUST键，仪器进入双排气管测量模式。

(2) 当1号指示灯亮时，将探头插入第一个排气管里，读数稳定后按START键，储存第一组读数。

(3) 当2号指示灯亮时，将探头插入第二个排气管里，读数稳定后按START键，储存第二组读数。此时两个指示灯均亮，显示器显示两次测量的平均值。

(4) 此后若反复按DUAL EXHAUST键，显示器轮流显示第一个读数、第二个读数和两个读数的平均值。在双排气管模式下，不需按DISPL AY键冻结显示结果。

(5) 再次按START键将脱离此模式，进入清洗模式，然后进入备用模式。

五、使用中注意事项

(1) 注意观察流量指示计状态，当出现低流量指示时，应及时更换过滤器滤芯。

(2) 关闭仪器前，应先将探头从排气管中取出，放在洁净的空气中，开泵至少两分钟，使仪器中所有剩余的气体得到清除。否则，废气长期滞留在仪器管路中，会污染传感器感应部位，影响测量精度。

六、考核要求

(1) 了解仪器各按键、开关的作用。
(2) 掌握单排气管汽车的测量方法。
(3) 掌握双排气管汽车的测量方法。
(4) 掌握正确读数与冻结显示读数的方法并记录数据。
(5) 掌握正确结束测量的程序。
(6) 正确回答教师的问题。
(7) 完成实训报告。

方法2 汽油车尾气CO/HC检测

一、实施目的

(1) 学习CO/HC废气分析仪的校准使用方法。
(2) 学习利用废气分析仪测量汽车尾气的方法。

二、所需仪器及设备条件

所需仪器设备：MEXA-324F型CO/HC红外线气体分析仪（见图3-3）、HC/CO标准气体、被检测汽油车及 220V/50Hz 电源。

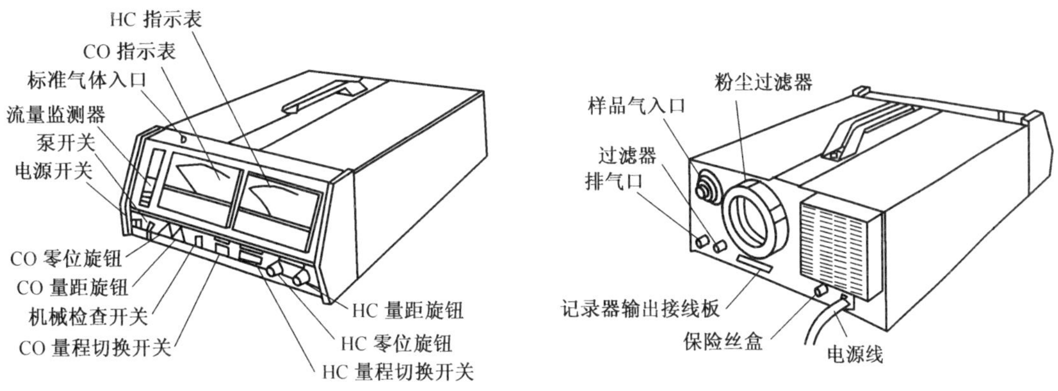

图 3-3　CO/HC 红外线气体分析仪

三、检测前的准备

1. 被检测汽油车的准备

检测前应使被测汽油车运转达到正常使用温度。

2. 仪器的准备

（1）用取样软管把测试探头（带前置过滤器）和水分离器连接起来，并用软管夹箍夹紧（见图 3-4），防止接头部位漏气。

（2）将水分离器连接到仪器的样品气入口，注意使密封垫圈可靠夹紧。

（3）接通仪器电源，把电源开关拨到“开”，预热 30min，在预热过程中用 CO、HC 零位旋钮不断进行调零。

（4）把测试探头置于洁净空气中，将泵开关拨到“开”，检查流量监测器的指针是否指在黑色区域，在黑色区域正常，表明抽气流量足够大。如果指针落在红色区域，表明抽气流量太小，应检查探头、前置滤清器、粉尖过滤器等是否堵塞。如有堵塞应清洁探头，更换滤芯或滤纸。

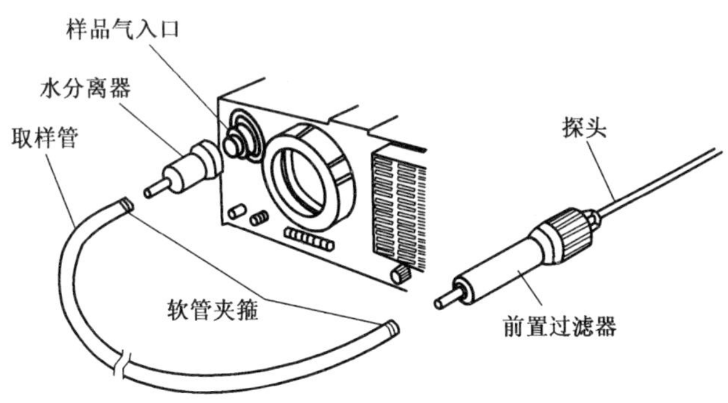

图 3-4　采样管连接方法

3. 仪器的校正

仪器的校正必须在电源开关、泵开关拨到“开”位预热 30min 后进行。校正分为用标准气体进行的精确校正和用机械检查器进行的简易校正。

1）用标准气体校正

（1）首先要确定校正值。标准气瓶上所标明的CO气体浓度就是其校正值，但是标准气瓶上所标明的丙烷（C_3H_8）气体浓度应与仪器上所标明的换算系数（本仪器为0.51）相乘后的值作为正已烷（C_6H_{14}）换算浓度，此值作为HC气体浓度的校正值。根据校正值大小选择适当的量程挡位。

（2）仪器的零位校正。取下水分离器，吸入清洁空气，待指针充分稳定后，调整零位旋钮，使指针指到零位。

（3）仪器的量距校正。将泵开关拨到“关”位，使标准气瓶喷嘴对准仪器的标准气入口（见图3-5)，用力压紧直到指示稳定，一般只需7~8s。取下标准气，密封标准气入口，用螺丝刀调整CO、HC量距旋钮，使其指示值与标准气瓶标明的气体浓度（或换算浓度）一致。

（4）确定机械检查简易校正值。此时将量程切换开关置于最低量程挡CO 2%、HC 500ppm。取下水分离器，将泵开关拨到“开”，确认零点正确。按下机械检查开关，调整简易校正值调节电位器（见图3-5)，使仪器指示在刻度线上的绿色三角标志处（HC 400ppm，CO 1.5%)，这个值作为下面所述的分析仪的简易校正值。

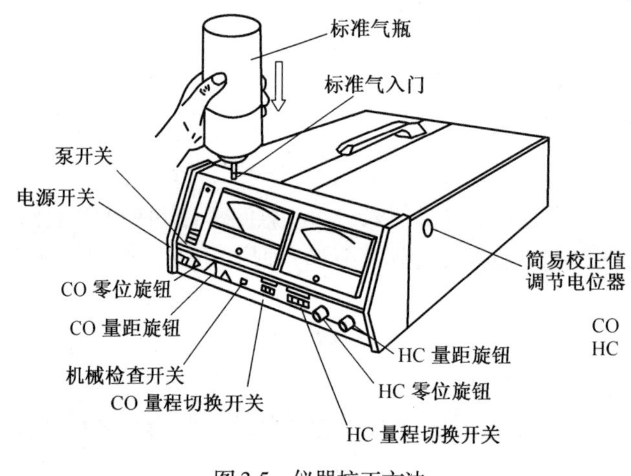

图3-5　仪器校正方法

2）用机械检查进行简易校正

在测量精度要求不高的情况下，可用机械检查开关来进行简易校正。先把量程开关切换到最低量程（CO：2%挡，HC：500ppm挡)。

（1）仪器的零位调整。取下水分离器，将泵开关拨到“开”位，吸入清洁空气，待指针充分稳定后，调整零位旋钮，使指针指示为零。

（2）按下机械检查开关，调节量距旋钮，使指示与用标准气校正时所设定的简易校正值相符。HC分析仪500ppm量程时，已设定其指示值在400ppm附近；CO分析仪2%量程时，已设定其指示值在1.5%附近。因此，如果指针指在上述值附近，则可以利用机械标检查器来判断仪器是否正常。

四、检测方法及步骤

检测时被测车应达到正常使用温度，处于怠速状态。

（1）仪器经过 30 min 预热及校正后，将水分离器连接到仪器的样品气入口，把取样探头插入汽车排气管出口，插入深度不得小于 0.30m。

（2）根据表头指示，选择适当的量程挡位，在 30s 内读取最高值和最低值，取其平均值为测量结果，也可在 30s 内随机读取 3 次数据，取其平均值为测量结果。

（3）测试结束后，取出探头置于清洁空气中，泵开关保持在“开”位，直到指针回到零位附近。

五、检测中应注意事项

（1）防止把水、汽油、灰尘等吸入仪器，否则会影响滤清器、泵、分析部位的正常工作，甚至损坏。

（2）注意观察流量监测器的指针位置，当指针接近红色区域时，说明抽气流量偏低，要及时更换滤清器，否则会使测量误差增大。

（3）不要过度拉伸取样软管，以免导致连接处破损。

（4）测试结束后，取出探头置于清洁空气中，使表头指针回到零位后才能关闭泵开关。

六、考核要求

（1）了解仪器各旋钮、开关的作用。

（2）掌握用标准气进行校正的方法。

（3）掌握仪器的简易校正方法。

（4）掌握废气测量操作方法，包括准备、测量和结束测量程序。

（5）正确读数并记录数据。

（6）回答教师的问题。

（7）完成实训报告。

3.1.2　支撑知识

一、汽车废气

1. 废气污染物的主要成分及危害

汽车排放的主要污染物是：一氧化碳（CO）、碳氢化合物（HC）、氮氧化合物（NO_x）、硫化物和微粒物（炭烟、铅氧化物等重金属氧化物和烟灰等组成）。

1）一氧化碳（CO）

在内燃发动机中，CO 是空气不足或其他原因造成不完全燃烧时，所产生的一种无色、无味的气体。CO 吸入人体后，非常容易和血液中的血红蛋白结合，它的亲和力是氧的 300 倍。因此，肺里的血红蛋白不与氧结合而与 CO 结合，致使人体缺氧，引起头痛、头晕、呕吐等中毒症状，严重时造成死亡。

CO 的容许限度规定为 8h 内 100ppm。如 1h 内吸入 500ppm 的 CO，就会出现中毒症状，并危害中枢神经系统，造成感觉、反应、理解、记忆等机能障碍，严重时引起神经麻痹。如 1h 内吸入 1000ppm 的 CO，就会发生死亡。

2）碳氢化合物（HC）

HC 是指发动机废气中的未燃部分，还包括供油系中燃料的蒸发和滴漏。单独的 HC 只有在浓度相当高的情况下才会对人体产生影响，一般情况下作用不大，但它却是产生光化学烟雾的重要成分。

3）氮氧化合物（NO_x）

NO_x 是发动机大负荷工作时大量产生的一种褐色的有臭味的废气。发动机废气刚一排出时，气内存在的 NO 毒性较小，但 NO 很快氧化成毒性较大的 NO_2 等其他氮氧化合物。这些氮氧化合物统称为 NO_x。NO_x 进入肺泡后能形成亚硝酸和硝酸，对肺组织产生剧烈的刺激作用。亚硝酸盐则能与人体内的血红蛋白结合，形成变性血红蛋白，可在一定程度上导致组织缺氧。3.5ppm 的 NO_2 作用 1h 即可对人产生有害影响，而 0.5ppm 的 NO_2 作用 1h 可对自然界中的某些敏感植物产生毒害作用。

NO_x 与 HC 受阳光中紫外线照射后发生化学反应，形成光化学烟雾。当光化学烟雾中的光化学氧化剂超过一定浓度时，具有明显的刺激性。它能刺激眼结膜，引起流泪并导致红眼症，同时对鼻、咽、喉、器官积肥不均有刺激作用，能引起急性喘息症。光化学烟雾还具有损害植物、降低大气能见度、损坏橡胶制品等危害。

4）铅化合物

发动机废气中的铅化合物是为了改善汽油的抗暴性而加入的，它们以颗粒装排入大气中，是污染大气的有害物质。当人们吸入含有铅微粒的空气时，铅逐渐在人体内积累。当积累量达到一定程度时，铅将阻碍血液中红血球的生长，使心、肺等处发生病变，侵入大脑时则引起头痛，出现一种精神病的症状。

5）炭烟

炭烟是柴油发动机燃料燃烧不完全的产物，其内含有大量的黑色炭颗粒。炭烟能影响道路上的能见度，并因含有少量的带有特殊臭味的乙醛，往往引起人们恶心和头晕。为此，包括我国在内的不少国家都规定了最大允许的烟度值，并规定了测量方法。

6）硫氧化物

汽车内燃机尾气中硫氧化物的主要成分为二氧化硫（SO_2）。当汽车使用催化净化装置时，就算很少量的 SO_2 也会逐渐在催化剂表面堆积，造成所谓催化剂中毒，不但危害催化剂的使用寿命，还危害身体健康，而且 SO_2 还是造成酸雨的主要物质。

7）二氧化碳

世界工业化进程引起的能源大量消耗，导致大气 CO_2 的剧增。其中 30% 约来自汽车排气。CO_2 为无色无毒气体，对人体无直接危害，但大气中的 CO_2 大幅度增加，因其对红外热辐射的吸收而形成的温室效应，会使全球气温上升、南北极冰层溶化、海平面上升、大陆腹地沙漠趋势加剧，使人类和动植物赖以生存的生态环境遭到破坏。因此近年来对 CO_2 的控制也已上升为汽车排放研究的重要课题。

除以上几种物质外，还有臭气，它由多种成分组成，除了有臭味外，主要就是燃料的不完全燃烧产物，如甲醛、丙烯醛等。当汽车停留在街道路口时，产生这些物质较多，它能刺激眼睛的粘膜。除了燃烧条件有关外，臭气的产生还与燃料的组成有关。随着燃料中芳香烃的增加，排气种的甲醛略有减小，而芳醛少许增加，从而可以适当减少臭气，但却增加了更容易产生光化学烟雾的芳烃。

2. 废气污染物的生成及其影响因素

汽车内燃机排气所造成的公害，对汽油机而言，CO、HC 和 NO_x 是主要的有害成分，而光化学烟雾是由 HC 和 NO_x 转化而成的；对柴油机而言，NO_x，CO 和 HC 比汽油机少得多，而炭烟却比汽油机大得多，是主要的有害成分。

空燃比（A/F）：是指可燃混合气中空气与燃料的质量比。理论上，1kg 汽油完全燃烧需要空气 14.7kg。故对于汽油机而言，空燃比为 14.7 的可燃混合气可成为理论混合气。若可燃混合气的空燃比小于 14.7，则意味着其中汽油含量有余（亦即空气量不足），可称之为浓混合气。同理，空燃比大于 14.7 的可燃混合气则可称为稀混合气，应当指出，对于不同的燃料，其理论空燃比数值是不同的。

过量空气系数（α）：是指燃烧 1kg 燃料所实际供给的空气质量与完全燃烧 1kg 燃料所需的理论空气质量之比。由此定义可知：无论使用何种燃料，凡过量空气系数 $\alpha=1$ 的可燃混合气即为理论混合气；$\alpha<1$ 的为浓混合气；$\alpha>1$ 的则为稀混合气。

1）一氧化碳（CO）

对于汽油机，根据燃烧化学反应，在不同空燃比（A/F）下，燃烧产物各成分的计算值如图 3-6 所示。

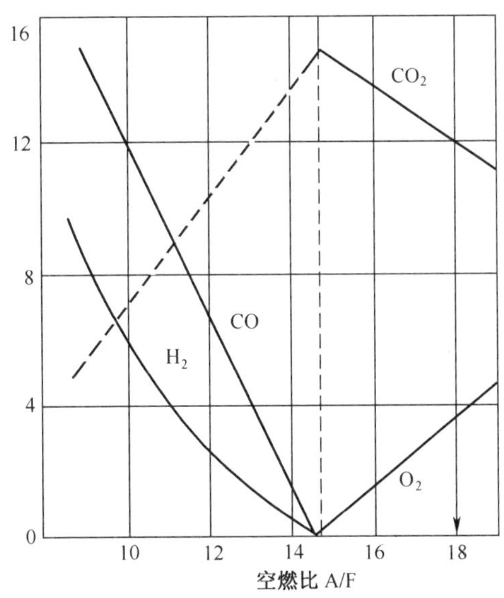

图 3-6　不同空燃比 AF 燃烧产物各成分的计算值

理论上当过量空气系数 $\alpha=1$（A/F≈14.7）时，燃料完全燃烧，其产物为 CO_2 和 H_2O。

当空气不足，A/F <14.7 时，则有部分燃料不能完全燃烧，生成 CO。

所以，CO 的排出浓度基本上受空燃比所支配，图 3-7 为汽油机空燃比与排气浓度变化关系，与图 3-6 是一致的。

理论上当 $\alpha=1$ 以上时，排气中不存在 CO，而代之产生 O_2。实际上由于混合、分配不均匀，在排气中还含有少量 CO。即使混合气混合得很均匀，由于燃烧后的温度很高，已经生成的 CO_2 也会有一小部分被分解成 CO 和 O_2，H_2O 也会部分被分解成 O_2 和 H_2，生成的 H_2 也会使 CO_2 还原成 CO，所以，排气中总会有少量 CO 存在。

可见，凡是影响混合比的因素，即为影响 CO 的因素。

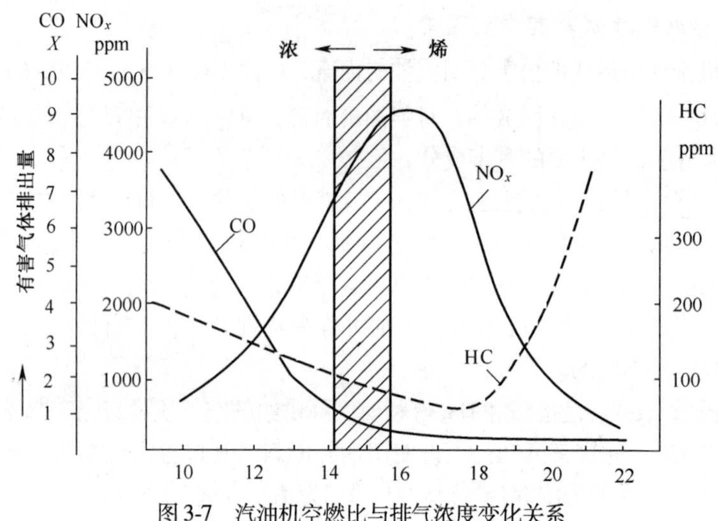

图 3-7 汽油机空燃比与排气浓度变化关系

（1）进气空气温度 T_o 的影响。

一般情况下，冬天气温可达 -20℃以下，夏天在 30℃以上，爬坡时发动机罩内 T_o > 80℃。随着环境温度的上升，空气密度 ρ 变小，而汽油的密度几乎可认为不变，因此使化油器供给的混合比 R（即 A/F）随吸入空气温度的上升而变浓，图 3-8 为一定运转条件下，进气空气温度与混合比的关系，大致和绝对温度的方根成反比的理论相一致。

（2）大气压力 P 的影响。

大气压力随海拔高度而变化，当海平面 P_0 = 100kPa 时，可作出海拔高度和大气压力变化关系的曲线，见图 3-9。

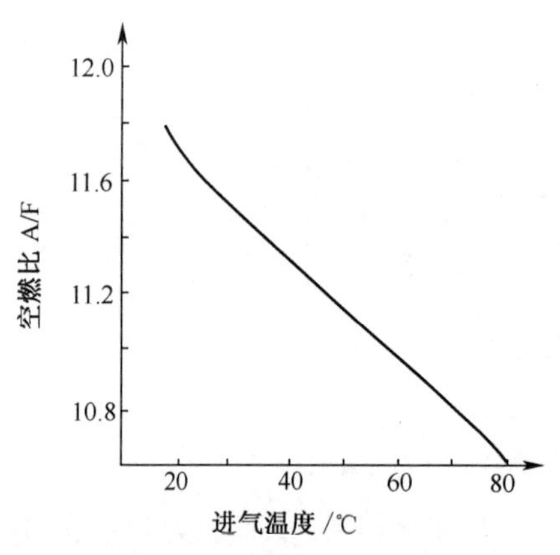

图 3-8 进气空气温度与混合比的关系

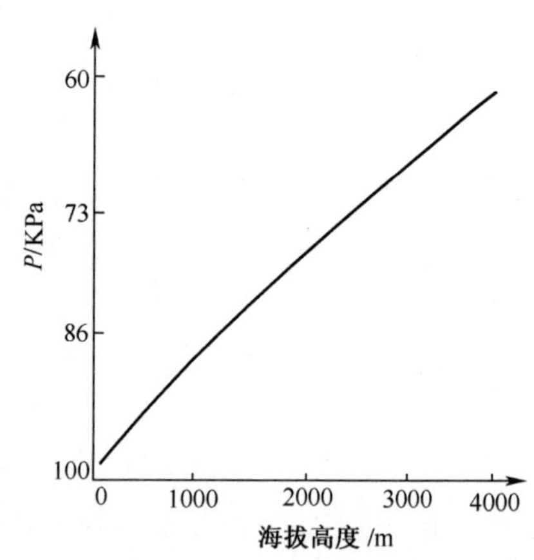

图 3-9 海拔高度和大气压力变化关系的曲线

当忽略空气中饱和水蒸气压时，空气密度可用下式表示：

$$\rho = \frac{1.293 \times 273 \times P}{(273 + T) \times 750} \quad \text{kg/m}^3$$

这样，可求得进气空气压力变化时，引起混合比的变化，见图 3-10。由图示出，当进气管压力降低时，空气密度下降，使混合比 R（A/F）下降，从而使混合气过浓百分率提高，这将影响 CO 的排放。图中试验值稍高于理论值。

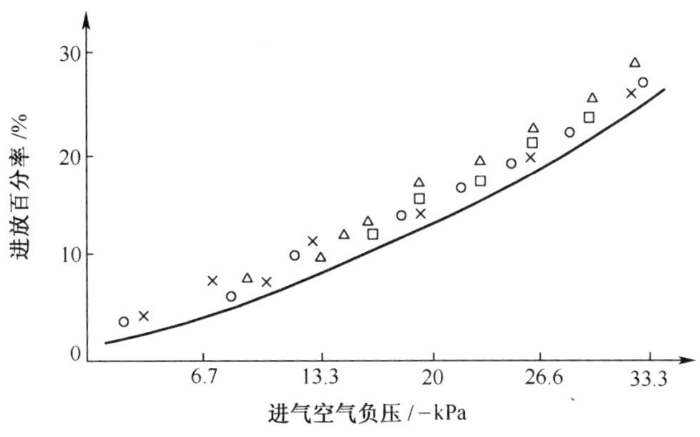

图 3-10　空气压力与混合比的变化关系

（3）进气管真空度的影响。

当汽车急剧减速时，发动机真空度大于 -68 kPa 以上时，停留在进气系统中的燃料，在高真空度下急剧蒸发而进入燃烧室，造成混合气瞬时过浓，致使燃烧状况恶化。CO 浓度将显著增加到怠速时的浓度。

（4）怠速转速的影响。

图 3-11 表示了怠速转速和排气中 CO 和 HC 浓度的关系。怠速转速 600r/min 时，CO 浓度为 1.4%，700r/min 时，降为 1% 左右，这说明提高怠速转速，可有效地降低排气中 CO 浓度，但是，怠速过高会加大挺杆响声，对液力变扭汽车，还可能发生溜车的危险。如果这些问题得到解决，一般从净化的观点，希望怠速转速规定高一点较好。

（5）发动机工况的影响。

图 3-12 为汽车负荷变化时，等速工况下排气成分实测结果，由图可见，当车速增加时，CO 很快降低，至中速后变化不大，这是由于化油器供给发动机的空燃比，随流量增加接近于理论混合比的结果。图中也给出了 HC 和 NO_x 的变化关系。

图 3-12 可知，汽油机在 n =2000r/min 时负荷特性下的排气成分，CO 值随负荷的增加（进气管真空度 ΔP 减小）而逐渐降低，由于供给混合气的空燃比逐渐变稀之故。当负荷加大到进气管真空度低于 26.7kPa 后，CO 值开始升高是由于化油器加浓装置起作用的结果。

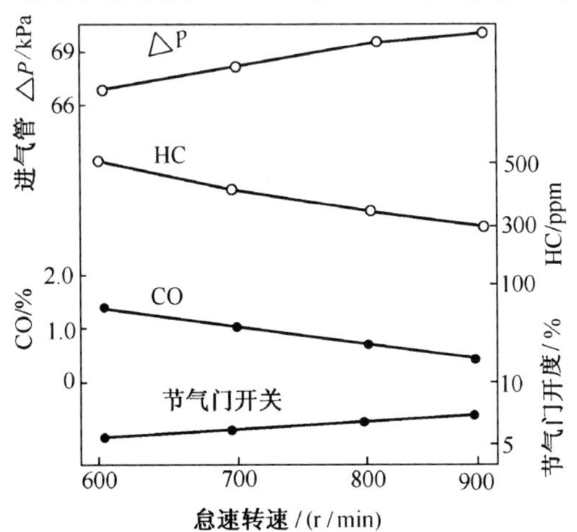

图 3-11　怠速转速和排气物的浓度关系

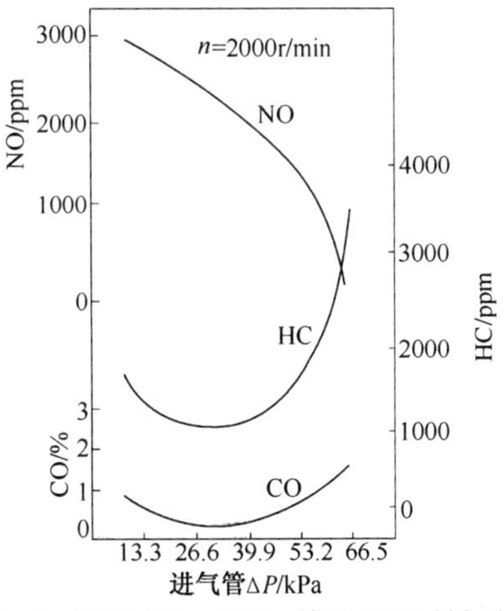

图 3-12　汽车负荷一定时，等速工况下排气成分

2）碳氢化合物（HC）

汽油是由多种成分 HC 所组成，如果完全燃烧将生成 CO_2 和 H_2O。但是汽油的燃烧很复杂，任何发动机都可能发生不完全燃烧，在排气中都会有少量 HC 存在。

为了提高发动机的最大功率，常使发动机在 $\alpha<1$（A/F = 12.5 ~ 13.0）浓混合气情况下工作。在低负荷时，由于气缸内残余废气较多，为了不使燃烧速度过低，也在 $\alpha<1$ 情况下工作。由于 $\alpha<1$ 是空气量不足，所以要发生不完全燃烧。

在汽油机中用电火花点火，由火焰传播把混合气烧掉，但紧靠燃烧室壁面附近的混合气层，由于缸壁的冷却形成激冷层，使火焰传播终止而熄灭，因此激冷层的混和气不能完全氧化燃烧，从而有许多未燃的 HC 也要排出来。

从燃烧化学考虑，汽油的氧化燃烧是很复杂的，不是一下子就能反应成 CO_2 和 H_2O 的，以辛烷 C_8H_{18} 为例：

$$C_8H_{18}+12.5O_2 \rightarrow 8\ CO_2+9\ H_2O$$

一个气态的汽油分子 C_8H_{18}，完全氧化需要 12.5 个 O_2 分子，此外还夹着 47 个 N_2 分子来干扰 C_8H_{18} 与 O_2 的反应。不可能想象一个 C_8H_{18} 分子同时碰到 12.5 个 O_2 分子而一下子生成 CO_2 和 H_2O。一般气态反应，两个分子互相碰撞的机会较多，三个分子同时碰撞在一起的机会已很少。所以汽油分子的反应过程必须是经过一连串的反应而达到最终生成物 CO_2 和 H_2O，在反应的不同阶段，存在着不同的中间生成物。这些中间生成物，若进一步氧化的条件不适宜，就可能生成为部分氧化物而排出。由此可以理解，为什么在排气中总有少量的过氧化物，如醛、酮等。

总之，排气中的 HC 是燃料不完全燃烧或部分被分解的产物。含有饱和烃、不饱和烃、芳烃及部分含氧化合物（如醛、酮、酸等），成分复杂，组成变化也很大。有人曾从排气的 HC 中分析出 200 多种不同成分的碳氢化合物。

在燃烧室形状不变的情况下，排气中 HC 的浓度及各种成分的生成，随着发动机工况、混合比、燃烧条件及燃料性质的改变而变化很大，下面简单分析这些因素的影响。

（1）混合比。

从图 3-12 可见混合比对排气中 HC 浓度的影响，在浓混合气时，和 CO 有类似的倾向。但是当 $\alpha=1.2$ 时（A/F≈18），某排气浓度又开始增加，这是因为这样稀薄的混合气在一般发动机中产生丢火所致。

因此，与 CO 一样，影响混合比的因素（进气温度、压力等）同样影响 HC 的浓度，提高怠速转速（见图 3-11）也可降低 HC 的排放浓度。

（2）进气管真空度。

也和 CO 类似，在转速一定、改变负荷时，当进气管真空度达到 66.5kPa ~ 79.8kPa 的范围，HC 浓度明显升高（见图 3-13），在下坡使用发动机制动时，就出现这种情况。

（3）燃料性质的影响。

HC 是光化学烟雾的起因物质之一，但并不是排气中所有 HC 和 NO_x 均产生光化学反应。在日本，有人认为和光化学烟雾有关的是芳烃和烯烃。因此，有人提出改善汽油性质来降低污物。在美国，就汽油的挥发性、组成及添加剂对排放影响做了大量研究，但目前收效不大。

如果降低汽油的蒸气压，可以减少从化油器和燃料箱的蒸发损失。如对排气也有效

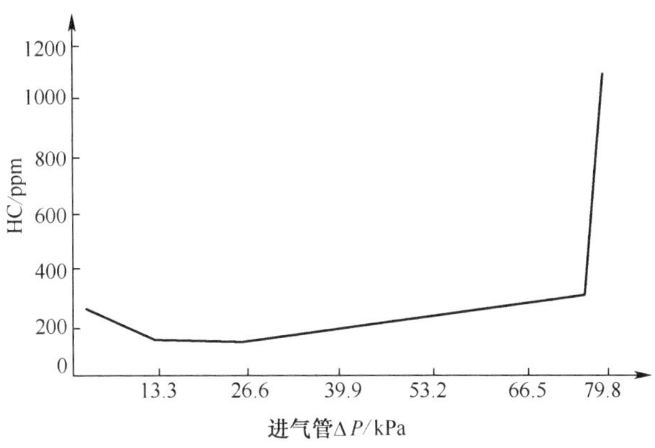

图 3-13　进气真空度对 HC 的影响

果，可以减少总 HC 排出量，因而可减少 10% ~20% 光化学反应。

同时若以饱和烃代替同沸点的轻稀烃作燃料，在总 HC 排出量不变的情况下，可以减少光化学反应 20% ~30%。

（4）发动机工况的影响。

由图 3-11 显示在负荷一定时，随转速升高 HC 排放很快下降，除混合气随流量增加接近理论混合比外，发动机的温度增加，也加快了燃烧反应。

图 3-12 显示随负荷增高，HC 排放降低，这是由于燃烧温度升高，同时燃烧室壁面激冷层逐渐减薄所致。

3）氮氧化合物（NO_x）

关于 NO_x 的生成机理，国外已进行大量研究，其研究结果不仅对汽油机而且对柴油机也很有用，摘要地介绍如下：

在较低的温度下，N_2 和 O_2 生成 NO 的机理可以认为是简单的双分子反应，即

$$N_2 + O_2 \rightarrow 2\ NO$$

但是在高温时，NO 的生成机理按泽尔多维奇（Zeldovich）反应所至配，有以下两个反应：

$$N_2 + O_2 \rightarrow NO + N\ (K1、K\text{-}1) \qquad N + O_2 \rightarrow NO + O\ (K2、K-2)$$

式中 K1、K-1、K2、K-2 分别为正逆反应的速度常数。

这些反应是连锁反应，分子状态的氮和原子状态的氧碰撞，或者氧分子和氮原子碰撞而生成 NO。反应式左边的 O 一部分由反应式右边生成的 O 供给，但是大部分是依靠以下离解反应生成的。

另外，作为氮原子的生成机理，也提出了 HC 燃烧生成碳氢化合物自由基时产生 N 的可能性，例如：$HC + N_2 \rightarrow CHN + N$，但多数不予考虑。至于生成 NO 的其它机理还有蓝沃埃（Lavoie）等提出更复杂的经过 OH 自由基反应生成。但这些反应不是主要反应。

二、汽油机尾气排放检测标准

装配点燃式发动机的车辆怠速试验排气污染物限值如表 3-2 所列。

根据汽车的生产年代的不同，检测的法规也不同，尤其对于汽油机车辆，由于发动机

表 3-2 装配点燃式发动机的车辆怠速试验排气污染物限值

车辆类别	轻型车		重型车	
	CO/%	HC/10^{-6}	CO/%	HC/10^{-6}
1995 年 7 月 1 日以前生产的在用汽车	4.5	1200	5.0	2000
1995 年 7 月 1 日起生产的在用汽车	4.5	900	4.5	1200
HC 容积浓度值按正己烷当量				

管理技术的快速发展，排放标准越来越高，尾气排放不合格的原因也较复杂，以下重点分析一下不同年代汽油机的排放故障。

对于 2001 年以前生产的在用汽车排放标准只规定了 CO 不大于 4.5%，HC 不大于 900ppm，这样的规定已经过于宽松，对于 20 世纪 80 年代生产的桑塔纳乘用车来说都是不能作为故障标准的，就是说即使桑塔纳乘用车存在严重的发动机故障也可能满足这个标准。在这个标准实施的时间段内既有东风、解放、北京 212 等较落后发动机车型，也有桑塔纳、富康等引进化油器车型，同时还有大批的进口电子燃油喷射加三元催化的车型。我们重点分析化油器车型的排放故障。

三、汽油机尾气检测设备

1. 两气体分析仪的结构与原理

分析仪器是从汽车排气管内收集汽车的尾气，并对气体中所含有的 CO 和 HC 的浓度进行连续测定。它主要由尾气采集部分和尾气分析部分构成。

1）尾气采集部分

如图 3-14 所示，由探测头、过滤器、导管、水分离器和泵等构成。用探头、导管、泵从排气管采集尾气。排气中的粉尘和炭粒用过滤器滤除，水分用水分离器分离出去。最后，将气体成分输送到分析部分。

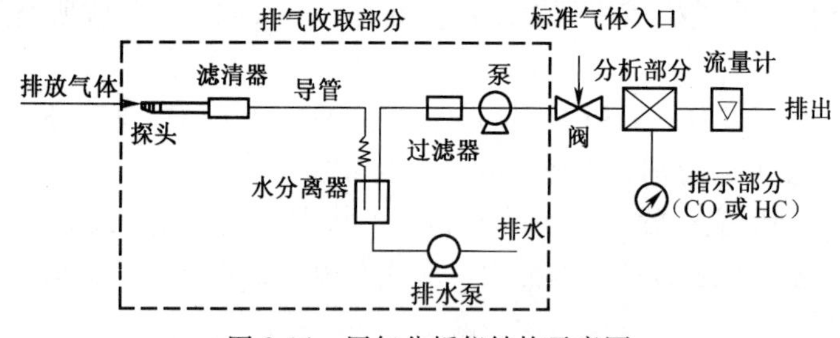

图 3-14 尾气分析仪结构示意图

2）尾气污染物的分析部分

分析仪的测量原理是建立在一种气体只能吸收其独特波长的红外线特性基础上的。即是基于大多数非对称分子对红外线波段中一定波长具有吸收功能，而且其吸收程度与被测气体的浓度有关。如 CO 能够吸收 4.55μm 波长的红外光线，CH_4 能吸收 2.3μm、3.4μm、7.6μm 红外线。

该分析仪是由红外线光源、测量室（测定室、比较室）、回转扇片和检测器构成。从采集部分输送来的多种气体共存在尾气中，通过非分散型红外线分析部分分析测定气体（CO、HC）的浓度，用电信号将其输送到浓度指示部分。工作原理如图 3-15 所示。

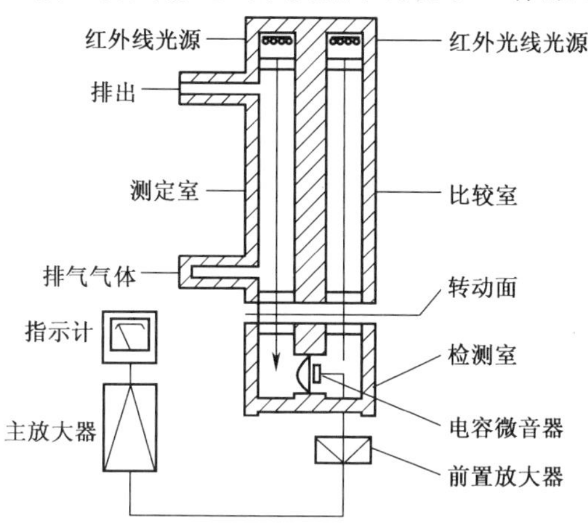

图 3-15 电容微音器式分析装置

它由两个红外线光源发出两组分开的射线，这些射线被两旋转扇片同相地遮断，从而形成射线脉冲，射线脉冲经滤清室、测量室而进入检测室，测量室由两个腔室组成，一个是比较室，另一个是测定室。比较室中充有不吸收红外线的氮气，使射线能顺利通过。测定室中连续填充被测试的尾气，尾气中 CO 含量越高，被吸收的红外线就越多。检测室由容积相等的左右两个腔室组成，其间用一金属膜片隔开，两室中充有同摩尔数的 CO。由于射到检测室左室的红外线在通过测定室时一部分射线已被排气中的 CO 吸收，而通过比较室到达检测室右室的红外线并未减少，这样检测室左右两室吸收的红外线能量不同，从而产生了温差，温度的差异导致了压力差的存在，使作为电容器一个表面的金属膜片弯曲。弯曲振动的频率与旋转扇片的旋转频率相符。排气中的 CO 浓度越大，振幅就越大。膜片振动使电容改变，电容的改变引起电压的变化，从而产生交变电压。交变电压经放大、整流成直流信号，变为被测成分浓度的函数，因此可用仪表测量。而 HC 由于受到其他共存气体的影响，所以使用固体滤光片，巧妙地利用了己烷红外线吸收光谱。因此，样品室内共存的 CO、CO_2、NO_x 等 HC 以外的气体所产生的红外线被吸收，再经检测器窗口的选择和除去，仅让具有 HC（正己烷）3.5μm 附近的波长到达检测室内。HC（正己烷）被封入检测器，样品室中的 HC（正己烷）吸收量也就被检测器检测出来。

2. 四气体与五气体分析仪

鉴于目前实施的怠速工况测定 CO、HC 两气体的排气检测手段已无法有效反映汽车排气中的 NO_x 和 CO_2，四、五气体分析仪可满足测量要求。四气与五气的分析仪区别在于五气分析仪可检氮氧化合物（NO）。

五气分析仪其中 CO、CO_2、HC 通过非分散红外线不同波长能量吸收的原理来测定，可获得足够的测试精度。而 NO_x 与 O_2 的浓度采用氧传感器和一氧化氮传感器测定。

氧（O_2）传感器，其基本形式是包括一个电解质阳极和一个空气阴极组成的金属-空气有限度渗透型电化学电池。氧传感器电流是一个电流发生器，其所产生的电流正比于氧的消耗率。此电流可通过在输出端子跨接一个电阻以产生一个电信号。如果通入传感器的氧只是被有限度地渗透，利用上述信号可测氧的浓度。

在汽车废气检测上应用的氧电池，使用一种塑料膜作为渗透膜，其渗透量受控于气体分子撞击膜壁上的微孔，如果气体压力增加，那么分子的渗透率将增加。因此，输出的结果直接正比于氧的分压且在整个浓度范围内呈线性响应。

由氧传感器输出的信号经放大后，送至仪器的数据处理系统的 A/D 输入端，进行数字处理及显示。

NO 的传感器是基于 O_2 传感器基础上发展起来的电化学电池式传感器。

四、仪器操作规程

1. 怠速尾气排放检验

1）检验前仪器及车辆准备

（1）装上长度等于 5.0m 的取样软管和长度不小于 600mm 并有插深定位装置的取样探头。

（2）仪器的取样系统不得有泄漏。

（3）受检车辆发动机进气系统应装有空气滤清器，排气系统应装有排气消声器，并不得有泄漏。

（4）汽油应符合 GB 484 的规定。

（5）测量时发动机冷却水和润滑油温度应达到汽车使用说明书所规定的热状态。

2）检验程序

（1）必要时在发动机上安装转速计。

（2）发动机由怠速工况加速至 0.7 额定转速，维持 60s 后降至怠速状态。

（3）发动机降至怠速状态后，将取样探头插入排气管中，深度等于 400mm，并固定于排气管上。

（4）发动机在怠速状态，维持 15s 后开始读数，读取 30s 内的最高值和最低值，其平均值即为测量结果；若为多排气管时，取各排气管测量结果的算术平均值。

2. 双怠速尾气排放检验

1）检验前仪器及车辆准备

（1）装上长度等于 5.0m 的取样软管和长度不小于 600mm 并有插深定位装置的取样探头，检查取样软管和探头内残留 HC 不得大于 20×10^{-6}。

（2）仪器的取样系统不得有泄漏。

（3）受检车辆发动机进气系统应装有空气滤清器，排气系统应装有排气消声器，并不得有泄漏。

（4）汽油应符合国标相关的规定。

（5）测量时发动机冷却水和润滑油温度应达到汽车使用说明书所规定的热状态。

2）检验程序

（1）必要时在发动机上安装转速计。

（2）发动机由怠速工况加速至 0.7 额定转速，维持 60s 后降至高怠速（即 0.5 额定转速）。

（3）发动机降至高怠速状态维持 15s 后开始读数，读取 30s 内的最高值和最低值，取平均值即为高怠速排放测量结果。

（4）发动机从高怠速状态降至怠速状态，在怠速状态维持 15s 后开始读数，读取 30s 内的最高值和最低值，其平均值即为怠速排放测量结果。

（5）若为多排气管时，分别取各排气管高、低怠速排放测量结果的平均值。

五、设备检定规程

1. 外观及性能

（1）仪器应附有制造厂的使用说明书，应标明制造单位名称、仪器型号、出厂编号及制造年月。

（2）仪器预热 30min 后，各指示器能正常工作，数字显示器应显示清晰。

（3）仪器的各调节器应能正常调节，零点及量距调节应有一定余量。

（4）每台仪器或仪器说明书中必须标明有二位有效数字的正己烷/丙烷转换系数。

（5）仪器须检查系统的气密性。

2. 最大允许误差

仪器的最大允许误差应不超过表 3-3 所列的规定（检定时满足 *a* 和 *b* 中任何一条即为合格）。

表 3-3　最大允许误差

组成 / 误差	一氧化碳	碳氢化合物
a（绝对误差）	±0.2% vol	±30ppm
b（相对误差）	±10%	±10%

3. 稳定性

（1）零点漂移

仪器在规定检定条件下，3h 内零点漂移量不超过表 3-4 所示的规定，多量程仪器必须在最小量程内进行。

表 3-4　零点漂移

组分 / 误差	一氧化碳	碳氢化合物
a（适用于多量程仪器）	±0.06% vol	±30ppm
b（适用于单量程仪器）	±1%（F. S）	±1%（F. S）

（2）量矩漂移

仪器在规定的检定条件下，3h 内其示值的最大漂移不超过表 3-5 所列的规定（检定时满足 *a* 和 *b* 任何一条即为合格）。

表 3-5　量矩漂移

组分 / 误差	一氧化碳	碳氢化合物
a（绝对误差）	±0.06% vol	±30ppm
b（相对误差）	±3%	±3%

4. 其他

（1）重复性误差应不超过2%。

（2）仪器电源线对外壳接地点的绝缘电阻应大于40MΩ。

六、仪器使用与保养

1. 两气体分析仪的使用

仪器接通电源预热30min，调整好仪器零位。汽车处于怠速状态下，将探头插入汽车排放管内，插入深度不小于600mm，按“测量键”，时间约30s，仪器自动采集数据，并通过仪器的显示窗口显示出被测气体的浓度。测量结束后，将探头拔出，直至仪器的指示值接近零，按“复位”键，关闭仪器的气泵。

2. 两气体分析仪的保养

（1）滤芯污染严重时及时更换前置过滤器、油水分离器、粉尘过滤器的滤芯。

（2）取样探头不得随意扔到地上，以免沙、泥、水等杂物进入仪器内部，造成仪器故障。

（3）每周用空压机压缩气体清洗取样管和探头。

（4）每周对仪器进行校准。

3. 五气体分析仪的使用

仪器接通电源预热30min，仪器自动调好零位。汽车处于怠速状态下，按“测量键”，将探头插入汽车排放管内，插入深度不小于600mm，时间约30s，仪器自动采集数据，并通过仪器的显示窗口显示出被测气体的浓度。测量结束后，将探头拔出，直至仪器的指示值接近零，按“复位”键，关闭仪器的气泵。

4. 五气体分析仪的保养

（1）滤芯污染严重时及时更换前置过滤器、油水分离器、粉尘过滤器的滤芯。

（2）取样探头不得随意扔到地上，以免沙、泥、水等杂物进入仪器内部，造成仪器故障。

（3）每周用空压机压缩气体清洗取样管和探头。

（4）每周对仪器进行校准。

（5）每年更换氧传感器和一氧化氮传感器。

3.1.3 拓展知识

汽油机的排放控制装置

1. 催化转化装置

催化转化装置是利用催化剂的作用，将排气中的CO、HC和NO_x转换为对人体无害的气体的一种排气净化装置，也称作催化净化转化装置。

1）氧化催化转化装置

氧化催化转化装置只是将排气中的CO和HC氧化为CO_2和H_2O。作为氧化催化剂，主要用 Pt（钯）和 Pd（铂）等贵金属。

为了在排气过程中氧化 HC 和 CO 排放物，或者作为排气净化装置，采用催化装置或热废气反应器时，需要向排气系统供给新鲜空气。

2）三元催化转化装置

三元催化转化装置的有效净化作用受空燃比的影响，即在理论空燃比附近很窄的空燃比范围内才具备有效的净化效果，所以使用中要求精确控制空燃比。

三元催化转化装置主要由催化剂、载体、垫层和壳体等组成。其中，催化剂是由活性成分（也称主催化剂）、催化助剂组成。将催化剂固化在载体上构成催化反应床。常用的主催化剂有铂（Pt）、钯（Pd）、铑（Rh）等贵金属，但 Pd 易受 Pb（铅）的侵蚀，而 Pt 易受热劣化，所以实际应用时以 Pt/Pd 组合形式使用。对车用催化剂，催化反应是在催化剂表面上发生，所以为了提高主催化剂的有效利用率，采用 Ni、Cu、V、Cr 等软金属作为添加剂使用。

2. 降低低温 HC 排放装置

汽车向大气排出的 HC 主要是在排气温度达到催化剂开始反应温度之前的冷态下排出的。因此，降低 HC 的关键在于如何控制发动机刚启动后的冷态下 HC 的排放量。其控制方法有以下几种：

1）直接催化

将催化转化装置直接安装在排气管之后，加快催化剂的升温速度。对降低冷态下的 HC 很有效。

这种方式存在的问题是：由于催化转化装置安装在离发动机排气管尽可能接近的位置，所以受高温的影响，促进催化剂的热劣化，因此，需要提高催化装置的耐热性。提高催化装置耐热性的技术包括贵金属劣化抑制技术、氧化铝母体的劣化抑制技术。

2）利用电加热催化转化装置

这种装置是一个通过外部电力提前加热催化，电加热催化转化装置的主要缺点是耗电量大，耐久可靠性较差。

3）二次燃烧装置

这是一种将燃料的一部分或过浓混合气送到催化转化装置之前，由燃烧器点火燃烧促进催化的装置。这种方式的主要缺点是结构复杂。

4）采用 HC 捕捉器

HC 捕捉器的特点是不需要外部能量也能将低温排出的 HC 吸附。它主要采用沸石或活性炭作为吸附剂。HC 捕捉器在低温时吸附的 HC，在吸附剂温度上升时被释放出来，所以常与三元催化转化装置同时使用。

3. 稀薄 NO_x 催化转化装置

稀薄燃烧技术的空燃比大于理论空燃比，所以三元催化转化装置不再适用。因此，专门开发出了稀薄混合气燃烧时的 NO_x 催化转化装置。这种催化转化装置主要有 NO_x 直接分解型和 NO_x 吸附还原型两种。

直接分解型催化转化装置是一种在稀薄混合气下以 HC 为还原剂直接净化 NO_x 的方式。这种方式通过 Cu—沸石以及 Pt（铂）系列贵金属催化剂，将 NO_x 吸附在催化剂表面上，然后由 HC 还原消除贵金属表面上所吸附的氧，使 NO_x 直接分解为 N2 和 O2。

NO_x 吸附还原型催化转化装置是一种在稀薄燃烧时吸附 NO_x，在浓或者理论空燃比时将吸附的 NO_x 进行还原净化的系统。

4. 废气再循环系统

废气再循环是净化排气中 NO_x 的主要措施，因而得到广泛应用。

再循环的废气量由废气再循环阀自动控制。由真空操纵的 EGR 阀有传统式及排气背压传送式两种。

任务 3.2　柴油机尾气检测

3.2.1 任务实施

方法 1　柴油车烟度检测

一、实施目的

（1）学习烟度计的校准和操作方法。

（2）学习利用烟度计测量柴油车烟度的方法。

二、所需仪器及设备条件

柴油车烟度检测所需仪器设备有 FBY-1 型滤纸式柴油机烟度计（见图 3-16）、标准烟度卡、滤纸、被测柴油车及 220V/50Hz 电源。

三、操作方法及步骤

1. 测量前准备

（1）连接电源线，取样软管和脚踏开关连线到仪器后面的对应插座上，电源线接 220V/50Hz 交流电源，电源板要可靠接地。

（2）装滤纸。将抽气泵活塞压下，把滤纸依次穿过夹纸机构、光电检测器和走纸轮，然后从出纸口导出（如图 3-17）。

（3）开启“电源”及“光源”开关，预热 5min，用“粗调”、“细调”电位器旋钮将指针调至 0 波许单位附近（调节电位器旋钮时，必须将旋钮压下）。

（4）把被测柴油车预热到正常使用温度。

2. 仪器校准

将波许单位等于 4.5 的标准烟度卡从校准口插入，插入前先将拉杆向下拉，烟度卡正面朝上插到底，标准烟度卡必须插在滤纸之上。按下并旋转“粗调”和“细调”旋钮，将表头指针调到标准烟度卡的标称值处，然后取出标准烟度卡，校准工作完毕。取出标准烟度卡后，不管表头指针是否指零，不得再调“粗调”、“细调”旋钮。

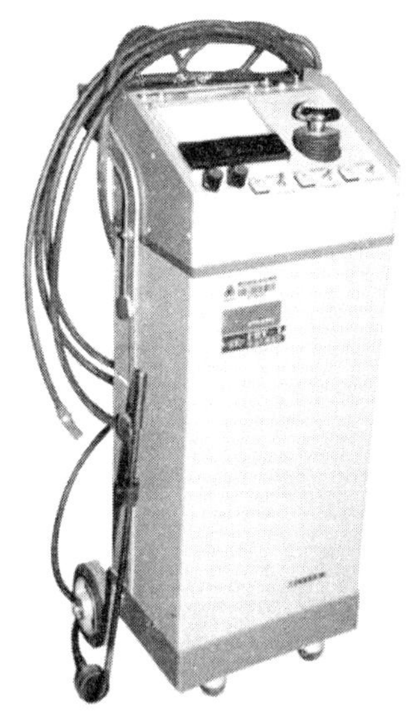

图 3-16　FBY-1 型滤纸式烟度计

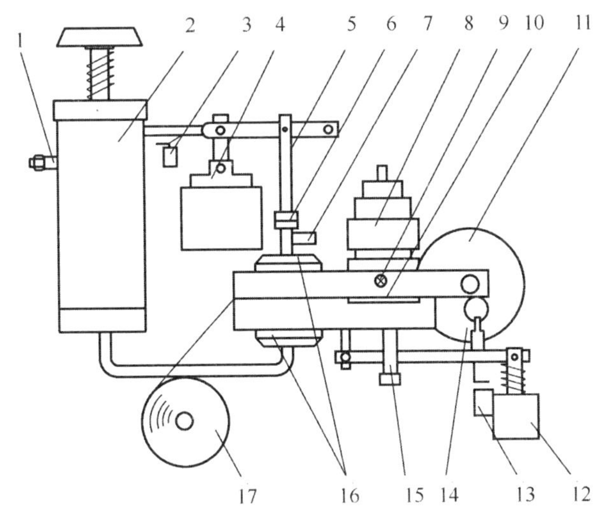

图 3-17　走纸机构示意图

1—调节阀；2—抽气泵；3—微动开关；4—电磁铁；5—滤纸压紧杆；6—调节螺母；7—排气入口；8—光电检测器；9—锁紧螺钉；10—校准插口；11—走纸电机；12—走纸电磁铁；14—走纸轮；15—拉杆；16—夹纸机构；17—滤纸。

3. 测量

将取样软管的取样探头用夹持器紧固在汽车排气管内，并使其中心线与排气管轴线平行（如图 3-18），探头插入深度 0.3m。测量程序如图 3-19 所示，测量前由怠速工况将油门踏板急速踏到底，约 4s 时迅速松开，如此重复三次，然后开始测量。测量开始前，将脚踏开关固定在油门踏板上端，压下抽气泵活塞，将抽气选择开关拨到“脚踏抽气”的位置。走纸选择开关和清洗选择开关可根据需要选择“自动”或“手动”。

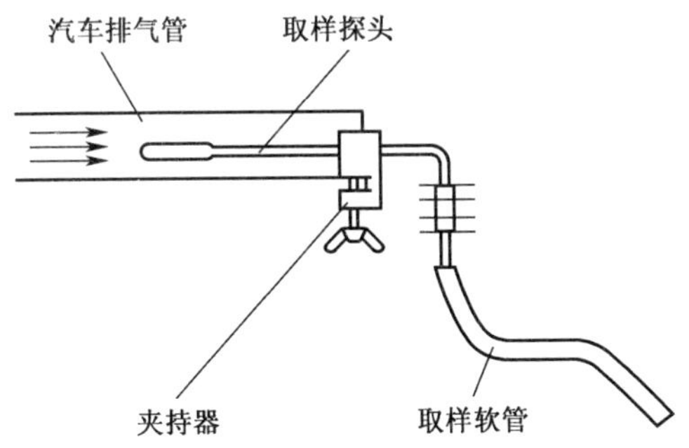

图 3-18　取样探头安装方法

测量时，将油门踏板与脚踏开关一并迅速踏到底，至 4s 时迅速松开油门踏板和脚踏开关，待“复位”指示灯亮后，将抽气泵活塞压下（复位），完成走纸和清洗工作。此时即可从表头上读取测量值。相隔 15s 左右脚踏板上指示灯亮，重复上述测量过程，要求测量三次，取三次读数的算术平均值作为测量结果。

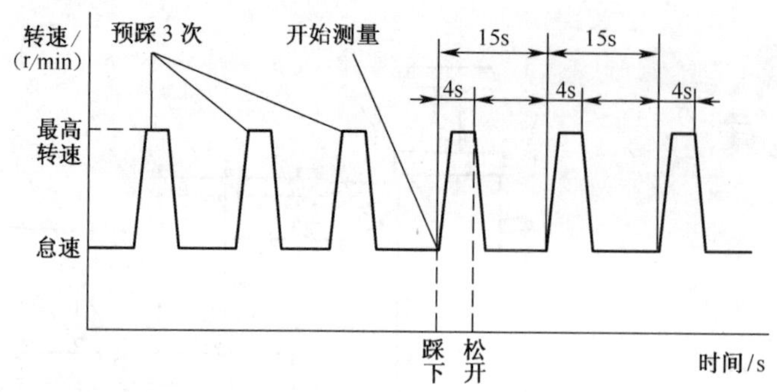

图 3-19　烟度测量程序

四、检测中应注意事项

（1）保证管接头部位密封良好，检测部分与滤纸紧密接触，均无漏气现象。

（2）踏板触发开关必须可靠地安装在加速踏板上，以保证抽气动作与自由加速工况同步。

（3）每完成一次测量循环后，应用压力为 0.3MPa ~0.4MPa 的压缩空气清洗采样管路。

五、考核要求

（1）了解仪器各旋钮、开关的作用。

（2）掌握用标准烟度卡进行校正的方法。

（3）掌握手动抽气与脚踏抽气、手动走纸与自动走纸的切换方法。

（4）掌握烟度测量操作方法，包括准备、测量和结束测量程序。

（5）正确读数并记录数据。

（6）正确回答教师的问题。

（7）完成实训报告。

方法 2　柴油车排气可见污染物检测

一、检测目的

（1）学习不透光度计的基本操作方法。

（2）学习利用不透光度计测量柴油车排气可见污染物的方法。

二、所需仪器及设备条件

FTY-100 型柴油车不透光度计（如图 3-20）、被测柴油车及 220V/50Hz 电源。

三、操作方法及步骤

1. 测量前准备

（1）接好光学平台（即测量单元）和显示仪表的电源线，以及两者之间的通信电缆。

（2）在确保采样管不在汽车排气管中，而且仪器采样管道内没有黑烟的情况下接通电源。

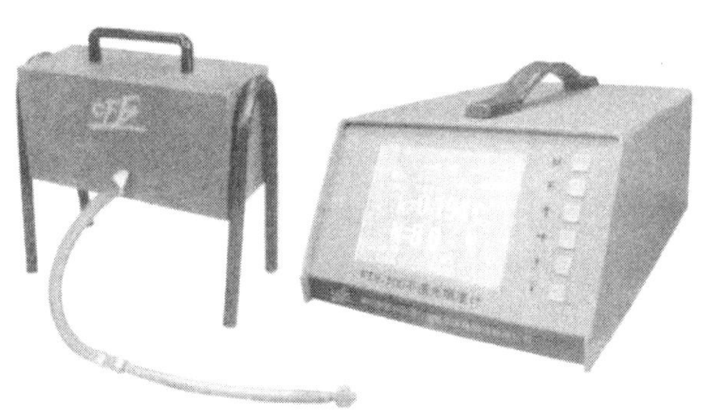

图 3-20　FTY-100 型不透光度计

（3）仪器预热：仪器接通电源后即自动预热，直到仪表显示“预热完成”，再进行下一步操作。

（4）线性校正：预热完成后，仪器自动进行线性校正，目的是确保测量准确。

（5）发动汽车，进入稳定怠速状态。

2. 测量操作

（1）仪器预热和校正结束后自动进入“测量”画面。此时可根据屏幕提示，在“测量”、“稳态”、“加速”、“菜单”各画面之间切换。

（2）将取样探头插入汽车排气管内。

（3）一般测试：在屏幕“测量”状态下，可以随时测量发动机的排气可见污染物的 k 值和 N 值。注意观察数值的大小和变化。

（4）稳态测试：在屏幕“稳态”状态下，可以测量发动机稳定工况下排气可见污染物的 k 值和 N 值。此时按“→”开始测量，再次按“→”即停止测量。屏幕上显示测量过程中的 k 和 N 最大值。

（5）加速测试：根据屏幕提示，切换到“菜单”画面，按屏幕提示选定“A 加速方式选择”项，按 M 键，可在“自动”与“手动”测量模式之间切换。

先选定“手动”，进入“加速”测试画面后，按“触发”键，随后即踩下油门使发动机自由加速。仪器将记录加速过程中 k 和 N 最大值。

再选定“自动”，进入“加速”测试画面后，即可踩下油门使发动机自由加速。此过程中仪器被自动触发测量加速过程中 k 和 N 最大值。

（6）记录各种工况下的测试结果，尤其是自由加速过程中的数据。

四、检测中应注意事项

（1）接通电源之前以及进行线性校正时，均应确保采样管不在汽车排气管中，而且仪器采样管道内没有黑烟，否则会影响开机和线性校正时的校正结果。

（2）加速测试时，一定要等到某次测量结束、已经显示测量结果曲线后，再进行下一次测试。

（3）取样探头应伸入排气管内约 30cm（排气管有弯曲时，应尽可能深入管内），探头应位于排气管内烟气大致分布均匀处。

（4）测量结束，应先停下发动机，将探头从排气管中取出，待测量显示数据降低到0时再关仪器电源。

五、考核要求

（1）掌握仪器各按键的作用，以及各种画面的切换方法。
（2）掌握稳定、加速等各种状态的测试方法。
（3）掌握自由加速工况手动和自动触发测量操作方法。
（4）正确读数并记录数据，并能根据测量的结果对车辆排放情况做出大致判断。
（5）正确回答教师的问题。
（6）完成实训报告。

3.2.2 支撑知识

一、柴油机污染物排放标准

1. 排气可见污染物限值（见表3-6）

表3-6 装配压燃式发动机的车辆自由加速试验排气可见污染物限值

车 辆 类 型	光吸收系数/m^{-1}
2001年1月1日以后上牌照的在用车	2.5
2001年1月1日以后上牌照的在用车装配废气涡轮增压器的在用车	3.0

2. 烟度排放限值（见表3-7）

表3-7 装配压燃式发动机的车辆自由加速试验烟度排放限值

车 辆 类 型	烟度值/Rb
1995年7月1日以前生产的在用车	4.7
1995年7月1日起生产的在用车	4.0

对装配压燃式发动机的汽车，我国现行的在用车排放检测方法主要是自由加速试验排气可见污染物测量（用不透光度计）或自由加速试验烟度测量（用滤纸式烟度计）。这两种方法对于车辆有负载时的排放情况难以反映出来，尤其是对于近年为减少柴油车颗粒物排放而较多采用的涡轮增压技术的柴油车，由于其比自然吸气式的柴油车需要更长的起效时间，因而在使用自由加速法测量时反而较自然吸气式的柴油车的排放更高，这显然是不合理的。为了使检测更合理化，一些有条件的地区开始实施加载减速法（ug-down），它是一种在模拟车辆负载运行时测量压燃式汽车排气可见污染物的方法。

二、柴油车烟度计结构与检测原理

1. 滤纸式烟度计的结构与原理

从测量原理上来说，滤纸式烟度计是一种非直接测量的计量仪器，它通过检测测量介质被所测量烟度污染的程度大小来间接得出烟度的大小。仪器的取样系统通过抽气泵、取样探头从柴油车的排气管内，在规定时间中，抽取规定容积废气，经过测量介质（测试过滤纸）过滤，废气中的炭粒附着在过滤纸上，形成一个规定面积的烟斑，然后通过测量系统的光电测量探头对烟斑的污染程度进行测量，转化为电信号，经过放大、处理，再将测试结果通过显示装置显示出来。

滤纸式烟度计其结构如图 3-21 所示。

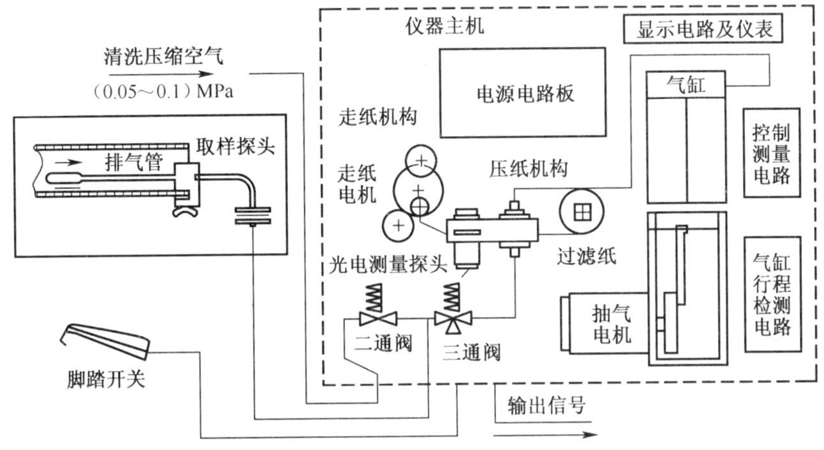

图 3-21　滤纸式烟度计总体结构示意图

由采样器和检测器两部分组成。采样抽气系统由抽气气缸、抽气电机、取样探头以及气路管道系统和控制电路组成。采样时，在控制电路的控制下，电机带动气缸运动，气缸通过气路管道系统，取样枪从柴油车的排气管内抽取规定容积的废气，并通过测试过滤纸过滤，完成采样过程。

测量系统主要由走纸机构、压纸机构、光电测量探头以及测量电路和结果显示电路组成。测量时压纸机构张开，走纸电机带动走纸机构，将被采样系统污染后的测试过滤纸带到光电测量探头下，光电测量探头对其进行测量，通过其内部的测量装置（如图3-22所示的光电池）将滤纸污染程度转化为电信号，经过测量电路放大、处理，最后通过显示电路在数字表上将测量结果显示出来。

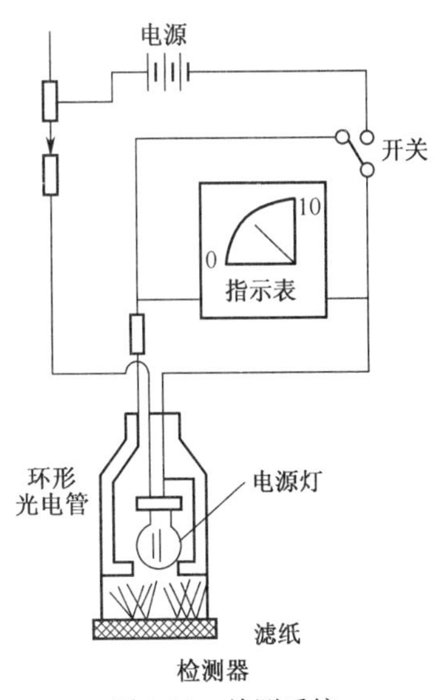

图 3-22　检测系统

2. 不透光度计的结构与原理

不透光度计（又称消光式烟度计、透射式烟度计）是利用透光衰减率来测量排气烟度的典型仪器。其原理是使光束通过一段给定长度的排烟管，通过测量排烟对光的吸收程度来决定排烟对环境的污染程度，是一种直接测量的计量仪器。

如图 3-23 所示，测量单元的测量室是一根分为左右两半部分的圆管，被测排气从中间的入口 7 进入，分别穿过左圆管和右圆管，从左出口 5 和右出口 8 排出。透镜 4 装在左出口的左边，反射镜 10 装在右出口的右边。在透镜 4 的左侧是一个放置成45°的半反射半透射镜3，它的下方是绿色发光二极管2，它的左边光电转换器1，发光二极管2及光电转换器1到透镜4的光程都等于透镜的焦距。因此，发光二极管2发出的光经过半反射镜3的反射，再通过透镜4后就成为一束平行光。平行光从测量室的左出口进入，穿过左右圆管（测量室）中的烟气从右出口射出，被反射镜10反射后折返，从测量室的右出口重新进入测量室，再次穿过烟气从左出口射出。射出的平行光经过透镜4，穿过半透射镜3，聚焦在光电转换器1上，并转换成电信号。排气中含烟越多，平行光穿过测量室的光能衰减越大，经光电转换器1转换的光电信号就越弱。

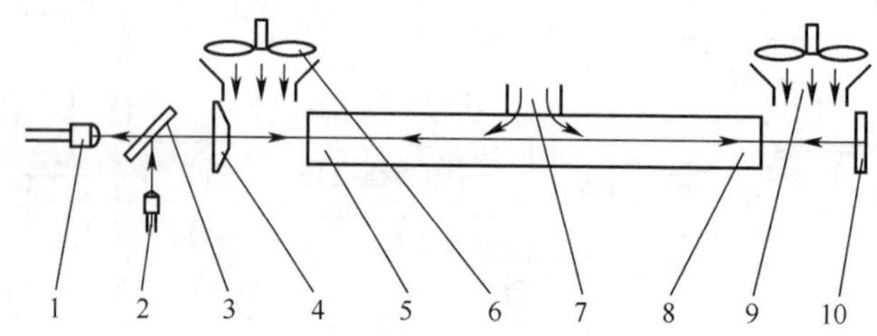

图3-23　透光式烟度计的测量原理

1—光电转换器；2—绿色发光二极管；3—半反射半透射镜；4—透镜；5—测量室左出口；6—左风扇；7—测量室入口；8—测量室右出口；9—右风扇；10—反射镜。

三、柴油机尾气检测仪器操作规程

1. 滤纸法烟度检验

1）检验前仪器及车辆准备

（1）抽气开关与抽气泵动作应同步，滤纸洁白均匀无受潮变质，取样进气管路通畅。

（2）受检车辆发动机达到规定的热状态，排气系统不得有泄漏现象。

2）检验程序

（1）吹除积存物：由怠速工况将油门踏板迅速踏到底，4s后松开，反复三次，以清除排气系统中的积存物。

（2）安装取样探头：将取样探头固定于排气管内，插深等于300mm，并使其中心线与排气管轴线平行。

（3）将踏板开关固定在油门踏板上方。

（4）测量取样：由怠速工况将踏板开关和油门踏板一并迅速到底，保持4s后松开，完成第一次检验。

（5）读取示值（自动）或取样（手动）。

（6）相隔11s以后，进行第二次检验。

（7）重复检验三次，取三次检验值的算术平均值为排气烟度的检验结果。

2. 自由加速试验排气可见污染物检验

1）检验前仪器及车辆准备

（1）车辆进气系统应装配空气滤清器，排气系统应装配消声器并且不得有泄漏。

（2）测量时发动机的冷却水和润滑油温度应达到汽车使用说明书所规定的热状态。

（3）试验前车辆不应长时间怠速运转。如车辆长时间怠速运转，测试前应增加自由加速工况操作次数，以便扫尽排气管积存的排放污染物。

（4）燃料应使用柴油，不得加消烟添加剂，柴油应符合 GB252 的规定。

2）检验程序

（1）车辆在发动机怠速下，插入不透光仪取样探头。

（2）迅速但不猛烈地踏下油门踏板，使喷油泵供给最大油量，在发动机达到调整器允许的最大转速前，保持此位置。一旦达到最大转速，立即松开油门踏板，使发动机恢复至怠速，不透光仪恢复到相应状态。

（3）重复（2）操作过程至少 6 次，记录不透光仪的最大读数值。如果读数值连续 4 次均在 0.25m ~ 1m 的带宽内，并且没有连续下降的趋势，则记录值有效。

（4）计算 4 次测量结果的算术平均值，并将测量结果记录下来。

3）注意事项

（1）检验时，发动机怠速应符合规定。

（2）检验结束后，抽出取样探头，待仪表回零后再检下一台车。

（3）取样探头不用时要吊挂，防止污染受损。

（4）左右排烟口的风扇故障时严禁继续使用，否则将污染仪器的光学器件，造成仪器更大的损坏。

四、设备检定规程

1. 滤纸式烟度计

1）外观及性能

（1）烟度计各部分应清洁，显示部分应清晰。指针式仪表应无指针弯曲及卡滞现象；数字显示应无缺划及乱显现象。

（2）烟度计在其明显部位应具有如下标志：仪器名称、仪器型号、生产许可证标志、出厂编号、生产厂名、出厂日期。

2）测量系统

（1）稳定性：烟度计连续工作 30min，其漂移量应不超过满量程的 2%。

（2）重复性：在相同条件下烟度计连续测量不少于 5 次，其重复性应不大于满量程的 2%。

（3）示值误差：烟度计对于烟度约 3、5、7 FSN 的三种标准烟度卡，其示值误差均应不超过满量程的 3%。

3）取样系统

（1）抽气量：取样系统应保证每次抽气量在仪器所提供的实际抽气量的 ±5% 范围以内。

（2）抽气时间：取样系统每次抽气时间为 1.4 ±0.2s。

（3）密闭性：取样系统密闭性要求在 1min 内，外界空气渗入量应不超过抽气量的 10%。

2. 透光式烟度计

1）外观

（1）烟度计的显示仪表应具有两种计量参数——光吸收比 N 和光吸收系数 k。两种计量参数的量程，均以光通过充满干净空气的测量区时为0，以光通过测量区被全遮挡时为满量程。

（2）烟度计应有清晰的铭牌，标明名称、型号、生产单位、出厂编号、计量器具制造许可证标志和制造日期，并应标明通道有效长度（L）。

（3）仪表外表面应色泽均匀，无明显的剥落、擦伤、凹陷、起泡、裂纹等缺陷。

（4）仪表显示应清晰，无缺损现象。

（5）各种调节旋钮、按钮应转动灵活、平稳、锁定可靠，不应有影响使用的缺陷。

2）在配置计算机控制系统的机动车辆检测站中的烟度计

对配置在具有计算机控制系统的机动车辆检测站中的烟度计，计算机显示值或其打印值应与烟度计示值一致。对于模拟信号输出的烟度计应满足计算机显示值或其打印值与仪表示值均应符合示值误差要求，而且它们的差值绝对值不得超过示值误差要求的绝对值。

3）计量性能要求

（1）光吸收比 N。

①测量范围：至少应满足0～98.6%。

②分辨力：0.1%。

③示值误差：±2.0%。

④零位漂移：在1h中，仪器的零位漂移不超过±1.0%。

⑤烟度计的稳定性要求：在连续12次测量柴油车自由加速排放烟气后，光吸收比零位值变化不超过±1.0%。

（2）光吸收系数 k。

①测量范围：至少应满足0～9.99 m^{-1}。

②分辨力：0.01 m^{-1}。

③示值的不一致性：指仪器的光吸收系数 k 的示值与按仪器的光吸收比 N 的示值用公式：$k = -(1/L) \times \ln(1-N)$ 计算得到的光吸收系数值之间的差值。不得大于0.05 m^{-1}。

④零位漂移：在1h中，仪器的零位漂移不超过±0.08 m^{-1}。

⑤烟度计的稳定性要求：在连续12次测量柴油车自由加速排放烟气后，光吸收系数零位值变化不超过±0.08 m-1。

（3）烟度计测量电路的响应时间。

烟度计测量电路的响应时间，即插入遮光片使光接收器全被遮住时，显示仪表指针或数显值从满量程的10%到满量程的90%时所需的时间应为（1.0±0.1）s。

（4）烟度计显示的被测烟气温度。

烟度计显示的被测烟气温度显示值误差不超过±5℃。

（5）烟度计油温测量。

对带有油温测量功能的烟度计，其油温测量示值误差不超过±5℃。

（6）烟度计转速测量。

转速测量示值误差在转速为（600～1000）r/min时不超过±20r/min；在其他范围不超过±50r/min。

五、设备使用与保养

1. 滤纸式烟度计的使用

仪器接通电源预热15min，使仪器处于待测试状态。将取样枪夹接于测试车辆排气管上。将脚踏开关挂接在油门踏板上，将踏板开关和油门踏板一并迅速踏到底，保持4s后松开，连续测量三次，以三次的平均值作为测量值。每次测量后仪器自动复位，准备下次测量，测量过程中不许手动复位。每两次测量之间的时间间隔应大于15s。

2. 滤纸式烟度计的保养

（1）滤纸使用完毕后及时更换烟度计的滤纸。

（2）取样探头不得随意扔到地上，以免沙、泥、水等杂物进入仪器内部，造成仪器故障。

（3）每周用空压机压缩气体清洗取样管和探头。

（4）每周对仪器进行校准（标定）。

3. 不透光度计的使用

如南华产NHT-1，仪器接通电源预热30min，按↑键，仪器提示“请将探头放于清洁处，准备校准”，操作员按K键确认，仪器进行校准。完成后将探头插入汽车排气管内，汽车保持怠速状态，仪器确定启动和停止试验的阈值。怠速状态检测完成后操作员按仪器提示“请加速”迅速踩下车辆的油门踏板，使发动机至高转速并保持，当仪器出现“请减至怠速，并保持”的提示后，立即松开油门踏板，使发动机恢复到怠速状态。仪器在急剧加速的过程排烟的不透光超过启动阈值时，开始自动采集数据一直到不透光将到停止阈值时，从采样的数据中找出最大值，作为本次的测量结果。汽车怠速时自由加速试验至少应重复6次，如果光吸收系数示值连续4次均在$0.25m^{-1}$的带宽内，并且没有连续下降趋势，则将这4次示值的算术平均值作为测量结果。

4. 不透光度计的保养

（1）每周清洗温度传感器。

（2）取样探头不得随意扔到地上，以免沙、泥、水等杂物进入仪器内部，造成仪器故障。

（3）每周用清水和干净的布清洁取样探头、取样管内部和外部。

3.2.3 拓展知识

柴油机排放控制系统

1. EGR系统

1）EGR对发动机性能及排放特性的影响

柴油机实施EGR后对其燃烧过程的影响，主要表现在再循环废气抑制预混合燃烧速度，即在预混合气体中存在相对于EGR率的CO_2浓度，而O_2浓度却减小，所以抑制了燃烧度。随EGR率的增加，燃烧气体温度降低，预混合燃烧的峰值减小，但扩散燃烧部分变化很小。

柴油机实施EGR时存在的问题有：自燃吸气式发动机性能及燃油消耗率的改善；NO_x以外的有害排放气体CO、HC和PM、黑烟等的改善；EGR率的精确控制；增压发动机上大 EGR 的实施领域以及提高可靠性、耐久性等。

在增压发动机上实施 EGR 时，排气管压力和进气管压力之差很重要。在轻负荷、低速区，由于进气压力较低易实现 EGR 但随负荷及转速的增加，进气压力升高至大于排气压力时，就不可能再实现 EGR。为了保证所需的 EGR 气体流量，柴油机的 EGR 回流管直径要比汽油机大，EGR 阀也随之变大。

2）柴油机 EGR 的类型

根据 EGR 的回流方式，车用增压柴油机的 EGR 系统分为外部 EGR 方式和内部 EGR 方式两种。

外部 EGR 方式又根据进、排气管的连接方式不同分为低压回路方式和高压回路方式。

低压回路 EGR 方式是直接连接压气机入口端和废气涡轮出口端来实现 EGR 的方法。由于压气机的入口处为负压，而废气涡轮出口压力为正，所以通过连接适当的 EGR 回流管，就可以很容易地实现 EGR。但由于这种方式的废气直接流过压气机和中冷器，所以易造成压气机的腐蚀和中冷器的污染等。

高压回路 EGR 方式，即直接连接压气机后的中冷器出口端和废气涡轮入口端来实现 EGR。由于这种 EGR 方式的废气不流过压气机和中冷器，所以不存在对压气机和中冷器的腐蚀和污染等问题，但可实现的 EGR 率取决于排气压力和进气压力之差，特别是在中、大负荷时，由于增压进气压力提高，所以很难实现 EGR。

内部 EGR 方式是利用进、排气管中的气体脉动进行 EGR 的方式。对发动机各工作循环，在进气管和排气管中气流的压力脉动都很大。在排气行程中，气缸内的压力比较接近排气管压力，而进气行程中，气缸压力与进气管压力相近。而且在进气行程中，排气管内由于其他气缸的排气压力的作用，也存在较大的压力脉动。在这种压力脉动的作用下，使某一缸在进气过程中，其排气门处出现正压波。此时，如果能再次开启排气门，就可实现 EGR。

为了实现内部 EGR 方式，在排气凸轮中除控制排气所需凸轮（主凸轮）以外，又增设内部 EGR 专用凸轮（EGR 用凸轮）。通过这种机构，在进气过程中的适当时刻再次开启排气门，使排出的废气回流到气缸内部，以实现 EGR。由于内部 EGR 系统不需要排气节流，所以不影响泵气损失，因而对经济性无影响，同时不需要 EGR 阀以及 EGR 管路等，所以结构比较简单。

2. 后处理装置

柴油机的后处理装置包括 NO_x 还原装置、CO 及 HC 氧化装置以及微粒捕集装置等。其中，作为 NO_x 的比较典型的还原催化技术有酒精选择还原法和氨气选择还原法。

1）酒精选择还原法

当氧化铝系催化剂采用酒精还原法时，即使在氧和水蒸气共存的排气中，也表现出显著降低 NO_x 的效果。这是因为酒精具有亲水性，与水蒸气的性质相似，而且酒精和氧化铝具有良好的促进 NO_x 还原反应的性质。

2）氨气选择还原法（NH3-SCR 法）

氨气还原法是在排气中导人氨气，并使之在 200℃ ~400℃ 下与以金属氧化物为主要成分的固体催化剂相接触，由此还原 NO_x。

车用柴油机的微粒主要采用过滤法进行处理。微粒过滤器的滤芯由多孔陶瓷制造，它有较高的过滤效率。排气穿过多孔陶瓷滤芯进入排气支管，而微粒则滞留在滤芯上。过滤器工作一段时间后，需及时清除存积在滤芯上的微粒，以恢复过滤器的工作能力和减小排气阻力。为此，在过滤器入口处设置一个燃烧器，通过喷油器向燃烧器内喷入少量燃油，并供入两次空气，利用火花塞或电热塞将其点燃，将滞留在滤芯上的微粒烧掉。根据微粒过滤器的滤芯材料及结构，分为陶瓷纤维板、陶瓷泡沫、金属网以及蜂窝状等几种。滤芯应具有高的微粒捕集效率，同时背压低、耐久可靠、易于生产。

微粒过滤器存在的最大问题是再生处理技术，即将滤芯捕集的微粒进行处理的方法。如果不处理掉滤芯捕集的微粒，滤芯上微粒堆积过多，使排气背压升高，则不仅影响经济性，严重时还会造成发动机停止工作。

大部分微粒可通过燃烧进行再生处理。由于微粒的着火温度约为600℃，在发动机常规运转状态下，不可能自行燃烧进行再生处理，故需要强制着火燃烧系统。目前所开发研究的再生技术，有燃烧器法、电热塞、进排气节流、对燃料添加催化剂以及向滤芯喷射催化剂等几种方法。但这些技术尚未十分成熟，有待进一步研究。

任务3.3　汽车噪声检测

3.3.1　拓展知识

一、实施目的

（1）学习声级计的使用方法。

（2）利用声级计测量汽车的车内噪声和喇叭声级。

二、所需仪器设备

HY103A型声级计、汽车。

三、检测前的准备

1. 电池状态检查

把电源开关置于中间的“Bat”位置时，仪表指示电池状态，此时指针应停留在仪表上的“电池”刻度线内，否则应更换电池。

2. 检查机械零点

用螺丝刀调好机械零点。

3. 检查量程

根据要测量的噪声大小，预先选择合适的量程范围，使被测噪声不要超出量程。

四、测量操作

1. 驾驶员耳旁噪声测量

车辆处于静止状态且变速器置于空挡，发动机处于额定转速状态。声级计放在座位中左侧200mm，离座位高750mm处，话筒朝车辆前进方向。采用A计权，F（快）挡。

2. 喇叭声级测量

在距车前2m，离地高1.2m处，声级计话筒正对着车头方向测量。采用A计权，F（快）挡。

五、注意事项

（1）噪声测量时，要求本底噪声（指测量对象噪声不存在时，周围环境的噪声）应低于被测车辆噪声至少10dB，否则应对测量结果进行修正。当被测噪声与本底噪声的声级之差小于3dB，则测量结果无效。

（2）测量应在无风条件下进行，如果有风应在传声器上加装防风罩，并在上风位置和下风位各测量一次，取其平均值作为测量结果。另外，在下雨或粉尘多的场合下测量时建议也使用风罩，以保护传声器。

（3）传声器的金属膜片非常薄，极容易损坏，因此不要随意拆下传声器的护罩。

（4）测量前检查应使用的量程范围。声级计是比较精密的仪器，注意使用时事先选择好量程范围，使被测噪声不要超出量程，以免破坏仪表精度。

（5）用完后应及时关掉电源。

（6）声级计应定期进行校准。一般是采用声级计校准器作为外部标准声源，它可产生频率和声压级都十分稳定的声音信号（例如频率为1000Hz，声压级为规定的94dB或104dB）。

校准的方法如下：

（1）接通声级计电源，预热（1～5）min。

（2）将声级计置于“快”挡，量程范围应能覆盖声级校准器的声级大小。

（3）将校准器准确地套在声级计的传声器上，启动校准器。此时声级计仪表指示读数应与校准器发出的声级数相同，否则可以调节声级计的校准电位器，使二者一致。

（4）关断校准器，使声级计指示回复到零点附近。然后再次启动校准器，重复调整一次。

（5）小心取下校准器。此时声级计已经调好。

六、考核要求

（1）掌握声级计各按钮、开关的作用，各开关挡位和量程的选择。

（2）掌握用声级计测量汽车噪声的操作并记录相关数据。

（3）能够正确读数。

（4）回答教师的问题。

（5）完成实训报告。

3.3.2 支撑知识

一、汽车噪声检验标准

汽车加速行驶时，车外最大允许噪声级应符合表3-8所列的规定。表中所列各类机动车辆的变型车或改装车（消防车除外）的加速行驶车外最大允许噪声级，应符合其基本型车辆的噪声规定。

表 3-8　车外最大允许噪声级

车辆种类		车外最大允许噪声级不大于/dB（A）	
		1985 年 1 月 1 日以前生产的产品	1985 年 1 月 1 日后生产的产品
载重汽车	8t≤载重量<15t	92	89
	3.5t≤载质量<8t	90	86
	载质量 3.5t	89	84
轻型越野车		89	84
公共汽车	4t<总质量≤11t	89	86
	总质量≤4t	88	83
轿车		84	82
摩托车		90	84
轮式拖拉机（44kW 以下）		91	86

为了尽量减小汽车噪声对人的危害，国标对汽车噪声作出了限制性规定，主要包括车内噪声和喇叭声级两方面。

GB 7258—97 规定，客车内噪声级应不大于 82dB（A），其测试方法应按 GB 1496—79 规定的测量条件：汽车应在干燥、平直的沥青或混凝土路面的测量跑道上进行测量。测量时风速应不大于 3m/s，车辆门窗应关闭，车内本底噪声要比车内噪声至少低 10dB。只准有驾驶员及测量人员在车内。车内测量点可选在车厢中部及后排的中间位置，话筒朝车辆前进方向。

测量方法：

车辆以常用挡位 50km/h 以上不同车速匀速行驶，用声级计“慢”挡，分别用 A、C 计权，读取所测最大读数，再取其平均值。

国标规定驾驶员耳旁噪声声级应不大于 90dB（A）。在测量驾驶员耳旁噪声时，车辆应处于静止状态且变速器置于空挡，发动机应处于额定转速状态。声级计放在座位中左侧（200±50）mm，离座位高（750±10）mm 处。话筒朝驾驶员方向。声级计应采用“A”计权、“快”挡。

GB 7258—97 规定，机动车喇叭声级应在距离车前 2m、离地高 1.2m 处测量，其值应为 90dB（A）~115dB（A）。

二、声级计的构造

声级计是一种能够把工业噪声、生活噪声和车辆噪声等，按人耳听觉特性近似地测定其噪声级的仪器。噪声级是指用声级计测得的并经过听感修正的声压级（dB）或响度级。

根据声级计在标准条件下测量 1000Hz 纯音所表现出的精度，20 世纪 60 年代国际上把声级计分为两类，一类是精密声级计，一类是普通声级计。我国也采用这种分法。20

世纪70年代以来有些国家推行四类分法，即分为0型、1型、2型和3型。它们的精度分别为±0.46dB、±0.76dB、±1.00dB和±1.5dB。根据声级计所用电源的不同，还可将声级计分为交流式声级计和用干电池的电池式声级计两类。电池式声级计也称为便携式声级计，这种仪器体积小、重量轻、现场使用方便。声级计一般由传声器、前置放大器、衰减器、放大器、计权网络、检波器、指示表头和电源等组成。

1. 传声器

传声器是把声压信号转变为电压信号的装置，也称之为话筒，它是声级计的传感器。常见的传声器有晶体式、驻极体式、动圈式和电容式几种。

动圈式传声器由振动膜片、可动线圈、永久磁铁和变压器等组成。振动膜片受到声波压力以后开始振动，并带动着和它装在一起的可动线圈在磁场内振动以产生感应电流。该电流根据振动膜片受到声波压力的大小而变化。声压越大，产生的电流就越大，声压越小，产生的电流也越小。

电容式传声器主要由金属膜片和靠得很近的金属电极组成，它实质上是一个平板电容。金属膜片与金属电极构成了平板电容的两个极板，当膜片受到声压作用时，膜片便发生变形，使两个极板之间的距离发生变化，于是改变了电容量，位测量电路中的电压也发生了变化，实现了将声压信号转变为电压信号的作用。

电容式传声器是声学测量中比较理想的传声器，具有动态范围大、频率响应平直、灵敏度高和在一般测量环境下稳定性好等优点，因而应用广泛。由于电容式传声器输出阻抗很高，因而需要通过前置放大器进行阻抗变换，前置放大器装在声级计内部靠近安装电容式传声器的部位。

2. 放大器

目前流行的许多国产与进口的声级计，在放大线路中都采用两级放大器，即输入放大器和输出放大器，其作用是将微弱的电信号放大。输入衰减器和输出衰减器是用来改变输入信号的衰减量和输出信号衰减量的，以便使表头指针指在适当的位置，其每一挡的衰减量为10dB。输入放大器使用的衰减器调节范围为测量低端（如0到70dB），输出放大器使用的衰减器调节范围为测量高端（如70dB到120dB）。输入和输出两个衰减器的刻度盘常做成不同颜色，目前以黑色与透明配对为多。由于许多声级计的高低端以70dB为界限，故在旋转时要防止超过界限，以免损坏装置。

为防止输入给放大器的信号超过正常工作的动态范围，造成波形畸形太大，一般在放大器中安装过载指示灯。如果过载，要及时处理，以免测量误差太大。如果输入放大器的过载指示灯单独闪亮，这是提示需改变衰减器量程，如果输出放大器的过载指示灯单独闪亮，这是提示测量不准确，而且示值小于真实值。这样的测量结果应在读数中加以注明。

3. 计权网络

为了模拟人耳听觉在不同频率有不同的灵敏性，在声级计内设有一种能够模拟人耳的听觉特性，把电信号修正为与听感近似值的网络，这种网络叫作计权网络。通过计权网络测得的声压级，已不再是客观物理量的声压级（叫线性声压级），而是经过听感修正的声压级，叫作计权声级或噪声级。

计权网络一般有A、B、C三种。A计权声级是模拟人耳对55dB以下低强度噪声的频率特性，B计权声级是模拟55dB到85dB的中等强度噪声的频率特性，C计权声级是模拟高强度噪声的频率特性。三者的主要差别是对噪声低频成分的衰减程度，A衰减最多，B次之，C最少。A计权声级由于其特性曲线接近于人耳的听感特性，因此是目前世界上噪声测量中应用最广泛的一种，B、C已逐渐不用。

从声级计上得出的噪声级读数，必须注明测量条件，如单位为dB，且使用的是A计权网络，则应记为dB（A）。

4. 检波器和指示表头

为了使经过放大的信号通过表头显示出来，声级计还需要有检波器，以便把迅速变化的电压信号转变成变化较慢的直流电压信号。这个直流电压的大小要正比于输入信号的大小。

根据测量的需要，检波器有峰值检波器、平均值检波器和均方根值检波器之分。峰值检波器能给出一定时间间隔中的最大值，平均值检波器能在一定时间间隔中测量其绝对平均值。除了像枪炮声那样的脉冲声需要测量它的峰值外，在多数的噪声测量中均是采用均方根值检波器。

均方根值检波器能对交流信号进行平方、平均和开方，得出电压的均方根值，最后将均方根电压信号输送到指示表头。指示表头是一只电表，只要对其刻度进行一定的标定，就可从表头上直读出噪声级的dB值。声级计表头阻尼一般都有“快”和“慢”两个挡。“快”挡的平均时间为0.27s，很接近于人耳听觉器官的生理平均时间，“慢”挡的平均时间为1.05s。当对稳态噪声进行测量或需要记录声级变化过程时，使用“快”挡比较合适，在被测噪声的波动比较大时，使用“慢”挡比较合适。

为适应测量现场的需要，声级计一般都备有三脚支架，以便视需要将声级计固定在三脚支架上。

声级计面板上一般还备有一些插孔。这些插孔如果与便携式倍频带滤波器相联，可组成小型现场使用的简易频谱分析系统，如果与录音机组合，则可把现场噪声录制在磁带上贮存下来，以便待以后进行更详细的研究，如果与示波器组合，则可观察到声压变化的波形，并可用照相机将波形摄制下来，还可以把分析仪、记录仪等仪器与声级计组合、配套使用，这要根据测试条件和测试要求而定。

三、汽车噪声的检测方法

国家标准《机动车辆噪声测量方法》，适用于各种类型的汽车、摩托车、轮式拖拉机等机动车辆的车外和车内噪声测量。标准规定使用的测量仪器有精密声级计或普通声级计和发动机转速表，声级计误差不超过±2dB，并要求在测量前后，仪器应按规定进行校准。

1. 仪器的检查和校准

（1）在未接通电源时，先检查仪表指针是否在机械零点上，若不在零点，可用零点调整螺钉使指针与零点重合。

（2）检查电池容量。把声级计功能开关对准“电池”，衰减器任意，此时电表指针应达到额定红线，否则读数不准。打开后盖便可更换电池。

（3）打开电源开关，预热仪器，10min。

（4）对仪器进行校准。每次测量前或使用一段时间后，必须对仪器的电路和传声器进行校准。声级计上一般都配有电路校准的“参考”位置，可校验放大器的工作是否正常。如不正常，应调节微调电位器。电路校准后，再利用已知灵敏度的标准传声器对声级计上的传声器选择对比校准。常用的标准传声器有声级校准器和活塞式发声器，它们的内部都有一个可发出恒定频率、恒定声级的机械装置，因而很容易对比出被检传声器的灵敏度。声级校准器产生的声压级为94dB，频率为1000Hz；活塞式发声器产生的声压级为124dB，频率为250Hz。

（5）将声级计的功能开关对准“线性”、“快”挡，由于一般办公室内的环境噪声约为40～60dB，因此声级计上应有相应的示值。变换衰减器刻度盘，表头示值应相应变化10dB左右。

（6）检查计权网络。按以上步骤，将“线性”位置依次变为“C”、“B”、“A”。由于室内环境噪声多为低频成分，故经频率计权后的噪声级示值将低于线性值，而且应依次递减。

（7）考查“快”、“慢”挡。将衰减器刻度盘调至高dB值处（例如90dB），操作人员发声，并注意观察“快”挡时的指针摆动能否跟上发音速度，“慢”挡时的指针摆动是否明显迟缓。这是“快”、“慢”两挡所要求的表头阻尼程度的基本特征。

（8）经过上述检查和校准后，声级计便可投入使用。在不知道被测声级多大时，必须把衰减器刻度盘预先放在最大衰减位置（即120dB），然后在实测中再逐步旋至被测声级所需要的衰减挡。

2. 车外噪声测量方法

1）测量条件

（1）测量场地应平坦而空旷，在测试中心以25m为半径的范围内，不应有大的反射物，如建筑物、围墙等。

（2）测试场地跑道应有20m以上的平直、干燥的沥青路面或混凝土路面，路面坡度不超过0.5%。

（3）本底噪声（包括风噪声）应比所测车辆噪声至少低10dB，并保证测量不被偶然的其他声源所干扰。

（4）为避免风噪声干扰，可采用防风罩，但应注意防风罩对声级计灵敏度的影响。

（5）声级计附近除测量者外，不应有其他人员，如不可缺少时，则必须在测量者背后。测量人员的身体离声级计也应尽量远，以免影响测量的准确性。

（6）被测车辆不载重。测量时发动机应处于正常使用温度。车辆带有其他辅助设备也是噪声源，测量时是否开动，应按正常使用情况而定。

2）测量场地及测点位置

声级计传声器位于20m跑道中心点O两侧，各距中线7.5m，距地面高度1.2m，用三角架固定。传声器平行于路面，其轴线垂直于车辆行驶方向。

3）加速行驶车外噪声测量方法

（1）车辆须按下列规定条件稳定地到达始端线。

行驶挡位：前进挡位为4挡以上的车辆用第3挡，前进挡位为4挡或4挡以下的用第

2挡。发动机转速为其标定转速的3/4。如果此时车速超过了50km/h，那么车辆应以50km/h的车速稳定地到达始端线。对于自动换挡的车辆，使用在试验区间加速最快的挡位。辅助变速装置不应使用。在无转速表时，可以控制车速进入测量区：以锁定挡位相当于3/4标定转速的车速稳定地到达始端线。

（2）从车辆前端到达始端线开始，立即将加速踏板踩到底或节气门全开，直线加速行驶，当车辆后端到达终端线时，立即停止加速，车辆后端不包括拖车以及和拖车连接的部分。

本测量要求被测车辆在后半区域发动机达到标定转速。如果车辆达不到这个要求，可延长OC距离为15m。如仍达不到这个要求，车辆使用挡位要降低一挡。如果车辆在后半区域超过标定转速，可适当降低到达始端线的转速。

（3）声级计用“A”计权网络、“快”挡进行测量，读取车辆驶过时的声级计表头最大读数。

（4）同样的测量往返进行一次。车辆同侧两次测量结果之差，不应大于2dB，并把测量结果记入规定的表格中。取每侧二次声级的平均位中最大值作为被测车辆的最大噪声级。若只用一个声级计测量，同样的测量应进行四次，即每侧测量两次。

4）匀速行驶车外噪声测量方法

（1）车辆用常用挡位，加速踏板保持稳定，以50km/h的车速匀速通过测量区域。

（2）声级计用“A”计权网络、“快”挡进行测量，读取车辆驶过时声级计表头的最大读数。

（3）同样的测量往返进行一次，车辆同侧两次测量结果之差，不应大于2dB，并把测量结果记入规定的表格中。若只用一个声级计测量，同样的测量应进行四次，均每侧测量两次。

3. 车内噪声测量方法

1）车内噪声测量条件

（1）测量跑道应有足够试验需要的长度，应是平直、干燥的沥青路面或混凝土路面。

（2）测量时风速（指相对于地面）应不大于3m/s。

（3）测量时车辆门窗应关闭。车内带有其他辅助设备是噪声源，测量时是否开动，应按正常使用情况而定。

（4）车内本底噪声比所测车内噪声至少低10dB，并保证测量不被偶然的其他声源所干扰。

（5）车内除驾驶员和测量人员外，不应有其他人员。

2）车内噪声测点位置

（1）车内噪声测量通常在人耳附近布置测点，传声器朝车辆前进方向。

（2）驾驶室车内噪声测点位置为驾驶员座位上方750mm ± 10mm，靠背前方200mm ± 50mm。

（3）载客车室内噪声测点可选在车厢中部及最后排座的中间位置，测量高度为座位上方750mm ± 10mm。

3）测量方法

（1）车辆以常用挡位、50km/h以上不同车速匀速行驶，分别进行测量。

（2）用声级计“慢”挡测量A、C计权声级，分别读取表头指针最大读数的平均值，测量结果记于规定的表格中。

（3）做车内噪声频谱分析时，应包括中心频率为31.5Hz、63Hz、125Hz、250Hz、500Hz、1000Hz、2000Hz、4000Hz、8000Hz的倍频带。

3.3.3 拓展知识

一、环保汽车

对于汽车制造商来说，环保早在三四十年以前就一直是一个重要的话题，为此技术人员也从不同的层次上努力，让环保从概念走向现实。减低排放，这是目前最流行的招数，也是各家最早使用的手法。具体的措施主要有两种：

首先，降低车身重量。道理很简单，车的重量轻了，所消耗的能源就会相应地减少，同时污染物也随之减少。例如，捷豹的铝质车架既轻盈又坚固，奥迪A8更是全世界第一辆采用全铝车身制造的量产轿车，其全铝车身框架结构（ASF）使整车的重量大大减少，表现出操控性与经济性兼备的特点。当然，在这些技术先锋的带动之下，更多的车厂是通过在整车内增加铝、碳纤维等轻质材料来控制车辆自重的。

其次，在引擎燃烧与废气排放上下功夫。后者是通过尾气的过滤与净化装置以减少污染，奔驰的旗舰产品S600共装有6个催化转换器。前者主要是要让引擎充分燃烧，这样既提供了更大的动力，又能够减少污染物排放。

二、混合动力汽车

混合动力车就是在现有的汽油、柴油发动机的基础上，另外增加一个电动马达。通过发电机在车辆制动、减速时的再充电功能，将原本应失去的能量中的一部分转化为电力再利用。因此车辆正常行驶时每次下坡、溜停之后，电池都在充电，提高了能源的使用效率。

在上海国际车展上，本田曾推出了Accord-Hybrid。作为世界上第一款装备6缸引擎的混合动力车，它采用了本田独创的3.0Li-VTECIMA混合动力系统，将可变气缸系统和电动辅助系统融为一体，发动机可以根据行驶状况自动调节使用3气缸或6气缸，并通过电动马达辅助驱动和回收电力。因此，该车具有了比3.0L汽油引擎更高的动力性能，同时具有与小型车同样水平的燃油经济性能。

更加引人注目的还有即将在国内制造的丰田普锐斯（prius）。该车早在1997年就已经批量生产，至今在全球范围内已累计销售超过27万辆，是一款表现稳定的车。尽管该车在外观上没有多少惊人之处，但其引擎采用了丰田的最新技术，运作起来比较稳定，出现暴震的情况被减到最小，而且引擎的压力很小，所以寿命也相对比较长，同时维修也比较少。尤其是车内电池从一开始只能用3个月，到现在已经至少能用5年以上了，显得十分方便。

三、氢燃料汽车

近年来，氢燃料电池技术一直是汽车解决能源和环保问题的最佳方案。以氢燃料电池为动力的汽车能够通过氢的分解获得电能，从而驱动汽车。由于氢是可再生的能源，氢燃料电池汽车就不存在能源枯竭的问题。同时，氢燃烧产生的是水，因此，氢燃料电池汽车也不会对大气产生污染。这样，氢燃料电池汽车也就成为各大汽车公司争先研究的“未来汽车”。

氢燃料动力虽然已经成为“零污染”的代名词，但据介绍，目前氢燃料电池每输出 1kW 功率的成本大约是 500 美元。目前，1 辆普通中级车的功率约为 100kW，若按这个标准来计算，仅燃料电池的成本就达到了 5 万美元。所以降低制造与使用费用，将是技术上需要主攻的方向。环保零件除了围绕着能源消耗与排放以外，整车的零件也成为环保的重要因素。对于可能造成污染的内饰材料、含铅与水银的零部件、石棉刹车片等，海外的车厂都会减少甚至完全不使用。而由奔驰等欧洲车厂风行起来的使用可循环再生材料，并在 100g 重量以上的元件都打上号码标记以便分类回收等都已经开始在国内流行。

项目4 汽车综合性能检测

〈典型事故/案例〉

故障现象一

一辆丰田威驰轿车，行驶30000km后，发现加速不良，行驶最高速度降低，动力性不强，还可以听到发动机的“突突”声音，请分析故障，并给予排除。

故障现象二

一辆POLO1.4小轿车在行驶5000km后，发现油耗突然升高较大，尾气能见黑烟，请分析故障，并给予排除。

〈项目任务〉

对汽车的动力性和燃油经济性进行检测，判断汽车动力性的情况和燃油经济性，分析汽车的整体工作状态。

〈能力目标〉

能对汽车动力性指标进行检测，判断汽车发动机、传动系统等的工作状态；能对汽车油耗进行检测，判断汽车的燃油经济性，并分析汽车整体的工作状态。

〈知识目标〉

了解汽车动力性和燃油经济性检测的必要性，理解汽车动力性的检测指标，汽车动力性检测的设备工作原理；理解汽车燃油经济性的检测设备工作原理；掌握汽车动力性和燃油经济性的检测方法与规范。

〈素质目标〉

培养严谨的工作作风和科学的工作态度；加强安全教育，提高安全意识；提高节能意识，树立节能观念；加强学习的主动性，提高自我学习能力。

任务 4.1　汽车动力性检测

4.1.1 任务实施

方法 1　底盘测功机检测

一、检测目的

本检测的目的是测定汽车驱动轮输出功率。通过底盘测功机测量车辆的最大底盘驱动功率，以评定车辆技术状况等级。

二、所用仪器和设备

（1）底盘测功试验台。

（2）被测汽车。

三、检测方法和步骤

1. 检测前的准备

1）底盘测功试验台的准备

使用之前，按厂家规定的项目对底盘测功试验台进行检查、调整、润滑，在使用过程中，要注意仪表指针的回位、举升器工作导线的接触情况。发现故障，及时清除。

2）被测汽车的准备

汽车开上底盘测功试验台之前，仔细调整发动机供油系及点火系至最佳工作状态；检查、调整、紧固和润滑传动系、车轮的连接处；清洁轮胎，检查轮胎气压是否符合规定；必须运行加热汽车至正常工作温度。

2. 检测方法

1）检测点的选择

测功试验时，应选择几个有代表性的工况，测试汽车驱动轮的输出功率或驱动力：如发动机额定功率所对应的车速（或转速），发动机最大转矩所对应的车速（或转速），汽车常用车速，例如经济车速（或转速），或根据交通管理部门的要求选择检测点。

2）测功方法

（1）接通底盘测功试验台电源，并根据被检车辆驱动轮输出功率的大小，将功率指示表的转换开关置于低挡或高挡位置。

（2）操纵手柄（或按钮），升起举重器的托板。

（3）将被检汽车的驱动轮尽可能与滚筒成垂直状态地停放在底盘测功试验台滚筒间的举升托板上。

（4）操纵手柄，降下举升器托板，直到轮胎与举升器完全脱离为止。

（5）用三角铁板抵住位于底盘测功试验台滚筒之外的一对车轮的前方，以防止汽车在检测时从底盘测功试验台滑出去，将冷却风扇置于被检汽车正前方，并接通电源。

（6）检测发动机额定功率和最大转矩时的转速下驱动轮的输出功率或驱动力时，将变速器挂入选定挡位，松开驻车制动，踩下加速踏板，同时调节测功器制动力矩对滚筒加载，使发动机在节气门全开情况下以额定转速运转。待发动机转速稳定后，读取并打印驱动轮的输出功率（或驱动力）值、试验车速值。在节气门全开情况下继续对滚筒加载，至发动机转速降至最大转矩时的转速稳定运转时，读取并打印驱动轮的输出功率（或驱动力）值、试验车速值。

如果测出驱动轮在变速器不同挡位下的输出功率（或驱动力），则要依次挂入每一挡按上述方法进行检测。当发动机达到额定功率，挂前进挡，可测得驱动轮的额定输出功率；当发动机达到最大转矩，挂一挡，可测得驱动轮的制动驱动力。

发动机全负荷选定车速下驱动轮输出功率（或驱动力）的检测，是在踩下加速踏板的同时调节测功器制动力矩对滚筒加载，使发动机在节气门全开情况下以选定的试验车速稳定运转进行的。发动机部分负荷选定车速下驱动轮输出功率（或驱动力）的检测与此相同，只不过发动机是在选定的部分负荷下工作。

在动力性检测过程中，控制方式处于恒速控制，当车速达到设定车速（误差 ±2km/h）并稳定5s后（时间过短，检测结果重复性较差），计算机方可读取车速与驱动力数值，并计算汽车底盘输出功率。

（7）全部检测结束，待驱动轮停止转动后，移开风扇，去掉车轮前的三角铁板架、操纵手柄，举起举升器的托板，将被检汽车驶离底盘测功试验台。

四、检测结果的处理

判断检测结果是否符合规定。计算机械传动效率评价传动系加速状况。

方法2　五轮仪检测

一、检测目的

本检测任务的目的是测定汽车在直接挡的加速性能。

二、所用仪器和设备

（1）第五轮仪。
（2）皮卷尺。
（3）秒表。
（4）综合气象观测仪。
（5）标杆。
（6）被测汽车。

三、检测方法和步骤

（1）检测前，选择并布置好试验路段，其长度根据待测汽车而定，以不短于加速行程的两倍为宜。

（2）在路段两端各竖两根标杆作为标志。

（3）检测时，汽车先以直接挡的最低稳定速度行驶。当汽车进入试验路段的起点时，试验人发出信号，驾驶员迅速将加速踏板踩到底使汽车加速行驶，同时在五轮仪的记录纸上也记下加速开始的时刻，一直加速到直接挡的最高车速的 80% ~100% 为止。这时，利用第五轮仪自动记录汽车在直接挡加速过程中的时间、行程和速度。

以同样的方法在相反方向做第二次试验。

四、检测结果的处理

根据第五轮仪纸带记录的结果绘制加速性能曲线：

（1）速度—加速时间曲线。

（2）速度—加速行程曲线：

车速比例 1mm =0. 5km/h

时间比例 1mm =0. 25s

行程比例 1mm =2. 5m

4.1.2 支撑知识

一、汽车动力性

汽车动力性是指汽车在行驶中能达到的最高车速、最大加速能力和最大爬坡能力，是汽车的基本使用性能之一。汽车检测部门一般常用汽车的最高车速、加速能力、最大爬坡度、发动机最大输出功率、底盘输出最大驱动功率作为动力性评价指标。

1. 最高车速 v_{amx}（km/h）

最高车速是指汽车以出厂最大总质量状态在风速≤3m/s 的条件下，在干燥、清洁、平坦的混凝土或沥青路面上，能够达到的最高稳定行驶速度。

2. 加速能力 t（s）

汽车加速能力是指汽车在行驶中迅速增加行驶速度的能力。通常以汽车加速时间来评价。加速时间是指汽车以出厂最大总质量状态在风速≤3m/s 的条件下，在干燥、清洁、平坦的混凝土或沥青路面上，由某一低速加速到高速所需的时间。

1）原地起步加速时间

亦称起步换挡加速时间，系指用规定的低速起步，以最大加速度（包括选择适当的换挡时机）逐步换到最高挡位后，加速到某一规定的车速所需的时间，如 0 ~50km/h，对轿车常用 0 ~80km/h，0 ~100km/h，或用规定的低挡起步，以最大加速度逐步换到最高挡后，达到一定距离所需的时间，其规定的距离一般为 0 ~400m，0 ~800m，0 ~1000m，起步加速时间越短，动力性越好。

2）超车加速时间（亦称直接挡加速时间）

指用最高挡或次高挡，由某一预定车速开始，全力加速到某一高速所需的时间，超车加速时间越短，其高速挡加速性能越好。

我国对汽车超车加速性能没有明确规定，但是在 GB3798《汽车大修竣工出厂技术条件》中规定，大修后带限速装置的汽车以直接挡空载行驶，从初速20km/h加速到40km/h的加速时间，应符合表4-1所列的规定。

表4-1　发动机的加速时间情况表

发动机标定功率/（P_s/t）与整备质量之比/（kW/t）	>10～15	>15～20	>20～25	>25～50	>50
	7.36～11.03	>11.03～14.17	>14.17～18.39	>18.39～36.78	>36.78
加速时间/s	<30	<25	<20	<15	<10

3. 最大爬坡度 i_{max}（%）

最大爬坡度是指汽车满载，在良好的混凝土或沥青路面的坡道上，汽车以最低前进挡能够爬上的最大坡度。由于受道路坡道条件限制，汽车综合性能检测站通常不做汽车爬坡测试。

4. 发动机最大输出功率 P_{max}

发动机最大输出功率是指发动机在全负荷状态下用来带动维持运转所必需的附件时所输出的功率，又称总功率。此时被测发动机一般不带空气滤清器、冷却风扇等附件。新出厂发动机的最大输出功率一般指发动机的额定功率。额定功率是制造厂根据发动机具体用途，发动机在全负荷状态和规定的额定转速下所规定的功率。在国外，有些厂家所谓的额定功率是指发动机在额定转速下输出的净功率。常在额定功率后注有“净”字，以示区别。净功率是指在全负荷状态下，发动机带有全套附件时所输出的功率。

汽车发动机最大输出功率是汽车动力性的基本参数。汽车在使用一定时期后，技术状况发生变化，发动机的最大输出功率变小，所以用其变小的差值评价发动机技术状况下降的程度。我国《汽车技术等级评定标准》就是按在用汽车的发动机最大输出功率与额定功率相比较小于75%时，将该车技术状况定位三级。但应注意，在汽车综合性能检测站用无外载测功法或用底盘测功机所测定的发动机功率，必须换算为总功率后才能与额定功率比较。

5. 底盘输出最大驱动功率 D_{pmax}

底盘输出最大驱动功率是指汽车在使用中行驶时，驱动轮输出的最大驱动功率（相应的车速在发动机额定转速附近）。

底盘输出最大驱动功率一般简称为输出功率，是实现克服行驶阻力的最大能力，是汽车动力性评价的一项重要指标。汽车在使用过程中，发动机本身、发动机附件及传动系统的技术状况都会下降，其底盘输出的最大功率将因此减小。

二、汽车动力性检测项目与有关标准

1. 汽车动力性检测项目

汽车动力性检测项目有加速性能、最高车速检测、滑行性能检测、发动机输出功率检测、汽车底盘输出功率检测。

2. 动力性检测可依据的标准

汽车动力性台架试验方法和评价指标（GB/T 18276—2000）。

营运车辆综合性能要求和检验方法（GB 18565—2001）。

道路试验标准如下：

汽车动力性路试基本规范可按照GB/T 12534—90《汽车道路试验方法通则》进行；

汽车最高车速试验按照 GB/T 12544—90《汽车最高车速试验方法》的有关规定进行；汽车加速性能试验按照 GB/T 12543—90《汽车加速性能试验方法》的有关规定进行；汽车爬陡坡试验按照 GB/T 12539—90《汽车爬陡坡试验方法》的有关规定进行；汽车牵引力性能试验按照 GB/T 12537—90《汽车牵引力性能试验方法》的有关规定进行。

三、汽车动力性检测方法

1. 汽车动力性台架检测

汽车动力性室内试验的方式，主要是用无外载检测仪检测发动机功率，底盘测功机检测汽车的最大输出功率、最高车速和加速能力。室内台架试验不受气候、驾驶技术等客观条件的影响，只受测试仪器本身测试精度的影响，测试条件易于控制。另外，由于底盘测功机的结构不同，对汽车在滚筒上模拟道路行驶时的滚动阻力也不同，在说明书中还应给出不同尺寸的车轮在不同转速下的滚动阻力系数值。

1）汽车底盘输出功率的检测方法

通过底盘测功机测量车辆的最大底盘驱动功率，以评定车辆技术状况等级。

（1）在动力性检测之前，必须按汽车底盘测功机说明书的规定进行试验前的准备。

（2）汽车底盘测功机控制系统、道路模拟系统、引导系统、安全保障系统等必须工作正常。

（3）在动力性检测过程中，控制方式处于恒速控制，当车速达到设定车速（误差 ±2km/h）并稳定 5s 后（时间过短，检测结果重复性较差），计算机方可读取车速与驱动力数值，并计算汽车底盘输出功率。

（4）输出检测结果。

2）发动机功率的检测方法

用发动机无外载检测仪检测发动机功率，使用方便，检测快捷，在规范操作前提下，可对发动机动力性检测与管理有效数据。还可以用于同一发动机调试前后、维修前后的功率对比，因此也得到广泛使用。

（1）启动发动机并预热至正常状态，与此同时接通无外载测功仪电源，连接传感器；

（2）按仪器使用说明书进行操作；

（3）从监测仪上读取（或算出）发动机的功率值。

2. 汽车动力性道路检测

通过道路试验分析汽车动力性能，其结果接近实际情况，汽车动力性在道路试验中的检测项目一般有高速挡加速时间、起步加速时间、最高车速、陡坡爬坡车速、长坡爬坡车速，有时为了评价汽车的拖挂能力，还进行汽车牵引力检测。另外，有时为了分析汽车动力平衡问题，采用高速滑行试验测定滚动阻力系数 f 及空气阻力系数 C_d，但由于道路试验受到道路条件、风向、风速、驾驶技术等因素的影响，而且这些因素可控性差。

4.1.3 拓展知识

一、底盘测功机

底盘测功机是一种不解体的检测汽车性能的检测设备，它是通过在室内台架上汽车模拟道路行驶工况的方法来检测汽车的动力性，而且还可以测量多工况排放指标及油耗。同时能方便地进行汽车的加载调试和诊断汽车负载条件下出现的故障。底盘测功机根据滚筒情况，分为两类：单滚筒底盘测功机，滚筒直径大（1500mm ~ 2500mm），制造和安装费用大，但测试精度高；双滚筒底盘测功机，滚筒直径小（180mm ~ 500mm），成本低，使用方便，但测试精度差。

1. 工作原理

汽车在道路上运行过程中存在着运动惯性、行驶阻力，要在试验台上模拟汽车道路运行工况，首先要解决模拟汽车整车的运动惯性和行驶阻力问题，这样才能用台架测试汽车运行状况的动态性能，为此，在该试验台上利用惯性飞轮的转动惯量来模拟汽车旋转体的转动惯量及汽车直线运动惯量，采用电磁离合器自动或手动切换飞轮的组合，在允许的误差范围内满足汽车惯量模拟。至于汽车在运行中所受的空气阻力、非驱动轮的滚动阻力及爬坡阻力等，则采用功率吸收加载装置来模拟。路面模拟是通过滚筒来实现的，即以滚筒表面取代路面，滚筒的表面相对于汽车作旋转运动。

2. 底盘测功机基本结构

汽车底盘测功机主要由道路模拟系统、数据采集与控制系统、安全保障系统及引导系统等构成。如图 4-1 所示为道路模拟系统。

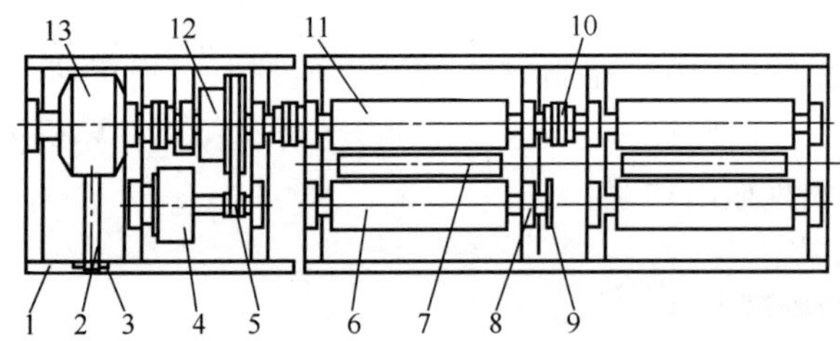

图 4-1　汽车底盘测功机道路模拟系统结构示意图

1—机架；2—测力杠杆；3—压力传感器；4—飞轮；5—皮带轮；6—副滚筒；7—举升器；8—轴承座；9—速度传感器；10—联轴器；11—主滚筒；12—电磁离合器；13—电涡流测功器。

1）道路模拟系统

（1）滚筒。

a）滚筒直径：汽车底盘测功机所采用的路面模拟系统的滚筒一般直径为 ϕ180mm ~ 400mm 的钢滚筒，按其结构性是可分为两滚筒和四滚筒。所谓两滚筒路面模拟系统由两根长滚筒组成，其特点是支承轴承少，台架的机械损失少；所谓四滚筒路面模拟系统由四根短滚筒组成，它与两滚筒多了四个支承轴承和一个联轴器，在检测过程中，其损失较大。

b）滚筒的表面状况：滚筒的表面状况是指滚筒表面的加工方法和清洁程度（水、油和橡胶粉末的污染等）。

汽车在干燥滚筒上的驱动过程是一个摩擦过程，总摩擦力由若干分力组成，如：

$$F_{总} = F_{附着} + F_{阻滞}$$

式中　$F_{附着}$——接触面间的附着力；

$F_{阻滞}$——轮胎在滚筒上滚动变形时，由于伸张作用能量的差别而消耗的能量，进而转化为阻止车轮滚动的作用力。

这两项分力取决于轮胎材料、结构和温度。

附着系数随速度增加而下降的原因较为复杂。一方面，由于滚筒圆周速度提高，橡胶块与滚筒之间的嵌合程度越来越差，在未达到平衡状态之前便产生了振动；另一方面随着速度的提高，接触面的温度上升加快，很快在滚筒表面形成了一层橡胶膜，降低了附着系数。

c）安置角：所谓汽车车轮在滚筒上的安置角是指车轮与滚筒接触点的切线方向与水平方向的夹角，如图 4-2 所示为车轮在滚筒上的受力分析。

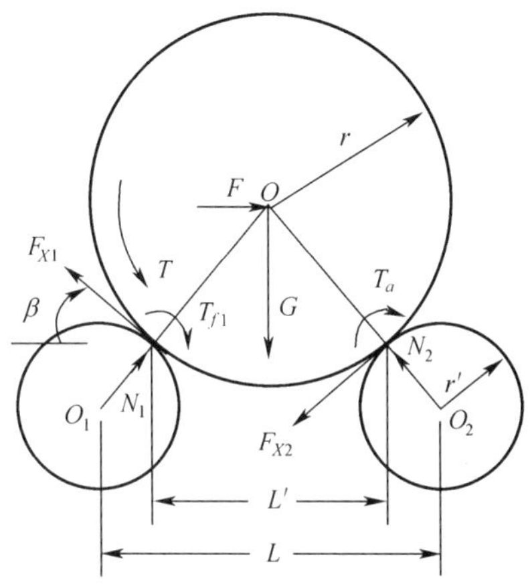

图 4-2　制动台车轮受力示意图

β——车轮在滚筒式台架上的安置角；L——轴间距；O——车轮的圆心；O_1、O_2——前后滚筒的圆心；L′——车轮在滚筒上接触点间的距离；T——车轮驱动扭矩；T_{f1}、T_{f2}——前后滚筒对车轮的滚动阻力矩；F_{X1}、F_{X2}——前后滚筒对车轮的切向反作用力；C——车轮载荷；F——车桥对车轮的水平推力；r——车轮半径；r′——滚筒半径；N_1、N_2——前后滚筒对车轮的支承力。

安置角对滚动阻力的影响，根据图示，车轮在滚筒上匀速旋转时的受力分析，由力偶平衡定理得到

$$\sum T_O = 0$$

$$T - T_{f1} - T_{f2} = (F_{X1} + F_{X2}) \cdot r$$

其中滚动阻力矩：

$$T_{f1} = f \cdot N_1 \cdot r$$

$$T_{f2} = f \cdot N_2 \cdot r$$

所以车轮的滚动阻力为

$$F_f = f \cdot (N_1 + N_2)$$

式中　F_f——车轮的滚动阻力；

　　f——滚动阻力系数。

$$N_1 + N_2 = G/\cos\beta$$

故

$$F_f = f \cdot G/\cos\beta$$

由上式可见，台架的滚动阻力系数随着安置角增大而增大。

试验过程对安置角的要求如下：

①车轮带动装有惯性飞轮的滚筒以最大加速度加速时，不得驶出滚筒，以确定最小

安置角；

②当台架滚筒制动后，保证车辆仍可驶出滚筒，以确定最大安置角。

在装有惯性飞轮及吸收装置加载的条件下，汽车以最大加速度加速时，确保车轮不驶出滚筒，以确定其最小安置角。最大驱动力 $F_{r\max}$ 所满足的条件为

$$F_{r\max} < G/(2 \cdot \sin\beta)$$

由于安置角与滚筒直径、中心距以及轮胎尺寸有关，所以不同重量级的汽车底盘测功机适应不同范围的轮胎尺寸。

（2）功率吸收装置（加载装置）。

在汽车检测线所用的底盘测功机功率吸收装置的类型有电涡流式、水力式和电力式。

水力式功率吸收装置的可控性较电涡流式差，电力测功机的成本比较高，故一般采用电涡流式功率吸收装置。

电涡流式功率吸收装置的基本结构分为水冷式和风冷式两种。

a）水冷式电涡流功率吸收装置的基本结构（如图 4-3 所示），主要由转子（包括带齿状凹凸的感应子 17、轴 7）和定子（包括作为磁轭的铁芯 1、涡流环 2、励磁绕组 18、端盖 3）组成。

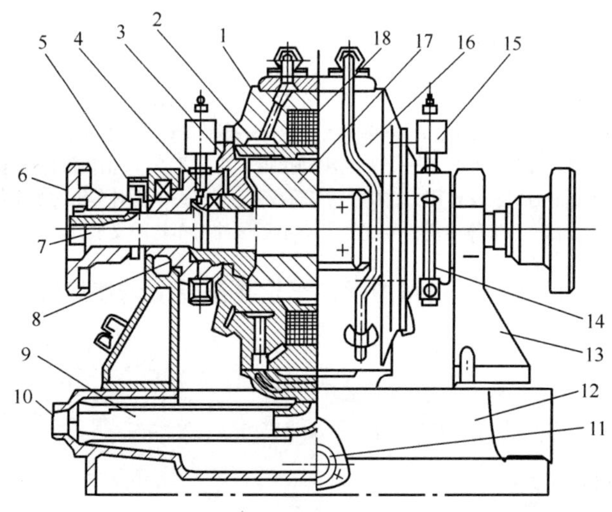

图 4-3　水冷式电涡流功率吸收装置

1—励磁体；2—涡流环；3—端盖；4—轴承；5—测速传感器；6—联轴器；7—主轴；8—滚动轴承；9—进水软管；10—进水口；11—排水口；12—线圈；13—轴承架；14—油面指示器；15—油杯；16—出水管；17—感应子；18—励磁绕组。

其特点是：

①结构复杂，安装不便；

②较风冷式测量精度高；

③冷却效率高，适合持续运行工况使用；

④冷却水温度一般不超过 60℃，以防结垢，冷却水 pH 值按说明书规定执行。

b）风冷式电涡流功率吸收装置的基本结构（如图 4-4 所示），主要由转子、定子、励磁线圈、支承轴承、冷却风扇叶片、力传感器等组成。

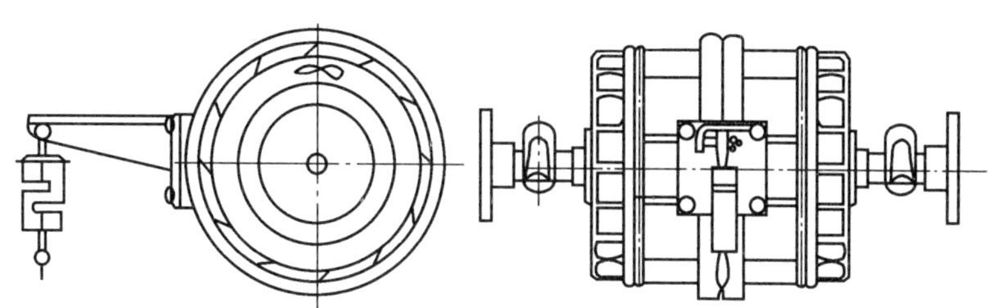

图 4-4　风冷式电涡流功率吸收装置

其特点是：

①结构简单，安装方便；

②冷却效率低，不宜长时间运行；

③冷却风扇在工作时消耗一定的功率，故应将此消耗的功率计入汽车底盘输出功率。

电涡流式功率吸收装置的工作原理如图 4-5 所示。

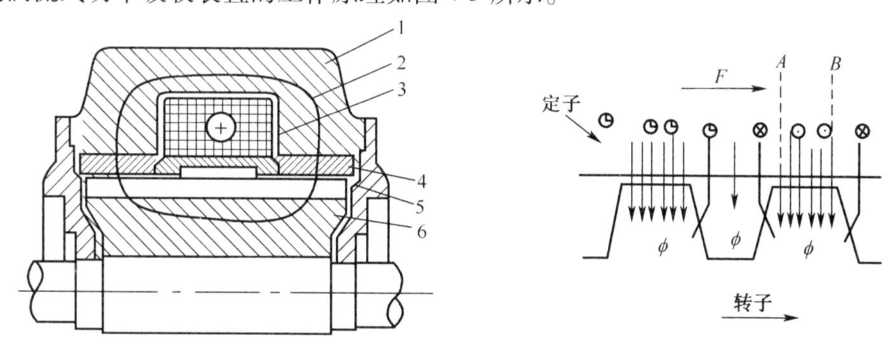

图 4-5　电涡流式功率吸收装置

1—磁轭；2—磁力线；3—励磁绕组；4—涡流环；5—空气隙；6—感应子。

当励磁线圈通以直流电时，在转子与铁芯间隙就有磁力线通过，此间隙的磁通分布在转子齿顶处的磁通密度最大，而通过齿槽处的磁通密度最小。当转子以转速 n（r/min）旋转时，则在 A 处的磁通就减少。由磁感应定理可知，此时在定子的涡流环内产生感应电动势，阻止磁通的减小，于是就有电涡流产生，电涡流方向用右手定则判定。

当测功机转子以转速 n（r/min）转动，且给励磁线圈加一定的电流时，可摆动的定子外壳就产生一定的阻力矩 T（Nm），便得到吸收功率阻力矩 P。

$$P = T \cdot n/9549\ (\text{kW})$$

（3）惯性模拟装置。

汽车在道路上行驶时汽车本身具有一定的惯性能，即汽车的动能；而汽车在底盘测功机上运行时车身静止不动，使车轮带动滚筒旋转，在汽车减速工况时，由于系统的惯量比较小，汽车很快停止运行，所以检测汽车的减速工况和加速工况时，汽车底盘测功机必须配备惯性模拟系统，如图 4-6 所示。

汽车在道路上平移动能：

$$E_1 = \frac{1}{2}mv^2$$

底盘测功机运行时旋转元件具有动能：

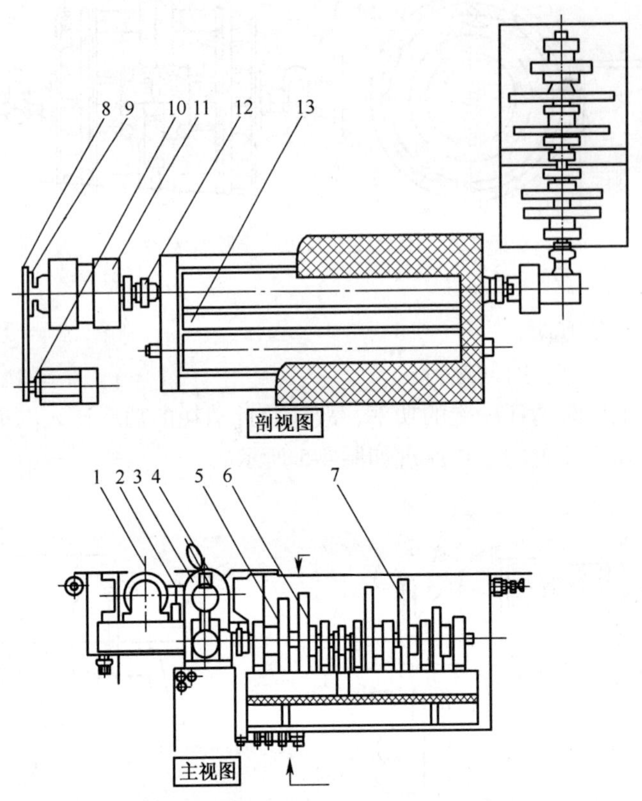

图 4-6 惯性模拟系统

1—滚筒；2—举升器；3—变速器；4—挡轮；5—小飞轮；6—电磁离合器；7—大飞轮；8—传动链；9—超越离合器；10—拖动电机；11—功率吸收装置；12—双排键联轴器；13—举升板；14— 。

$$E_2 = \sum \frac{1}{2}J \cdot \omega^2$$

式中 m——汽车的质量；

v——汽车在道路上行驶的车速；

J——汽车底盘测功机台架旋转元件的转动惯量；

ω——汽车底盘测功机台架旋转元件的角速度。

在忽略汽车非驱动轮的旋转惯量的前提下，汽车底盘测功机台架为了模拟道路应满足的条件为

$$E_1 = E_2$$

又因

$$v = \omega \cdot R$$

式中 R——滚筒半径。

可得

$$J = m \cdot R$$

汽车底盘测功机台架转动惯量是通过飞轮来实现的，目前由于对汽车台架的惯量没有制定相应的标准，因而国产底盘测功机所装配的惯性飞轮的个数不同，且飞轮惯量的大小也不同。飞轮的个数越多，则检测精度越高。

所谓反拖系统是采用反拖电机带动功率吸收装置、滚筒、车轮以及汽车传动系的一种装置，如图4-7所示，其基本结构由变频电机、滚筒、轮胎、扭矩仪（或电机悬浮测力装置）等组成。

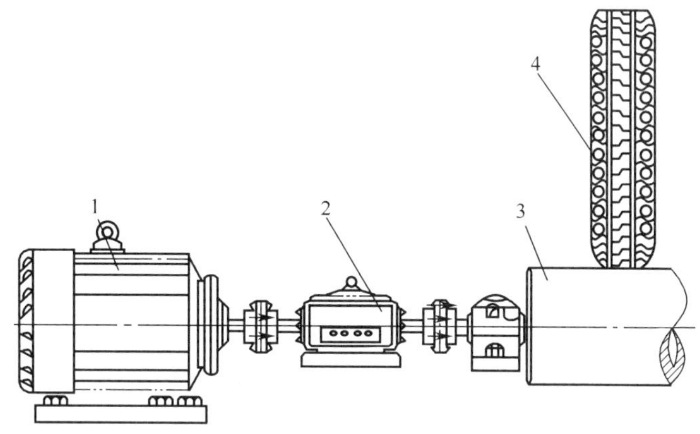

图4-7　带有反拖装置的底盘测功机

1—变频电机；2—扭矩仪；3—滚筒；4—轮胎。

其特点是：

①可以方便地检测汽车底盘测功机台架的机械损失；

②可以检测汽车传动系、主减速器、车轮与滚筒以及台架机械系统的阻力损失，但值得注意的是，在检测过程中，主减速器、车轮与滚筒的正向拖动与反向拖动阻力与差异，目前尚未得到广泛应用。

2）底盘测功机采集与控制系统

（1）车速信号采集

目前国内检测线用的汽车底盘测功机所采用的车速信号传感器可以分为以下几个类型：

①光电式车速信号传感器：图4-8所示为直射式光电车速传感器的工作示意图，它由光源、带孔圆盘（光栅）和光敏管组成。汽车车轮在光滚筒上滚动时，带动光栅以一定的转速旋转，光源连续发光，当光束通过光栅上的小孔时，光束照到光敏管上，使它产生相应的电脉冲信号。此信号送入计数器即可得到被测轴的转速。车速信号有两种，其一是单位时间计数（频率），其二是测脉宽（周期），两者均可得到滚筒的转速信号，根据滚筒的半径及光栅盘上小孔的个数可得到车速信号。

②磁电式车速传感器：图4-9所示为磁电式传感器的工作示意图。它由旋转齿轮、永久磁铁及感应线圈等组成。汽车车轮在光滚筒上滚动时，带动齿轮以一定速度旋转，当磁电传感器对准齿顶时，磁电传感器感生电动势增强，同理，当磁电传感器对准齿槽时，磁电传感器感生电动势减弱，由于磁阻的变化，磁电传感器输出的电压信号为交变信号。因信号较弱（一般在3mV左右），所以必须经过信号放大整形电路，将交变信号变为脉冲信号，送入CPU高速输入口（HSI），以获取车速信号。

③霍耳传感器：图4-10所示为霍耳车速传感器的工作示意图。汽车在滚筒上滚动时，带动转盘旋转，当霍耳传感器（霍耳元件）对准永久磁铁时，磁场强度增强，产生霍尔效应，输出电压可达10mV，当霍耳传感器远离磁场时，输出电压降至0V，这样可得到脉冲信号，送入CPU高速输入口（HSI），通过检测脉冲频率或周期，便可得到车速信号。

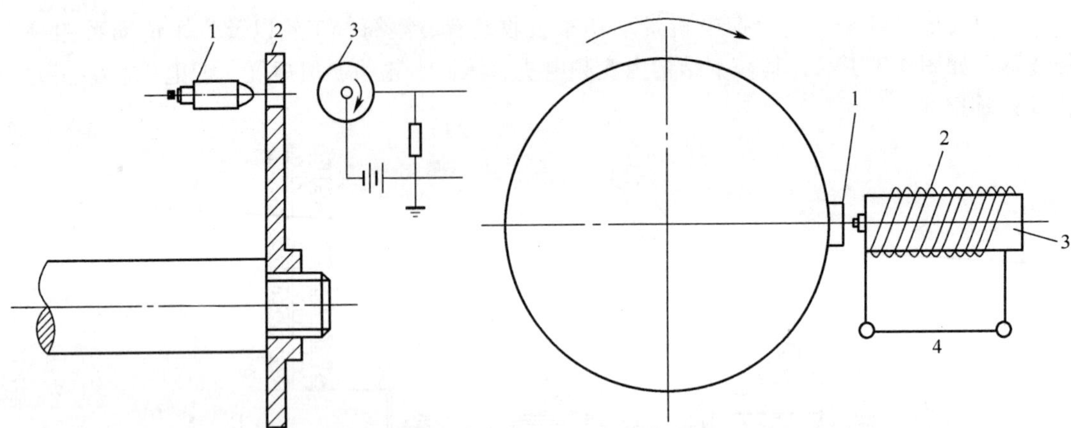

图 4-8　直射式光电车速传感器工作示意图

1—光源；2—带孔圆盘（光栅）；3—光敏管。

图 4-9　磁电式车速传感器工作示意图

1—销子；2—绕组；3—永久磁铁；4—脉冲电压变换器。

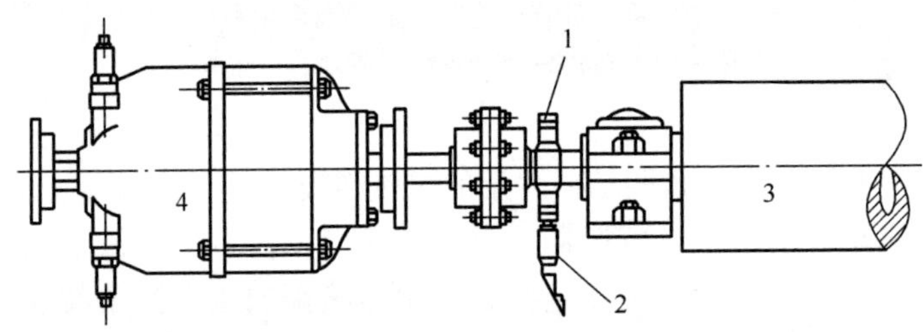

图 4-10　霍耳车速传感器工作示意图

1—充电齿轮；2—霍耳传感器；3—滚筒；4—功率吸收装置。

④测速电机：图 4-11 所示为测速电机工作示意图。汽车车轮在滚筒上滚动时，带动测速电机旋转，测速电机产生的电压正比于滚筒转速，通过 A/D 采集可得到车速信号。

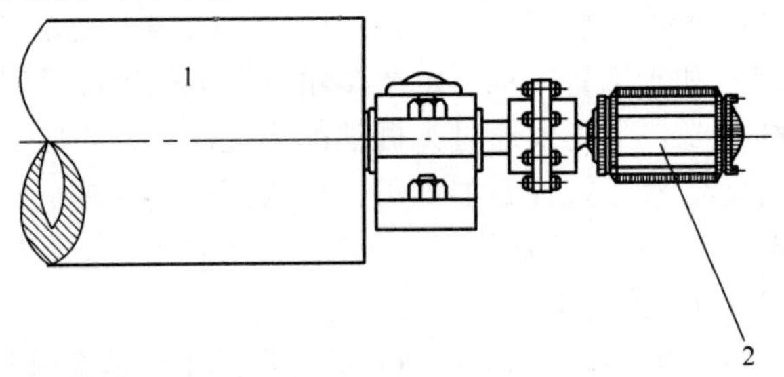

图 4-11　车速电机工作示意图

1—滚筒；2—测速电机。

（2）驱动力信号

汽车底盘测功机驱动力传感器可分为两种，一种是拉压传感器，安装图如图 4-12（a）所示；另一种是位移传感器，其安装图如图 4-12（b）所示；它们一边连接功率吸收装置的外壳，另一边连接机体。

功率吸收装置在工作过程中，无论是水力式、电涡流式，还是电力式功率吸收装置，其外壳都是浮动的。以电涡流式为例，当线圈通过一定的电流时，就产生一定的涡流强度。对转子来说，电磁感应产生的力偶的作用方向与其转动的方向相反。当传动器固定

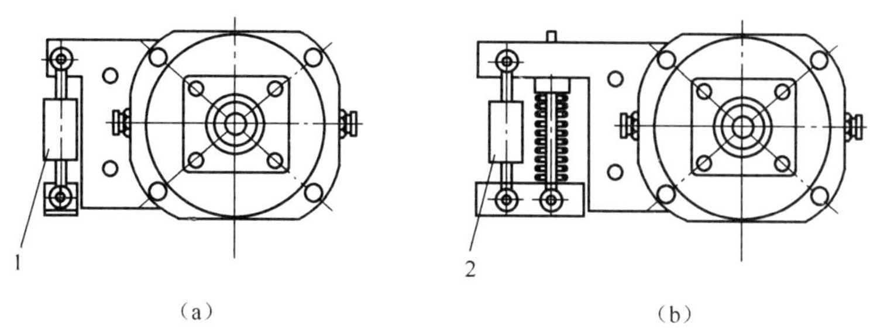

图 4-12　驱动力传感器安装示意图

(a) 拉压传感器安装图；(b) 位移传感器安装图。

1—拉压传感器；2—位移传感器。

后，外壳上的力臂对传感器就有一定的拉力或压力（与安装的位置有关），拉压传感器在工作时，传感器受力产生应变，通过应变放大器可得到一定的输出电压，这样将力信号转变成电信号来处理，通过标定，可以得到传感器的受力数值。

（3）汽车底盘测功机控制系统

①电涡流式加载装置可控性好，结构简单，质量轻，便于安装，在底盘测功机中得到广泛的应用。

众所周知，汽车在行驶过程中存在滚动阻力、加速阻力和坡道阻力，其中加速阻力通过惯性飞轮模拟。通过台架模拟道路必须选用加载装置，要想控制它，就必须知道控制电压及电流。电涡流式加载装置控制系统框图如图 4-13 所示。

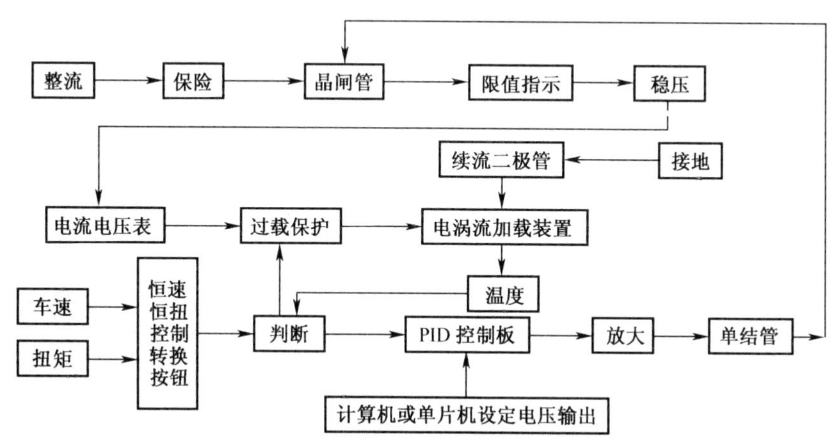

图 4-13　电涡流式加载装置控制系统框图

②汽车底盘测功机常见的位控信号有举升机升降控制或滚筒锁定控制、电磁阀控制、飞轮控制、车辆检测灯控制、手动或自动控制等信号，它们常常通过计算机或单片机 I/O 输出板（8155 或 8255 等），再经过信号放大、驱动来实现。

3）安全保障系统

安全保障系统包括左右挡轮、系留装置、车偃、发动机与车轮冷风机，其作用如下：

（1）左右挡轮的目的是防止汽车车轮在旋转过程中，在侧向风的作用力的作用下驶出滚筒，对前驱动车辆更应注意；

（2）系留装置是指地面上的固定盘与车辆相连，以防车辆高速行驶时，由于滚筒的卡死飞出滚筒；

（3）车偃的作用之一是防止车辆在运行过程中，车体前后移动，同时也达到与系留作用相同的功能；

（4）发动机与车轮冷却风机是防止车辆在运行过程中发动机和车轮过热。

4）引导、举升及滚筒锁定系统

（1）引导系统

引导系统也称司机助手，其作用是引导驾驶员按提示进行操作。提示的方法有两种，一种是显示牌，另一种是大屏幕显示装置。

①显示牌一般与计算机的串行通信口相连，当计算机对显示牌初始化后，便可对显示牌发送 ASCII 码与汉字，以提示驾驶员如何操作车辆及显示检测结果。

②大屏幕显示器通过 AV 转换盒与计算机相连，AV 转换盒的目的是将计算机的数字信号转换成视频信号供电视机使用，如图 4-14 所示。

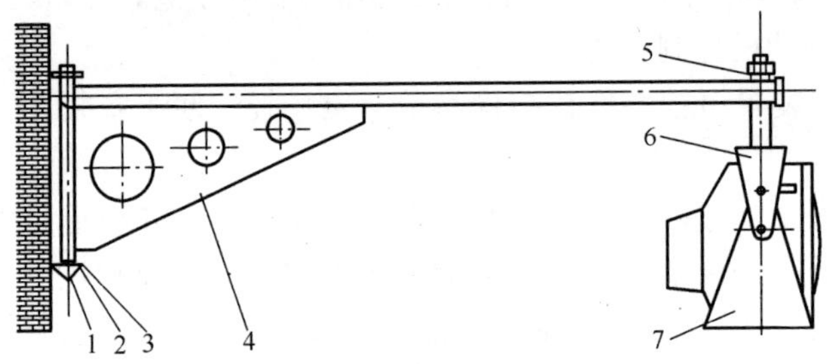

图 4-14　大屏幕显示装置

1—转轴；2—开口销；3—支架；4—悬臂；5—小转轴；6—电视机吊架；7—电视机座。

（2）举升装置

升降系统的类型较多，底盘测功机常用类型有：

①气压式升降机（如图 4-15 所示），它是由电磁阀、气动控制阀及双向气缸或橡胶气囊组成，在气压力的作用下，气缸中的活塞便可上下运动以实现升降目的。

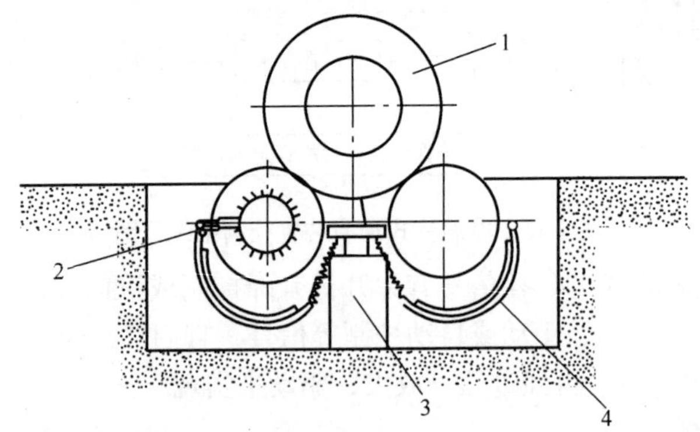

图 4-15　气压式升降机

1—车轮；2—滚筒转速传感器；3—举升器；4—滚筒制动装置。

②液压式举升装置通常由磁阀、分配阀、液压举升缸等组成。在液压作用下，举升缸活塞向上移动，实现举升目的。

(3) 滚筒锁止系统

棘轮棘爪式锁止系统装置如图4-16所示，它由双向气缸、棘轮、棘爪、回位弹簧、杠杆及控制器组成，通过控制器控制压缩空气的通断，当某一方向通气后，空气推动气缸活塞运动控制棘爪与棘轮离合以达到锁止或放松的目的。

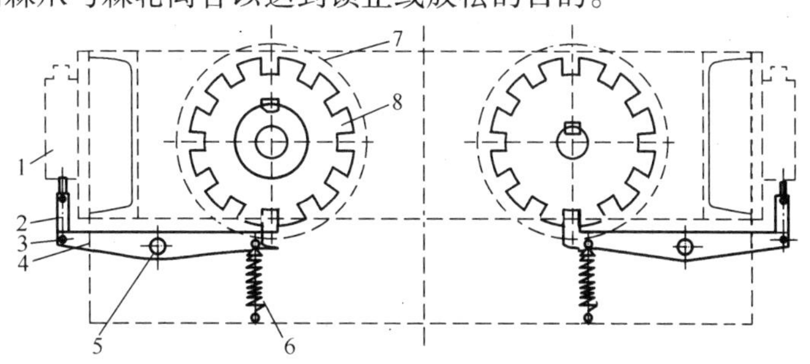

图4-16 滚筒锁止系统示意图

1—双向气缸；2—拉杆；3—链接销；4—棘爪；5—固定销；6—回位弹簧；7—滚筒；8—棘轮。

3. 影响底盘测功机测试精度的因素

为了确定底盘测功机的试验精度，必须分析在汽车检测过程中影响汽车底盘输出功率测定值的因素。

1）机械阻力对汽车底盘输出功率测定值的影响

汽车底盘测功机的台架机械损失主要包括支承轴承、连轴器、升速器等，在车轮带动滚筒旋转过程中，由于摩擦力的存在又消耗一定的功率，用倒拖方法可以测出不同车速下底盘测功机台架的机械阻力所消耗的功率（不含升速器的机械损耗），如图4-17所示。

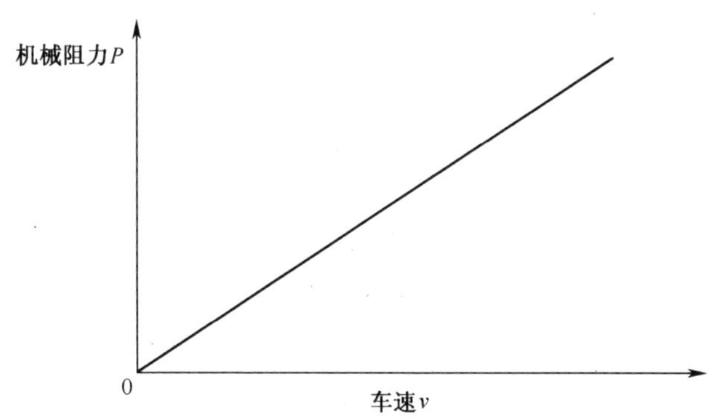

图4-17 底盘测功机台架机械阻力所消耗的功率与车速的关系

由于台架阻力消耗了汽车部分驱动力功率，在检测汽车底盘输出功率时，必须计入机械阻力所消耗的功率。

另外，有些底盘测功机在滚筒与功率吸收装置间安装有升速器，要求升速器外壳必须是浮动的，并安装拉压传感器以检测传动扭矩。由于升速器的搅油损失和机械损失不仅与加注润滑油量的多少有关，而且还随温度的变化而变化，使台架机械损失难以测得，增大了检测误差。

2）风冷式电涡流功率吸收装置的冷却风扇对汽车底盘输出功率测定值的影响

风冷式电涡流功率吸收装置采用冷却风扇励磁线圈进行散热，由于冷却风扇与转子为一体，当转子转动时，冷却风扇自身将消耗一定的驱动功率，且与转子速度的三次方成正比，因此，当底盘测功机安装有风冷式电涡流功率吸收装置时，必须给出风扇消耗功率与转子转速（或车速）的数学模型，以便计入底盘输出功率中。

3）滚动阻力对汽车底盘输出功率测定值的影响

车轮滚动时，轮胎与路面的接触区域产生法向、切向的相互作用力以及相应的轮胎和支承路面的相对刚度确定了变形的特点。当弹性轮胎在硬质的钢制光滚筒上滚动时，轮胎的变形是主要的，此时由于轮胎内部摩擦产生弹性迟滞损失，使轮胎变形时对它做的功不能全部收回，此能量消耗在轮胎各组成部分间摩擦及橡胶、帘线等物质的分子间的摩擦，最后转化成热能消失在大气中，这种损失即为弹性物质的迟滞损失。

因为滚动阻力系数与模拟道路面的滚筒种类、行驶车速以及轮胎的构造、材料、气压等有关，所以，对其影响因素分析是必要的，具体分析如下：

（1）钢制光滚筒对滚动阻力系数的影响

①滚筒的半径 r 越大，在车轮滚动时轮胎的变形量就越小，也就是说弹性迟滞损失就越小。

②在加工过程中滚筒的椭圆度、同轴度越小，轮胎在滚筒上的运转就越平稳，当车速一定时滚动阻力系数的波动范围就越小，故滚动阻力系数随滚筒加工精度的提高而减小。

③国内在用的底盘测功机滚筒表面有两种，一种是常见的光滚筒即表面未经处理的滚筒，另一种是表面喷涂有耐磨硬质合金的滚筒。前者由于滚筒表面较光滑，附着系数约为0.5，汽车车轮在行走时，除滚动阻力外还有滑拖现象。后者采用表面喷涂技术，将滚筒表面的附着系数提高到0.8左右，接近于一般路面的附着系数，则可避免滑拖现象。

④滚筒中心距 L 是指底盘测功机前后两排滚筒支承轴线之间的距离，随着滚筒中心矩的增加，汽车车轮的安置角随之增大，前后滚筒对车轮支承力也随之增大，这样将导致车辆在测功机台架上运行滚动阻力增大。

（2）轮胎气压对滚动阻力系数的影响

轮胎气压对滚动阻力系数的影响很大，气压低时在硬质路面上轮胎变形大，滚动时迟滞损失增加，为了减少该项所引起的检测误差，要求在动力性检测前必须将轮胎气压充至标准气压。

4）数据处理

目前底盘测功机显示的数值，有的是功率吸收装置的吸收功率的数值，有的是驱动轮输出的最大底盘输出功率的数值。对于显示功率吸收装置所吸收功率的数值，在检测结果的数据处理时，必须增加汽车在滚筒上滚动阻力消耗的功率、台架机械阻力消耗的功率及风冷式功率吸收装置的风扇所消耗的功率，其计算式应为：

汽车底盘最大输出功率 = 功率吸收装置所消耗的功率 + 滚动阻力所消耗的功率 + 台架机械阻力所消耗的功率 + 风冷式功率吸收装置冷却风扇所消耗的功率

4. 汽车底盘测功机的使用与维护

底盘测功机是整车汽车动力性检测的必备设备，必须由专人负责管理，定期进行检查、使用和维护。

1）使用

（1）使用前的车辆准备工作：

①车辆外部清洗干净；

②不容许轮胎花纹中夹有石粒；

③轮胎气压符合标准；

④发动机底壳机油油面应在允许范围内；

⑤发动机机油压力应在允许范围内；

⑥自动变速器（液力变扭器）的液面应在规定的范围内。

（2）汽车底盘测功机的使用：

①开机前必须按使用说明书的要求，对底盘测功机做好准备工作；

②按规定程序操作；

③惯性模拟系统除进行多工况油耗试验、加速、滑行试验外，不允许任意使用；

④突然停电时，引车驾驶员应立即松油门并挂空挡；

⑤引车驾驶员必须严格按引导系统提示操作。

2）维护

（1）日常检查：

①对于采用水冷电涡流式及水涡流功率吸收装置，要求检查冷却水管路是否有渗漏现象；

②润滑系统是否有漏油现象；

③带有扭力箱、升速器的装置，检查滚筒轴承、飞轮轴承是否有发热现象；

④是否有杂物。

（2）每六个月检查项目：

①各部螺栓紧固情况（紧固）；

②循环水池积垢情况（清除）；

③冷却水滤清器堵塞情况（清洗）。

（3）定期标定：

①车速传感器：1 次/年；

②牵引力传感器：1 次/年。

对于经常使用的汽车底盘测功机，严格按其说明书进行定期标定。

二、第五轮仪

进行车辆道路试验时，为了测量车辆的行程和速度，虽然可以利用车辆里程表和速度表，但这种方法不准确。因为车辆驱动轮的滚动半径直接受驱动力矩、地面对轮胎的切向反作用力、车轴载荷、轮胎气压及磨损程度等因素的影响。此外，车用里程表和速度表本身精度也较低。为了消除这些因素对测量精度的影响，故采用第五轮仪。

第五轮仪可以分接触式和非接触式两种。接触式第五轮仪，应用较多的是单片机控制的第五轮仪，如图 4-18 所示，由第五轮仪、传感器、二次仪表（信号处理、记录、显示等）及安装机架等部分组成。

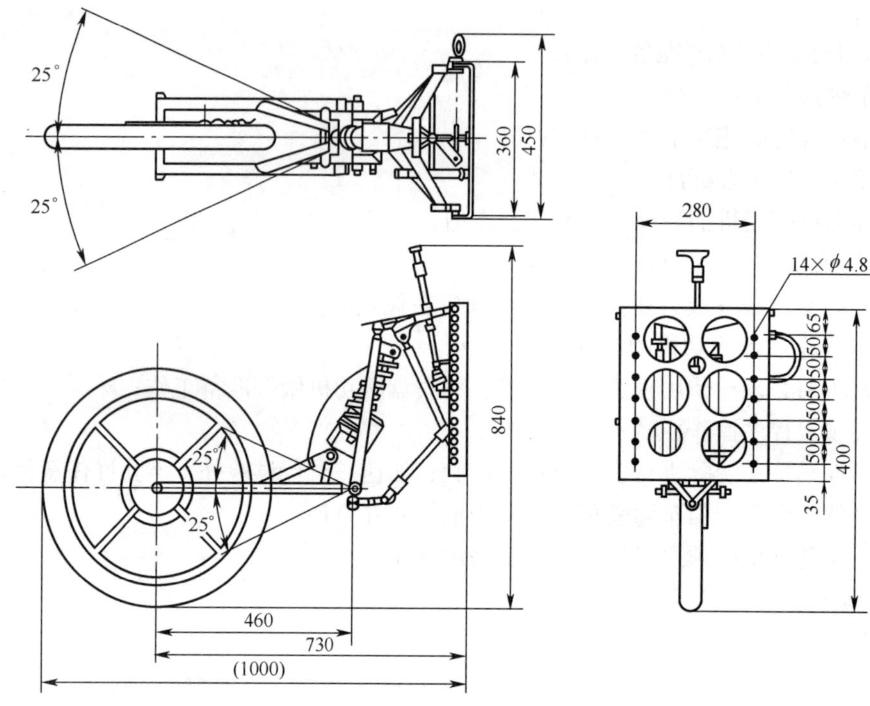

图 4-18　接触式第五轮仪

非接触式第五轮仪以计算机为核心部件，配以相应的 I/O 接口及外设，不需要路面接触或设置任何测量标志，采用光电相关滤波技术，安装在车上的光电路面探测器（简称光电头）照射路面，把路面图像变换为频率信号，用于汽车动力性、制动性和燃油经济性能的测试。它主要由光电头、二次仪表（微处理器、键盘、LED 显示器、微型打印机及接口等）及安装机架等组成，如图 4-19 所示。

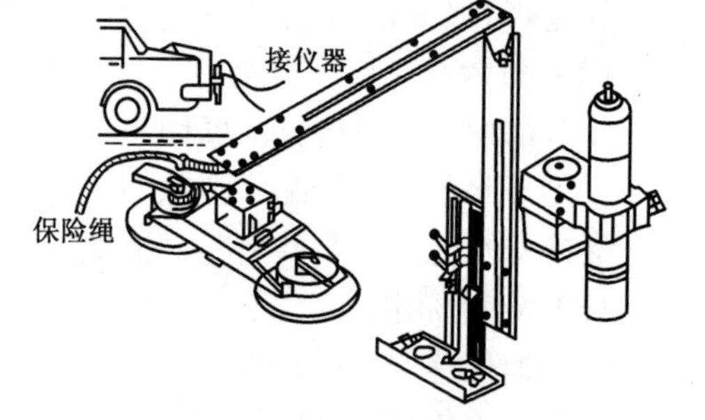

图 4-19　非接触式第五轮仪

1. 传感器部分

接触式第五轮仪传感器部分主要包括第五轮仪和安装在轮架上的磁电传感器和齿轮盘，如图 4-20 所示。当第五轮仪转动时，由于磁电传感器磁场强度发生变化，致使传感器内线圈产生交变信号，通过整形电路，将连续的脉冲信号送入二次仪表，通过计数器，便可知行驶距离。在测试过程中，通过检测脉冲周期，便可得出瞬时车速。非接触式第五轮仪传感器主要由一个系统和电池组成，如图 4-21 所示。光电探测器是由于路面图像的移动使光电池输入宽带随机信号，其主频与车速成正比关系，通过空间滤波器将与车速成正比的主频检出，送入二次仪表进行速度运算和距离计数。

2. 记录部分

如图 4-22 所示，接触式第五轮仪由电感式行程传感器 1 发出汽车行程的信号，一般一个信号等于汽车行驶 1cm 行程。石英晶体震荡器 2 发出时间信号，作为采样时标准控

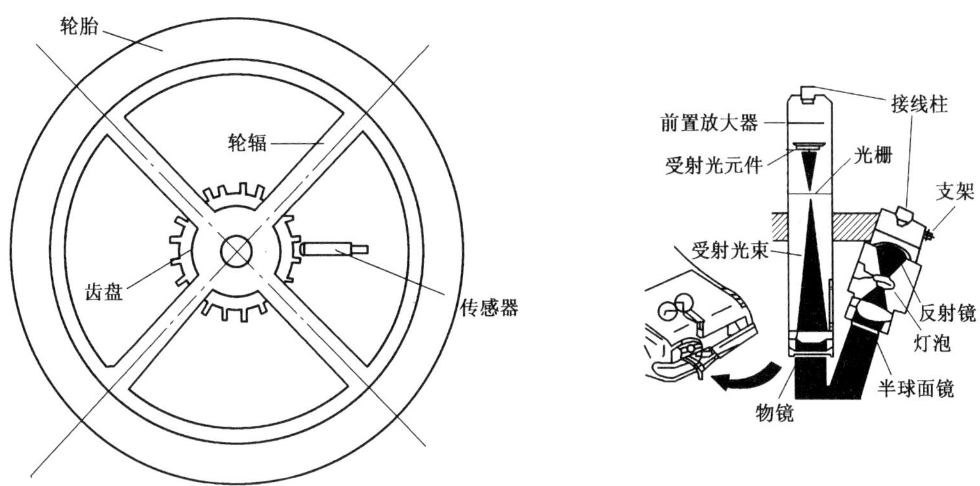

图4-20 接触式第五轮仪传感器

图4-21 非接触式第五轮仪传感器

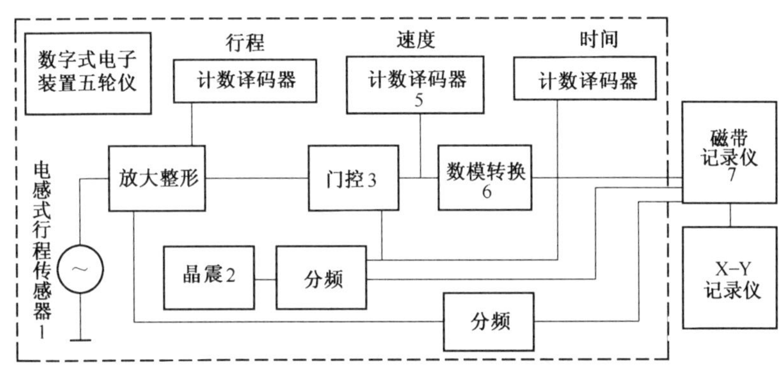

图4-22 第五轮仪的数字电子装置框图

制门控3，由计数译码器计数，用数码器5显示一定时间间隔内汽车的行程，即该段时间中的平均速度，时间间隔一般为36ms。除用数码器显示车速外，也能经过数模转换6，将数字变量的模拟量（电压）输至磁带记录仪，在加速性能试验中，即可由数字显示读得加速时间的数值，也能用磁带记录仪记录整个加速过程，试验完毕后，X-Y记录仪可直接得到加速行程曲线（如图4-23所示）。

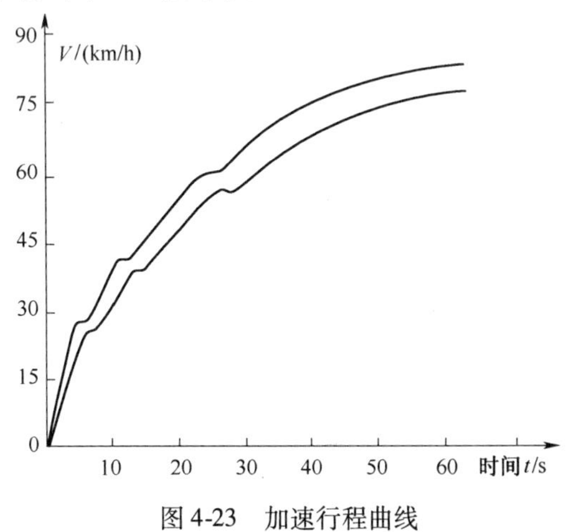

图4-23 加速行程曲线

二次仪表以计算机为核心，第五轮仪的记录通过仪表中的单片机来实现。当选择完相应的功能键，并检查、设置传感器系数后按下开始键，在试验过程中即可打印试验过程，也可打印试验曲线。

使用方法可见使用说明书。

三、无负荷测功仪

发动机的动力性评价指标是额定功率和转矩，评价指标的确切数值只能在发动机台架试验中才能得到，在发动机不离车的情况下只能用其他的方法对动力性进行间接地判断。

发动机功率测试可采用稳态测功和动态测功两种形式。稳态测功是对发动机功率测量的一种台架试验，指发动机在节气门开度（或油量调节机构位置）一定、转速一定及其他参数都保持不变的稳定状态下，在测功器上测定发动机功率的一种方法。多为发动机设计、制造，院校和科研单位做性能试验所采用，其缺点是测功时费时费力、成本较高，并且需要大型、固定安装的测功器。因而，在一般的汽车运输企业、汽车维修企业和汽车检测站中采用不多。由于稳态测功时，需要对发动机施加外部负荷，所以也称为有负荷测功或有外载测功。而在不解体检测中常用动态测功，动态测功是在发动机节气门开度和转速等均为变动的状态下，测定发动机功率的一种方法。由于动态测功时无需对发动机施加外部载荷，所以又称为无负荷测功或无外载测功。

1. 无负荷测功原理

无负荷测功是基于动力学的原理。把发动机的所有运动部件看成一个绕曲轴中心线转动的简单回转体。当发动机在怠速或某一空载低转速运转时，突然全开节气门加速运转，此时发动机产生的动力，除克服各种内部运动阻力矩外，将使曲轴加速运转，即发动机以自身运动机件为载荷加速运转。如果被测发动机的有效功率越大，则曲轴的瞬时角加速度也越大，而加速时间越短。所以，只要测得角加速度和加速时间，就可以间接获得发动机功率。

无负荷测功原理可分为两类：一类是用测定瞬时角加速度的方法测量瞬时有效加速功率；另一类是用测定加速时间的方法测定平均有效加速功率。

1）瞬时有效加速功率测量

有效转矩与角加速度的关系为

$$P_e = \frac{M_e \cdot n}{955} = J \cdot \frac{\pi}{30 \cdot 9550} \cdot n \cdot \frac{dn}{dt}$$

$$J \cdot \frac{\pi}{30 \cdot 9550} = C$$

$$P_e = C \cdot n \frac{dn}{dt}$$

上式表明，发动机加速过程中，在某一转速 n（单位）下的有效功率 P_e 与该转速下的瞬时加速度 dn/dt 成正比。因此，只要测出加速过程中的这一转速和对应的瞬时加速度，即可求出该转速下的有效功率。对于一定型号的发动机，其转动惯量 J 为一常数，如解放 CA10B 型发动机的转动惯量为 $0.94438kg \cdot m^2$。所以，测量某一转速下的功率，只需测量出该转速下的角加速度，即可得出全部加速过程中发动机的外特性。

2）平均有效加速功率的测量

$$P_{em} = A/\Delta T = C\ (n_2^{\ 2} - n_1^{\ 2})\ /\Delta T$$

由上式可知，发动机在起止转速范围内的平均有效加速功率与其加速时间成反比。即当发动机的节气门突然全开时，发动机由起始转速加速到终止转速的时间越长，则其有效加速功率越小；反之则越大。因此，只要测得发动机在设定转速范围内的加速时间，便可得出平均有效加速功率。

2. 无负荷测功仪使用方法

目前，最常用的发动机功率检测仪器有两种。一种是便携式发动机无负荷测功仪，如图 4-24 所示；另一种是发动机综合测试仪，如图 4-25 所示。

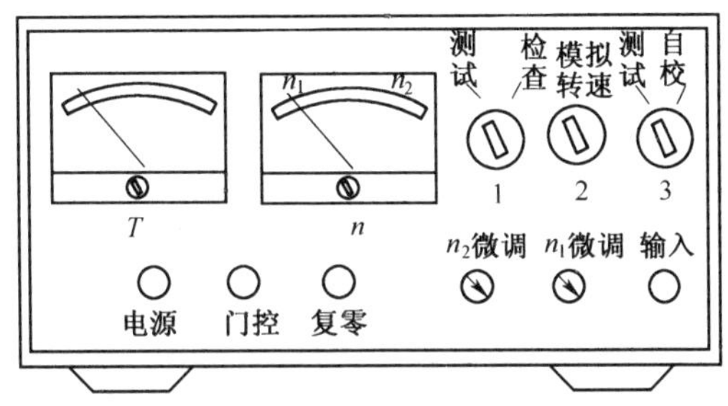

图 4-24　便携式无负荷测功仪面板

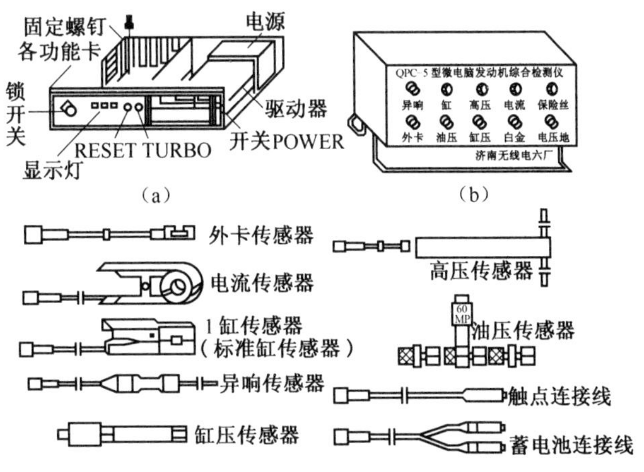

图 4-25　发动机综合测试仪

测量仪目前采用的测量方法一种是测量瞬时加速度；一种是测量加速时间。在国产发动机检测仪中，有的采用通过测角加速度以确定瞬时功率的测试原理，如天津 YT-416 型发动机检测仪；有的采用通过测试加速时间以测定平均功率的测试原理，如济南 WFJ-1 型发动机检测仪。

1）测量瞬时加速度

测量瞬时加速度是通过测量加速过程中某一转速的加速度，从而获得瞬时功率。仪器主要由传感器、整形装置、时间信号发生器、计数器和控制装置、转换分析器、转换开关、功率指示表、转速表和电源等组成。

电磁感应式传感器装在离合器壳上一个特制的加工孔内，与飞轮齿顶保持2~4mm的间隙，属于非接触式。当飞轮转动时，传感器内产生脉冲频率信号，每分钟脉冲信号频率除以飞轮齿数，就可获得发动机的转速。从传感器传来的脉冲信号，通过整形、放大（把脉冲信号的频率放大2~4倍，目的是为了提高仪器的灵敏度）后变成矩形触发脉冲信号。矩形触发脉冲信号被输入加速度计数器，并且只有发动机转速加速到规定值时，整形装置才输出触发脉冲信号，触发脉冲信号通过控制装置触发加速度计数器工作，计算一定时间间隔内输入的脉冲数，并把这些脉冲数累加起来。

时间间隔由时间信号发生器控制。第一时间间隔的脉冲数与发动机转速成正比，后一时间间隔和前一时间间隔脉冲数的差值则与发动机的加速度成正比，而发动机的有效功率又与加速度成正比。转换分析器能把计数器输出的脉冲信号，亦即与功率成正比的相对加速度脉冲信号变成直流电压信号，然后输入功率指示表。该指示表可按功率单位标定，因而可直接读得功率数。时间间隔取得越小，测得的有效功率就越接近瞬时有效功率。

2）测量加速时间

测量加速时间是通过测量加速过程中某一转速范围内的加速时间，从而获得平均加速功率。仪器主要由转速信号传感变压器、转速脉冲整形装置、起始转速 n_1 触发器、终止转速 n_2 触发器、时标、计算与控制装置和显示装置等组成，其原理框图如图4-26所示。

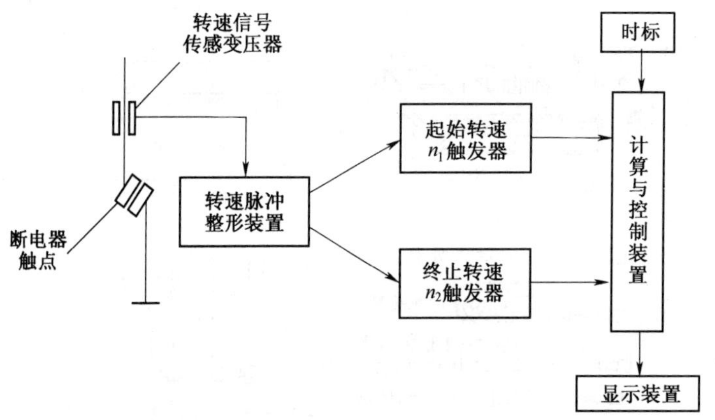

图4-26　无负荷测功仪工作原理

这种仪器能把来自点火系初次电路断电器触点开闭一次的电流感应信号，作为发动机转速的脉冲信号，经整形装置整形为矩形触发波，并变为平均电压信号。当发动机节气门突然全开加速到起始转速时，与对应的电压信号通过触发器触发计算与控制电路，使时标信号进入计数器并寄存。当发动机加速到终止转速时，与对应的电压信号通过触发器又去触发计算与控制电路，使时标信号停止进入计数器，并把寄存器中的时标脉冲数经数模转换随时转换成电流信号，在显示装置的电表上按加速时间或直接标定成功率显示。

3）检测发动机最大输出功率的数据处理

依据JT/T 198—95《汽车技术等级评定标准》的规定，所测定发动机最大输出功率应与发动机的额定功率相比较。为此，发动机最大输出功率的计算式应为

发动机最大输出功率 P_{max} = 附件消耗功率 P_1 + 传动系统消耗功率 P_2 + 底盘最大输

出功率 DP_{max}。

所以，在测得底盘最大输出功率之后，应增加传动系统消耗功率 P_2 及附件消耗功率 P_1，才可确定发动机最大输出功率 P_{max}。若该汽车发动机额定功率为净功率，不包括发动机附件消耗功率 P_1，则处理后发动机最大输出功率 P_{max} 的数值为 $P_{max}=P_2+DP_{max}$。

用发动机无外载测功仪测得的发动机功率 P，若该汽车发动机的额定功率为总功率，而不是净功率，则所测得的功率 P 应加发动机附件消耗功率 P_1 后才可与额定功率相比较。

任务 4.2　汽车燃油经济性检测

4.2.1　任务实施

一、实施目的

在某一道路条件下测定汽车等速行驶的燃料经济特性。

二、所用仪器和设备

(1) 燃油流量计；
(2) 皮卷尺；
(3) 秒表；
(4) 综合气象观测仪；
(5) 标杆。

三、检测方法和步骤

本任务是测定在某一道路条件下，汽车单位行程的燃料消耗随速度而变化的关系曲线。

选定 500m 作为测量路段，两端应有足够的助跑路段，并可迅速方便地使汽车调头。

实验时，汽车变速器挂上直接挡以稍高于最低稳定车速的速度，被测汽车用 20km/h 的速度驶向测量路段起点前 20 ~ 30m 接通流量计，在测量路段起点和终点开启和关闭燃油流量计，同时测定汽车通过测量路段的时间。同一速度往返各进行一次实验，并取测量结果的平均值，在可能达到的速度范围内，选取的速度点不少于 6 个，从低速开始每次提高行驶速度 5 ~ 10km/h 重复上述实验。

在整个检测过程中，发动机冷却液温度应保持在 80℃ ~ 85℃ 范围内。汽车的行驶速度在距测量路段 100m 以外应达到规定值并保持稳定。

在试验现场按每次试验的燃油流量计读数和通过测量路段的时间（见表 4-2），绘制监督曲线（每测完一点，记录一点），根据监督曲线，重新测定异常的点。

四、检测结果的处理

燃料消耗量的计算式为

$$Q = K\frac{100g}{L}\text{（单位：L/100km）}$$

式中　Q——在测量路段内的燃料消耗量（mL）；

L——测量路段长度（m）；

K——流量计校正系数。

计算速度计算式为

$$u_a = \frac{3.6L}{t}$$

式中　L——测量路段长度（m）；

t——汽车通过测量路段时间（s）。

根据测量结果绘出汽车等速行驶燃料经济特性曲线。

表 4-2　燃料消耗量测量记录表

序号	行驶时间	速度表指示数/（km/h）	冷却水温度/℃	燃料消耗量/mL	时间 t/s	测量路段长度/m	实际车速 v/（km/h）	燃料消耗量 Q/（L/100km）	备注

4.2.2 支撑知识

能源是发展生产和提高生活水平的物质基础。汽车的主要能源是石油产品中的汽油和柴油。随着我国汽车保有量的逐年增加，意味着石油消耗的增长。在汽车运输成本中，汽车燃油消耗的费用占 20% ~30%，提高汽车的燃油经济性，节约燃油对降低汽车运输成本意义重大。同时，汽车的燃油消耗量又与汽车发动机和底盘的技术状况密切相关，因此，汽车的燃油经济性可作为综合指标评价汽车的技术状况。

对汽车燃油经济性的评价，一般是通过汽油消耗量试验来确定的，它是用以评价和故障诊断的重要参考。检测汽车燃油消耗量常通过燃油消耗检测仪测定燃油消耗的容积和质量来表示。在汽车燃油消耗检测中可通过汽车道路试验检测，但更多是在底盘测功试验台上模拟路试来检测其燃油消耗量。

一、汽车燃油经济性检测设备——油耗仪

汽车的燃料消耗量是用油耗仪（包括油耗器和两次仪表）来测量的。而油耗仪种类繁多，按测量方法可分为容积式油耗计、重量式油耗计、流量式油耗计、流速式油耗计。大多数油耗计都能连续、累计测量，但测试的流量范围和流量误差各不相同。

1. 常见油耗传感器的结构原理

1）容积式油耗传感器的结构原理

容积式油耗传感器有容量式和定容式两种。容量式油耗传感器通过累计发动机工作中所消耗的燃料总容量，用时间和里程来计算油耗量。它可以连续测量，其结构有行星活塞式、往复活塞式、膜片式、油泡式等，现以行星活塞式油耗传感器为例予以说明。

其流量检测装置是由流量变换机构及信号转换机构组成。流量变换机构是将一定容积的燃油流量变为曲轴的旋转运动，它是由十字型配置的四个活塞和旋转曲柄构成，其工作原理如图 4-27 所示。

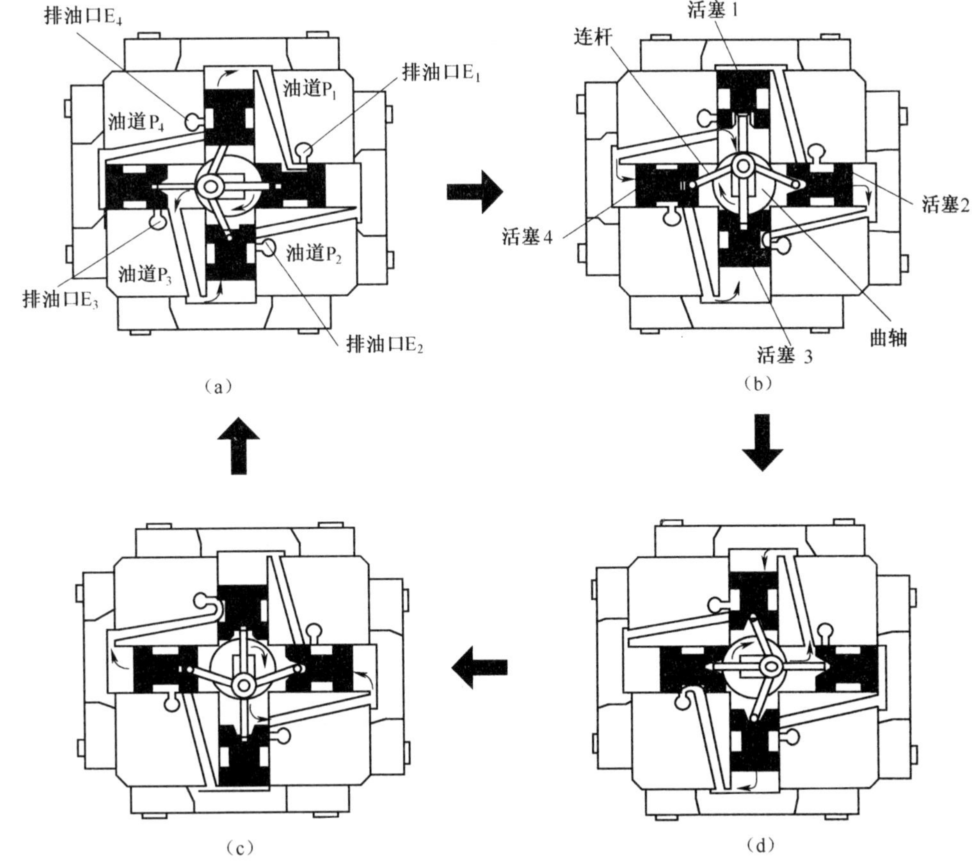

图 4-27　行星活塞式油耗传感器原理图

（a）活塞的行程状态Ⅰ；（b）活塞的行程状态Ⅱ；（c）活塞的行程状态Ⅲ；（d）活塞的行程状态Ⅳ。

燃油在油泵压力下推动活塞运动，活塞运动推动曲柄旋转，曲柄旋转一周即四个活塞各往复运动一次，完成一个排油循环。活塞在油缸中处于进油行程还是排油行程，取决于活塞相对于进排油口的位置。图 4-27（a）表示活塞 1 处于进油行程，从其曲轴箱来的燃油通过 P_3 推动活塞 1 下行，并使曲柄做顺时针旋转，此时活塞 2 处于排油行程终了，活塞 3 处于排油行程中，燃油从活塞 3 上部通过 P_1 从排油口 E_1 排出，活塞 4 处于进油终了。

当活塞和曲柄位置如图 4-27（b）所示时，活塞 1 进油终了，活塞 2 处于进油行程，通道 P_4 导通，活塞 3 排油终了，活塞 4 处于排油行程，燃油从 P_2 经排油口 E_2 排出。同理，可描述位置图（c）、（d）各活塞的进排油口状态。如此往复在燃油泵泵油压力的作用下，就可完成定容量、连续泵油的作用。曲柄旋转一周，各缸分别排油一次，其排油量可用下式确定：

$$V = 4 \cdot \frac{\pi d^2}{4} \cdot 2h = 2h\pi d^2$$

式中 V——四缸排油量（cm^3）；

4——代表四个油缸；

$\pi d^2/4$——代表某一活塞截面积（cm^2）；

$2h$——2 倍的曲轴偏心距（cm）。

信号转换机构如图 4-28 所示，装在曲柄的上端，由主动磁铁、从动磁铁、转轴、光栅板、发光二极管、光敏管、电缆插座及壳体等组成。主动磁铁装在主轴上，从动磁铁装在转轴上，转轴通过轴承支承在壳体内，转轴的上端固定有转动光栅板，在固定光栅上、下方有发光二极管和光敏管。当曲轴转动时，由于一对永久磁铁的吸引作用，转轴及其上的转动光栅也随之转动，通过发光管和光敏管的光电作用，把曲轴的转动变成光电脉冲信号送入计量显示仪，经过内部运算处理后，即可显示出流经的燃油量。

2）质量式油耗传感器

质量式油耗传感器由称量装置、记数装置和控制装置组成，如图 4-29 所示。

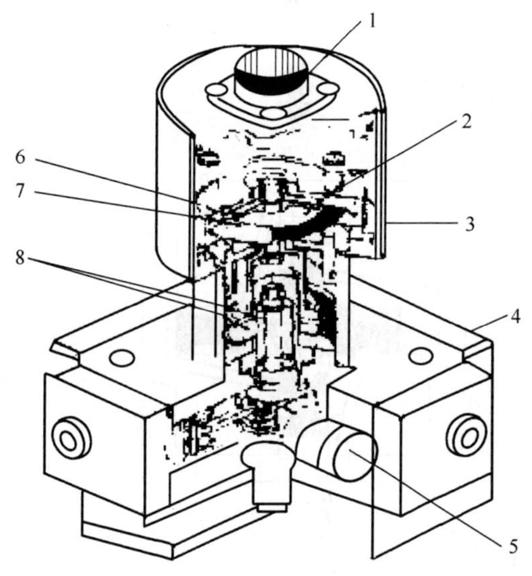

图 4-28 FP 系列四活塞容积式油耗仪传感器

1—信号端子；2—转动光栅；3—转动/脉冲转换部；4—流量/转速转换部；5—活塞；6—磁性联轴节器；7—固定光栅；8—光敏管 LED（对置）。

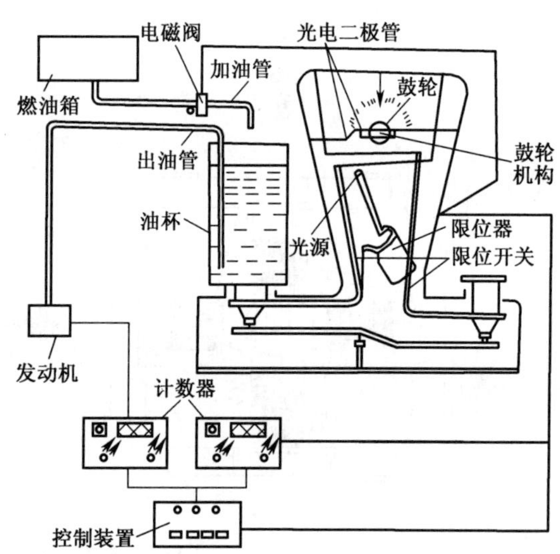

图 4-29 质量式油耗仪

在测量消耗一定质量的燃油所需的时间后，按下式算出单位时间内发动机的燃油消耗量。

$$G = 3.6 \times \omega / t$$

式中 ω——燃油质量（g）；

t——测量时间（s）；

G——燃油消耗量（kg/h）；

称量装置通常利用台秤改制，量程为 10kg，称量误差为 ±0.1%。应该指出的是质量式油耗仪有一个系统误差，即测量时油杯油面发生变化。

伸入油杯中的油管浮力的反作用力也变化，造成称时的系统误差。此项系统误差必须根据汽车油耗量及油杯液面高度变化进行修正。此外，在用（L/100km）油耗量单位时，在换算中必须考虑燃油密度与温度之间的关系。

2. 常见油耗计的使用方法

在路试检测油耗时，一般采用油耗传感器与非接触式或接触式第五轮仪配合使用，在 GB/T 12545—90 下开始路试，以非接触式第五轮仪为例，首先在非接触式第五轮仪上定好测量距离（500m），测量挡位，然后开始检测，当车速稳定到某一测量速度（例如 50km/h），在车速仪上按下“开始”，直至该车跑满 500m 里程（该车速仪由于定好 500m 距离，故在 500m 自动停止计量），随后按下“停止”键，此时，该车在某一车速下 500m 里程所消耗的燃油量和已被换算好的百里耗油量即被打印输出。

由于汽车油耗计的使用频率较高，为保证其检测数据的公正性和确保检测精度，必须有专人维护保管而且应每年进行计量检定。行星活塞式油耗计在维护不当时一般有以下两种常见故障。

1）油耗传感器活塞在传感器缸体中卡死

此故障多发生在使用不干净燃油做油耗试验，由于燃油中有微小颗粒（异物），如果没有清除，那么小颗粒通过油耗传感器入口进入缸内，再由活塞运动到缸壁，容易形成拉缸或卡死现象，故一定要在传感器入口前安装一个燃油滤芯防止异物进入油耗计，而且在不使用油耗计的情况下，在其进出口加套保护，并且保证其表面清洁。

2）油耗传感器无脉冲信号

此故障多发生在传感器被强烈碰撞后，其机械部分尚能正常工作，但无脉冲信号输出。这是由于传感器壳体上部的从动磁铁与下部主动磁铁之间磁场相位因外力而变化，故无脉冲信号输出，所以一定要在检测油耗时固定住油耗传感器以防止发生碰撞后出现上述故障。

如果发生上述故障，只需备用一块磁铁在油耗传感器外部顺时针方向旋转几次即可恢复传感器内原磁场相位。

二、汽车燃油经济性检测

1. 汽车燃油经济性路试检测

汽车燃油消耗量与发动机类型、制造工艺状况、道路条件、气候情况、海拔高度、驾驶技术等多种因素有关。因此其主要试验方法必须有完整的规范。根据中华人民共和国 GB/T 12545—90《汽车燃料消耗量试验方法》规定，汽车在路试条件下燃料消耗量的试验方法如下。

1）试验规范

汽车路试的基本规范可参照 GB/T 12534—90《汽车道路试验方法通则》。

2）试验车辆载荷

除有特殊规定外，轿车为规定载荷的一半（取整数）；城市客车为总质量的 65%；其他车辆为满载，乘客质量及其装载要求按 GB/T 12534—90《汽车道路试验方法通则》规定。

3）试验仪器

试验仪器及精度要求如下：

（1）车速测定仪和汽车燃油消耗仪：精度0.5%；

（2）计时器：最小读数0.1s。

4）试验一般规定

试验的一般规定如下：

（1）试验车辆必须清洁，关闭车窗和驾驶室通风口，只允许开动为驱动车辆必需的设备；

（2）由恒温器控制的气流必须处于正常调整状态。

5）试验项目

（1）直接挡全油门加速燃料消耗量试验；

（2）等速燃料消耗量试验；

（3）多工况燃料消耗量试验；

（4）限定条件下的平均使用燃料消耗量试验。

汽车在进行路试时，一般以等速行驶燃料消耗量试验来检测汽车燃油消耗量，汽车在常用挡位（直接挡），从车速20km/h（当最低稳定车速高于20km/h时，从30km/h开始）开始，以间隔10km/h的整数倍的预选车速，通过500m的测量路段，测定燃油消耗量Δ（mL）和通过时间t（s），每种车速试验往返各进行两次，直到该挡最高车速的90%以上（至少不少于5种预选车速）。两次试验时间间隔（包括达到预定车速所需要的助跑时间）应尽量缩短，以保持稳定的热状态。

各平均实测车速v及相应的等速油耗量的平均Q为

$$Q=\frac{\Delta}{500}\ (\mathrm{mL/m})\ =0.2\Delta\ (1/100)\ (\mathrm{mL/m})$$

$$V=3.6\times 500/t\ (\mathrm{km/h})$$

上式中，t，Δ是预选车速下的平均值。算出Q后正为标准状态下的Q_0。标准状态指：大气温度20℃；大气压力100kPa；汽油密度0.742g/mL；柴油密度0.830g/mL。修正公式为

$$Q_c=\frac{Q_0}{C_1\cdot C_2\cdot C_3}$$

$$C_1=1+0.0025\ (20-T)$$

$$C_2=1+0.0021\ (P-T)$$

$$C_3=1+0.8\ (0.742-\rho)\ \text{（汽油机）}$$

$$C_3=1+0.8\ (0.830-\rho)\ \text{（柴油机）}$$

式中　Q_c——修正后的燃油消耗量（L/100km）；

C_1——环境温度校正系数；

C_2——大气压力校正系数；

T——试验时的环境温度（℃）；

P——试验时的大气压力（kPa）；

ρ——试验时的燃油密度（g/mL）。

各种车速下油耗测试值对其平均值的相对误差不应超过 ±2.5%。

6）绘制等速燃料消耗量特性曲线

以车速为横轴，燃油消耗量为纵轴，绘制等速燃料消耗散点图，根据散点图绘制等速燃料消耗量的特性图，即 Q_c—v 曲线，如图 4-30 所示为某些车型 Q—v 曲线。绘制时应使曲线与各散点的燃油消耗量差值的平均和为最小。

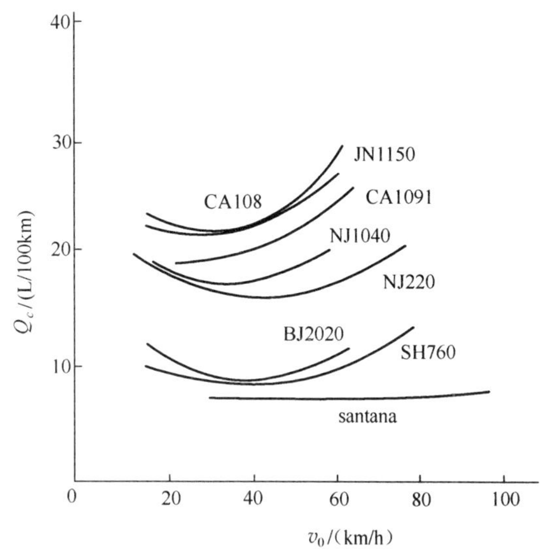

图 4-30　某些车型的等速百公里油耗特性曲线

2. 汽车燃油经济性台式检测

1）准备工作

（1）油路的连接。

图 4-31 所示为油耗传感器在汽油车中的连接方法。这种连接方法的主要特点是把油耗传感器串联在汽油泵到化油器的油路当中，使油耗传感器的入口接汽油泵的出口，使油耗传感器的出口接化油器的入口。

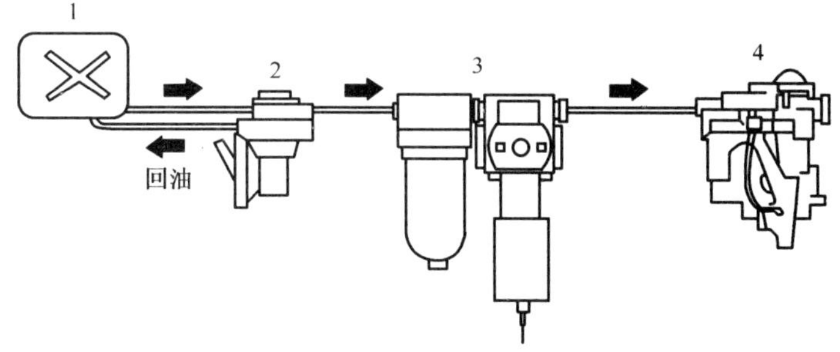

图 4-31　油耗传感器在汽油车中的连接

1—油箱；2—燃油泵；3—油耗传感器；4—化油器。

图 4-32 所示为油耗传感器在柴油车中的连接方法。这种连接方法的主要特点是把油耗传感器串联在油箱到高压油泵的油路当中。值得注意的是应该为其接好回油管路，并且必须把回油管路接在油耗传感器的出口管路上，以免燃油被油耗传感器重复计量使油耗检测失真。图 4-32 的连接方法在小流量测试时没有问题，但在大流量的发动机测量时，由于气穴现象产生气泡，引起测量误差，所以应在油箱和油耗传感器之间装上辅助油泵。

（2）汽油路中空气泡的排除。

排除汽油车检测油路中的气泡是一件很费时的工作，尤其当管路中存在堵塞或泄露情况时，将使空气泡无法彻底排尽。空气泡一旦产生对油耗检测结果的影响非常大，油耗传感器会把空气泡所占的容积当作燃油消耗量计量，使得检测数据高于实际数据，这样会造成测量值的失真。

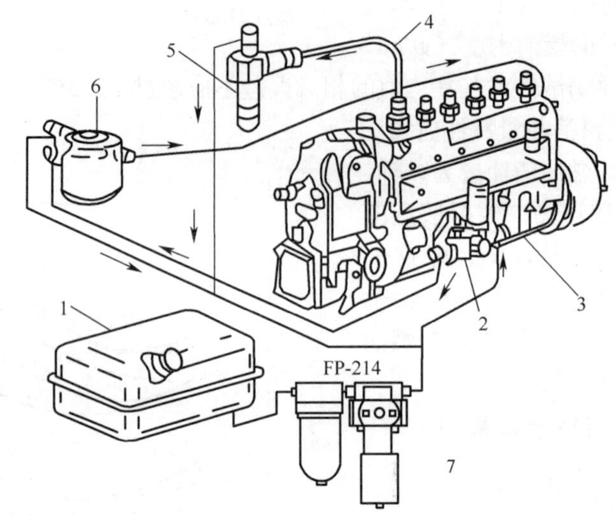

图 4-32　油耗传感器在柴油车中的连接

1—油箱；2—输油管；3—喷油泵；4—油管；5—喷油嘴；6—滤清器；7—油耗传感器。

空气泡产生的原因通常是：

①拆装油管时，原本充盈的油管产生滴漏现象，使得油管装好后里面充满空气泡；

②连接油管时，由于夹箍没夹好，接头处造成渗漏，形成空气泡；

③汽油泵进油阀皮腕老化，密封性下降，造成供压不足，不断形成空气泡；

④由于发动机过热，形成气阻产生空气泡；

⑤从油箱到汽油泵这一段管路局部存在老化、密封性差，不断产生空气泡；

⑥汽油滤清器堵塞或油箱盖上气孔被堵塞，造成汽油泵泵油时形成“真空”，产生空气泡。

做油耗检测时必须排除空气泡，通常可采取以下方法：即把车上油箱到汽油泵的“短路”，装上新的、密封性好的、无堵塞的油路，用性能较稳定的电动汽油泵和汽油滤清器代替原车相应部件，减短油泵到传感器的油管长度，使油泵到油耗传感器的阻力大大减小，从而避免了空气泡对检测结果的不良影响。

（3）柴油路中空气泡的排除。

在柴油车油路中装好油耗传感器后，须用手动泵泵油，以泵油压力排除油路中的空气泡，它与汽油车差别之一在于汽油车可以在发动后排除空气泡，而柴油车必须发动前排尽油路中的空气泡，而柴油车在拆去传感器恢复原油路后仍必须排除油路中刚产生的空气泡。

2）台架检测方法

采用路试方法受到很多条件限制，而汽车燃油消耗量在底盘测功机上进行台架试验暂无国家标准。因此为了方便、快速，参照GB/T 12545—90《汽车燃油消耗量试验方法》的要求评价汽车燃油经济性，便于汽车综合性能检测站开展车辆技术等级评定工作，可通过台架试验方法模拟道路试验，即在底盘测功试验台上模拟道路等速行驶油耗测试方法。

（1）台架法中的常见的两种检测油耗方法。

一种为质量法，即采用质量式油耗传感器在底盘测功试验台上进行油耗检测。

另一种为容积法，即采用行星活塞油耗传感器在底盘测功试验台上进行油耗检测。当汽车驶上底盘测功试验台拆卸燃油管路，接上油耗传感器，排除油路中的空气泡，然后在底盘测功试验台上进行加载，使加载量符合该车在路试状态下的各种阻力，然后进行油耗检测。

（2）台架试验中模拟加载量的确定。

按照中华人民共和国交通部行业标准《汽车技术等级评定的检测方法》规定，应测量汽车“等速”百公里燃油消耗量。根据 GB/T 12545—90《汽车燃油消耗量试验方法》、GB/T 12535—90《汽车道路试验方法通则》规定，在限制条件下的平均使用燃料量的试验车速：建议轿车为 60 ±2km/h，铰接客车为 35 ±2km/h，其他采用 50 ±2km/h，载荷按照不同车型加载至限定条件，测试距离应保证不少于 500m。因为加载量是模拟汽车在道路上行驶时所受到的滚动阻力、空气阻力等行驶阻力。由于各个车型的实际情况不同（包括迎风面积、汽车总质量、汽车与地面的轮胎个数等），所以不同车型在底盘测功试验台上应有不同的加载量，模拟加载量的确定方法是：首先，汽车走合过的新车或接近新车的在用车在额定总质量状态下，以直接挡从 20km/h 开始做燃油消耗量试验，往返采样各三次，得出 20km/h 的该车平均等速油耗。然后，每间隔 10km/h 一直到该车最高车速的 90%，做与上述同样的试验。这样依次得出 20km/h 到最高车速 90% 的等速平均百公里油耗。其次汽车在准备质量状态下，在底盘测功试验台上也从 20km/h 开始对底盘测功机加载模拟该车满载时在 20km/h 路试状态下所受的外界阻力，直至加上某一荷载后得出 20km/h 等速百公里油耗值，与车速为 20km/h 路试所得的平均百公里油耗值相同，则上述对底盘测功机的加载量即为车速 20km/h 时的模拟加载量。然后按照上述方法依次可得出各个车速下的加载量。

（3）油耗测量数据的采集。

在汽车技术等级评定油耗检测的台架方法时油耗数据的重复性按照公式：

$$\frac{Q_{1\max}-Q_{1\min}}{Q_{AV}}\leqslant 2\%$$

式中　$Q_{1\max}$——台架方法中最大百公里油耗量；

$Q_{1\min}$——台架方法中最小百公里油耗量；

Q_{AV}——平均油耗。

（4）电控喷油的汽油机油耗测定时应注意的问题。

①仅使用油耗传感器时，电控喷油发动机必须处理从压力调节器回流多余燃油问题。如果多余的油回到油耗传感器的前面，则测出的油耗变成是发动机实际消耗的油加上回流的油。必须让多余的油回到油耗传感器的输出端才算正确，如图 4-33 所示。

②在①的场合，如果遇到油耗传感器及喷油间产生负压，引起气穴现象时，自油箱来的油压大概为 20kPa，有必要加一个辅助泵，见图 4-34，该辅助泵使燃油泵的进油端的油路保持正压，气穴现象不易发生，可以进行稳定的油耗测量。

③用①及②的方法，当回油温度过高时，采用图 4-35 连接法。

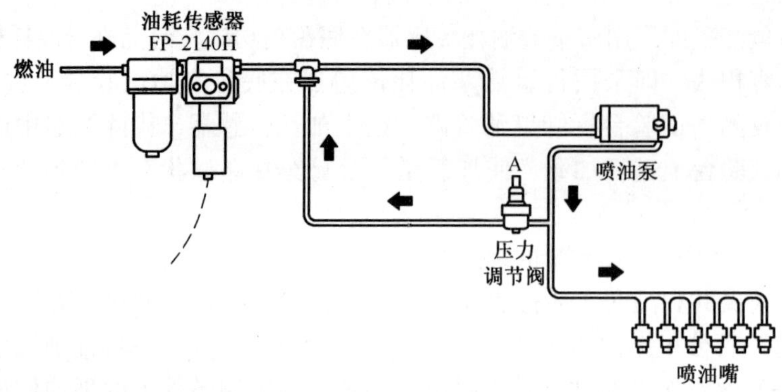

图 4-33　电控喷油系统

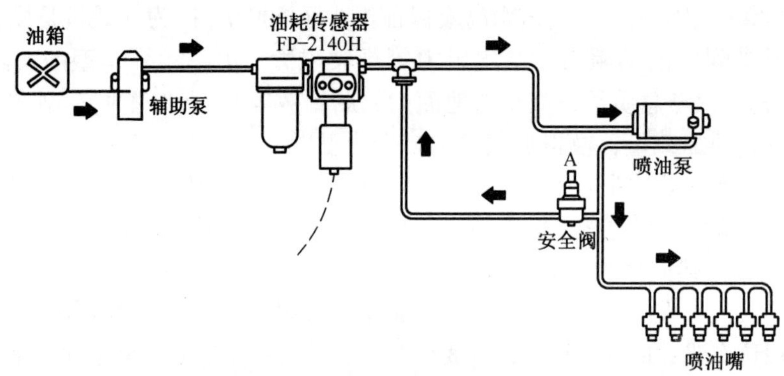

图 4-34　加辅助泵的电控喷油系统

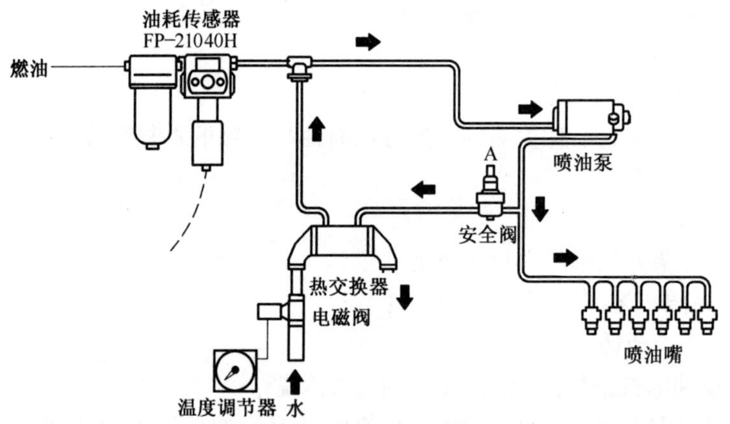

图 4-35　油温高时的连接方案

④当回流管路内有阻力，压力调节器的工作特点：压力比规定压力高时，采用回注处理用油罐，见图 4-36，使回流向大气开放，可解决上述问题。另外，MF-113 可作为燃油从油耗传感器流入回流处理用的油罐之用，但是回流处理用油罐的进口最大截止压为 50kPa，MF-113 的加压部位加压后，在减压部位减压减到 50kPa 下。当压力为（40～50）kPa 时，MF-113 没有必要安装。当供油压力为 50kPa 以下时，仅使用 MF-113 的减压器。

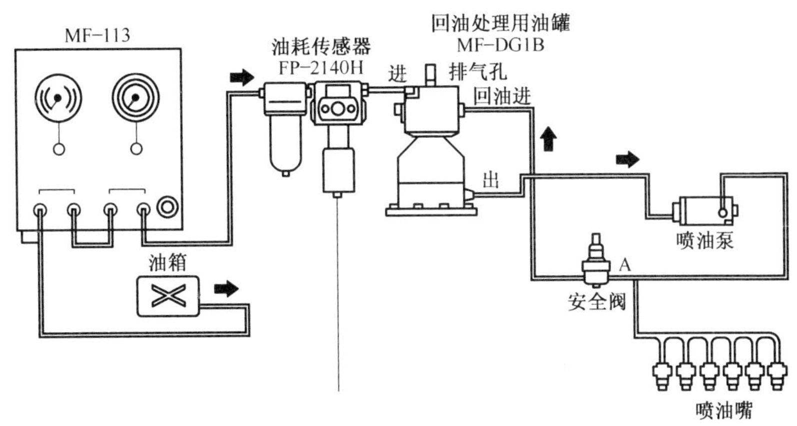

图 4-36　油耗议在油路中的连接方案

(5) 台架检测方法中所碰到的问题。

a) 准确测量:

在台架检测中做到准确测量，应注意以下几点:

①测试距离不得小于 500m;

②发动机冷却液温度应在 80℃ ~90℃范围内，冷却液温度过高时应用鼓风机（冷却风扇）降温，使冷却液温度达到上述要求;

③在车辆技术等级评定油耗工位测试时采用直接挡，无直接挡的用最高挡，若无特殊规定或说明，车速通常采用 50km/h，车速控制误差应在 ±0.5km/h 内;

④被测车辆底盘温度应随着室温变化而需严格控制，当室温小于 10℃时，底盘温度应控制在 25℃以上（用温度计测量减速器外壳温度），因为汽车底盘温度的高低决定了汽车行驶阻力，而行驶阻力的大小对油耗检测数据影响较大（通常应做出典型车型主减速器外壳温度与油耗的关系曲线，然后油耗数据均修正到外壳温度 25℃以上的值）;

⑤柴油车还应考虑回油问题;

⑥轮胎气压（冷压）应符合该车技术条件的规定，误差不超过 ±0.01MPa，且左右轮胎花纹一致。

b) 安全:

为确保台架检测时的安全，应注意以下几点:

①被测车辆必须配备性能良好的灭火器;

②油耗传感器有油管应透明、耐油、耐压，油管接头必须用合格的环形夹箍，不得用铅丝缠绕，确保无任何渗露;

③拆卸油管时必须用沙盘接油，不允许用棉纱或其他易燃物接油，不允许燃油流到发动机排气管上;

④测试时发动机盖须打开，以便观察是否有渗漏现象，测试完毕，安装好原管路后启动发动机，在确保无任何渗漏时方可盖上发动机盖。

c) 清洁问题:

在台架检测时应注意下列清洁问题:

①连接油路时，油耗传感器底板应处于水平状态，并注意进出口方向; 不用时，进出油口必须加套保护，以防异物进入卡死传感器活塞;

②传感器的滤清器在脏物堵塞后，可拆下，用压力小于500kPa的压缩空气吹出脏物。

d）油耗与发动机功率：

当一辆汽车油耗超标，由车主调试油耗合格后必须复核该发动机功率是否合格，以避免汽车性能出现顾此失彼的现象。

4.2.3 拓展知识

流 量 计

在进行车辆道路试验时，为了精确地测量汽车的燃料消耗量常采用流量计。它可以准确地测出车辆在不同工况、不同路段的燃料消耗量，为测定汽车的燃料经济性提供可靠依据。

流量计的种类比较多，下面简单介绍自记式流量计和数字式流量计。

一、自记式流量计（DGl00E日本产）

自记流量计可用于汽车的燃料经济性能试验。使用时把它装在汽车上，用耐油塑料管串接在油路里，方框示意图如图4-37所示。

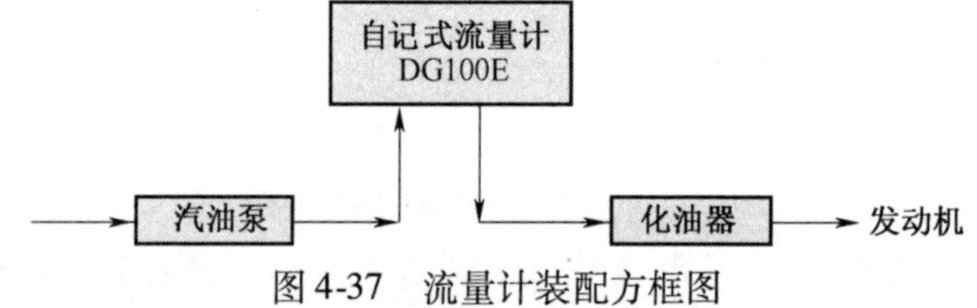

图4-37　流量计装配方框图

本仪器机械驱动的计数器最大值为999.995L，最小值为0.005L，qd即5mL。定距离耗油测量的电磁计数器能记录出最大流量为1.5L/min。

二、数字式流量计

本仪器是由FP-214型容积式检测器（传感器）和DF－313显示器组成。

FP-214型容积式流量检测器中接在油路里由检测器来的脉冲信号作为输入，它能测量累计流量、瞬时流量和累计时间，测量可达高度准确性。

同时，它还能完成温度和压力的数字测量。此外，它还有自动停止功能，因而可以很容易地测量出消耗给定量燃油所需时间和在给定时间内所消耗的燃油量。

测量范围：

（1）累计流量：0.1CC 量程0 ~ 99999.9CC；
　　　　　　　1GC 量程0 ~ 999999CC。

（2）累计时间：0.1s 量程0 ~ 999.9s；
　　　　　　　1s 量程0 ~ 9999s ≈ 2.8h。

当数值比上述的大时，仅示出最后四位数。

（3）瞬时流量：0 ~ 999.9L/h。

（4）压力：0 ~ 2.00kg/cm^2。

（5）温度：0 ~ 99.9℃。

附录1

机动车安全技术条件

（GB 7258—2004）

机动车运行安全技术条件

1 范围

本标准规定了机动车的整车及主要总成、安全防护装置等有关运行安全的基本技术要求及检验方法。本标准还规定了机动车的环保要求及消防车、救护车、工程救险车和警车的附加要求。

本标准适用于在我国道路上行驶的机动车。

2 规范性引用文件

下列文件中的条款通过本标准的引用而成为本标准的条款。凡是注日期的引用文件，其随后所有的修改单（不包括勘误的内容）或修订版均不适用于本标准，然而，鼓励根据本标准达成协议的各方研究是否可使用这些文件的最新版本。凡是不注日期的引用文件，其最新版本适用于本标准。

GB 1589 道路车辆外廓尺寸、轴荷及质量限值

GB/T 3181 漆膜颜色标准

GB 4094 汽车操纵件、指示器及信号装置的标志

GB 4599 汽车前照灯配光性能

GB 4785 汽车及挂车外部照明和信号装置的安装规定

GB 5948 摩托车白炽丝光源前照灯配光性能

GB 8108 车用电子警报器

GB 8410 汽车内饰材料的燃烧特性

GB 9656 汽车安全玻璃

GB 10395.1 农林拖拉机和机械 安全技术要求 第一部分：总则

GB 10396 农林拖拉机和机械、草坪和园艺动力机械 安全标志和危险图形 总则

GB/T 11381—1989 客车顶部静载试验方法

GB 11567.1 汽车和挂车侧面防护要求
GB 11567.2 汽车和挂车后下部防护要求
GB/T 12428 客车装载质量计算方法
GB 13057 客车座椅及其车辆固定件的强度
GB 13392 道路运输危险货物车辆标志
GB/T 13594 机动车和挂车防抱制动性能和试验方法
GB 13954 特种车辆标志灯具
GB 15084 机动车辆后视镜的性能和安装要求
GB 15365 摩托车操纵件、指示器及信号装置的图形符号
GB 16735 道路车辆 车辆识别代号（VIN）
GB 17352 摩托车和轻便摩托车后视镜及其安装要求
GB/T 17676 天然气汽车和液化石油气汽车 标志
GB 18100 两轮摩托车及轻便摩托车照明和光信号装置的安装规定
GB/T 18411 道路车辆产品标牌
GB 18565 营运车辆综合性能要求和检验方法
GB/T 18697—2002 声学 汽车车内噪声测量方法（eqv ISO 5128：1980）
GB/T 19056 汽车行驶记录仪
GB 19151 机动车用三角警告牌
GB 19152 轻便摩托车前照灯配光性能
GA 406 车身反光标识
QC/T 659—2000 汽车空调（HFC-134a）用标识

3 术语和定义

下列术语和定义适用于本标准。

3.1 机动车 power-driven vehicle

由动力装置驱动或牵引、在道路上行驶的、供乘用或（和）运送物品或进行专项作业的轮式车辆，包括汽车及汽车列车、摩托车及轻便摩托车、拖拉机运输机组、轮式专用机械车和挂车等，但不包括任何在轨道上运行的车辆。

3.2 汽车（motor vehicle）

由动力驱动，具有四个或四个以上车轮的非轨道承载的车辆，主要用于：

——载运人员或货物；

——牵引载运货物的车辆或特殊用途的车辆；

——特殊用途。

本术语还包括：

（1）与电力线相联的车辆，如无轨电车；

（2）整车整备质量超过 400kg 的三轮车辆。

3.2.1 乘用车（passenger car）

在其设计和技术特性上主要用于载运乘客及其随身行李或临时物品的汽车，包括驾驶员座位在内最多不超过 9 个座位，它也可以牵引一辆挂车。

3.2.2　客车（bus）

在其设计和技术特性上主要用于载运乘客及其随身行李的商用车辆，包括驾驶员座位在内座位数超过9个。客车有单层的或双层的。

3.2.2.1　卧铺客车（sleeper coach）

专门设计和制造供全体乘客卧睡的长途客车。

3.2.2.2　公共汽车（public city-bus）

专门设计和制造供公众就坐或站立，有固定的线路和车站的城市客车。

3.2.3　半挂牵引车（semi-trailer towing vehicle）

装备有特殊装置用于牵引半挂车的商用车辆。

3.2.4　货车（goods vehicle）

一种主要为载运货物而设计和装备的商用车辆，它能否牵引一辆挂车均可。

3.2.4.1　三轮汽车（原“三轮农用运输车”）（tri-wheel vehicle）

最高设计车速小于等于50km/h的，具有三个车轮的货车。

3.2.4.2　低速货车（原“四轮农用运输车”）（low-speed goods vehicle）

最高设计车速小于70km/h的，具有四个车轮的货车。

3.2.5　专用作业车（specical motor vehicle）

在其设计和技术特性上用于特殊工作的车辆。例如：道路清洁车辆、垃圾车、汽车起重机等。

3.2.6　气体燃料汽车（gaseous fuel vehicle）

装备以液化石油气、天然气或煤气等气体为燃料的发动机的汽车。

3.2.7　两用燃料汽车（bi-fuel vehicle）

具有两套相互独立的燃料供给系统，一套供给天然气或液化石油气，另一套供给天然气或液化石油气之外的燃料，两套燃料供给系统可分别但不可共同向气缸供给燃料的汽车，如汽油/压缩天然气两用燃料汽车、汽油/液化石油气两用燃料汽车等。

3.2.8　双燃料汽车（dual-fuel vehicle）

具有两套燃料供给系统，一套供给天然气或液化石油气，另一套供给天然气或液化石油气之外的燃料，两套燃料供给系统按预定的配比向气缸供给燃料，在缸内混合燃烧的汽车，如柴油—压缩天然气双燃料汽车，柴油—液化石油气双燃料汽车等。

3.2.9　电动汽车（electric vehicle）

纯电动汽车、混合动力（电动）汽车和燃料电池电动汽车的总称。

3.3　挂车（trailer）

就其设计和技术特性需由汽车或拖拉机牵引，才能正常使用的一种无动力的道路车辆，包括中置轴挂车、牵引杆挂车和半挂车，用于：

——载运货物；

——特殊用途。

3.3.1　中置轴挂车（centre axle trailer）

牵引装置不能垂直移动（相对于挂车），车轴位于紧靠挂车的重心（当均匀载荷时）的挂车。这种挂车只有较小的垂直载荷（不超过相当于挂车最大设计总质量的10%或10000N，两者取较小者）作用于牵引车，其中一轴或多轴可由牵引车来驱动。

3.3.2　牵引杆挂车（draw-bar-trailer）

至少有两根轴的挂车，包括牵引杆货车挂车、通用牵引杆挂车和专用牵引杆挂车，具有：

——一轴可转向；

——通过角向移动的牵引杆与牵引车连接；

——牵引杆可垂直移动，连接到底盘上，因此不能承受任何垂直力。

3.3.3　半挂车（semi-trailer）

车轴位于车辆重心（当车辆均匀受载时）后面，并且装有可将垂直力和水平力传递到牵引车的联结装置的挂车，包括货车半挂车、专用半挂车和旅居半挂车。

3.4　汽车列车（combination vehicles）

由一辆汽车（三轮汽车和低速货车除外）牵引一辆挂车组成的机动车，包括乘用车列车、货车列车和铰接列车。

3.4.1　乘用车列车（passenger/car trailer combination）

乘用车和中置轴挂车的组合。

3.4.2　货车列车（goods road train）

货车和牵引杆挂车或中置轴挂车的组合。

3.4.2.1　牵引杆挂车列车（draw-bar tractor combination 全挂拖斗车）

货车和牵引杆挂车的组合。

3.4.2.2　中置轴挂车列车（centre axle trailer combination）

货车和中置轴挂车的组合。

3.4.3　铰接列车（articulated vehicle）

半挂牵引车和具有角向移动联结的半挂车的组合。

3.5　摩托车（motorcycle）

无论采用何种驱动方式，其最高设计车速大于50km/h，或若使用内燃机，其排量大于50mL的两轮或三轮车辆，包括两轮摩托车、边三轮摩托车和正三轮摩托车（边三轮摩托车和正三轮摩托车合称为三轮摩托车）。

3.6　轻便摩托车（moped）

无论采用何种驱动方式，其最高设计车速不大于50km/h，且若使用内燃机，其排量不大于50mL的两轮或三轮车辆，包括两轮轻便摩托车和三轮轻便摩托车，但不包括最高设计车速不大于20km/h的电驱动的两轮车辆。

3.7　拖拉机运输机组（tractor towing trailer for transportation）

由拖拉机牵引一辆挂车组成的用于载运货物的机动车，包括轮式拖拉机运输机组和手扶拖拉机运输机组。

注1：本标准所指的拖拉机是指最高设计车速不大于20km/h、牵引挂车方可从事道路货物运输作业的手扶拖拉机和最高设计车速不大于40km/h、牵引挂车方可从事道路货物运输作业的轮式拖拉机。

注2：手扶拖拉机运输机组还包含手扶变型运输机，即发动机12小时标定功率不大于14.7kW，采用手扶拖拉机底盘，将扶手把改成方向盘，与挂车连在一起组成的折腰转向式运输机组。

3.8　轮式专用机械车（roller mobile machinery shop for special purpose）

有特殊结构和专门功能，装有橡胶车轮，可以自行行驶，最高设计车速大于20km/h的轮式工程机械，如装载机、平地机、挖掘机、铲车、推土机等，但不包括叉车。

4　整车

4.1　整车标志

4.1.1　机动车在车身前部外表面的易见部位上应至少装置一个能永久保持的商标或厂标。

4.1.2　机动车应至少装置一个能永久保持的产品标牌，该标牌的固定、位置及型式应符合GB/T 18411的规定，组成拖拉机运输机组的拖拉机的标牌的固定、位置及型式应符合相关标准的规定；若使用符合QC/T 659—2000附录A规定的特殊情况下的标识和标签系统（柔性标牌），则其项目内容应采用蚀刻方式，使用的粘接剂应为压力敏感型。产品标牌的具体位置应在产品使用说明书中指明。改装车不应拆改原底盘的产品标牌。

机动车均应在产品标牌上标明品牌、整车型号、制造年月、生产厂名及制造国，各类机动车产品标牌应标明的其它项目见表1。产品标牌上标明的内容应规范、清晰耐久且易于识别，项目名称均应有中文名称。

表1　各类机动车产品标牌应补充标明的项目

<table>
<tr><th colspan="2">机动车类型</th><th>应补充标明的项目</th></tr>
<tr><td rowspan="3">汽车</td><td>乘用车
客车</td><td>车辆识别代号、发动机型号、发动机排量、发动机最大净功率或额定功率、最大设计总质量（以下简称为“总质量”）、乘坐人数（乘员数）</td></tr>
<tr><td>货车</td><td>车辆识别代号、发动机型号、发动机最大净功率或额定功率、总质量、整车整备质量（以下简称为“整备质量”）、最大设计牵引质量汽车</td></tr>
<tr><td>半挂牵引车</td><td>车辆识别代号、发动机型号、发动机最大净功率或额定功率、整备质量、牵引座最大设计静载荷、最大设计牵引质量</td></tr>
<tr><td colspan="2">摩托车及轻便摩托车</td><td>车辆识别代号、发动机型号、发动机排量或最大净功率、整备质量</td></tr>
<tr><td colspan="2">组成拖拉机运输机组的拖拉机</td><td>出厂编号、发动机型号、发动机标定功率、使用质量、最大设计牵引质量</td></tr>
<tr><td colspan="2">轮式专用机械</td><td>车架号、发动机型号、发动机标定功率、整备质量、最高设计车速</td></tr>
<tr><td colspan="2">挂车</td><td>车辆识别代号、总质量、整备质量</td></tr>
<tr><td colspan="3">1. 电动汽车还应标明电动动力系统净功率和直流或交流标称电压；
2. 乘用车具备牵引功能时还应标明最大设计牵引质量；
3. 客车可不标发动机排量；
4. 货车没有牵引功能时可不标最大设计牵引质量；
5. 正三轮摩托车还应标明装载质量或乘坐人数，两轮摩托车及轻便摩托车可不标车辆识别代号；
6. 牵引杆挂车和中置轴挂车在未采用统一的车辆识别代号之前应标明车架号。</td></tr>
</table>

4.1.3　汽车、摩托车及轻便摩托车、半挂车必须具有车辆识别代号，其内容和构成应符合GB 16735的规定；应至少有一个车辆识别代号打刻在车架（无车架的机动车为车身主要承载且不能拆卸的部件）上，打刻位置应尽量位于前部右侧，如受结构限制也可打刻在其它部位。打刻的车辆识别代号应易见且易于拓印，其字母和数字的字高不应小于7.0mm，深度不应小于0.3mm；对于摩托车及轻便摩托车，打刻的车辆识别代号的字

母和数字的字高不应小于5.0mm，深度不应小于0.2mm。

其它机动车应在相应位置打刻易见且易于拓印的整车型号和出厂编号，型号在前，出厂编号在后，在出厂编号的两端应打刻起止标记；打刻的整车型号和出厂编号字高为10.0mm，深度不应小于0.3mm。

车辆识别代号（或整车型号和出厂编号）打刻的具体位置应在产品使用说明书中指明，一经打刻不允许更改、变动。同一辆机动车的车架（无车架的机动车为车身主要承载且不能拆卸的部件）上，不允许既打刻车辆识别代号又打刻整车型号和出厂编号；同一辆车上标识的所有车辆识别代号内容应相同。

4.1.4　发动机型号和出厂编号应打刻（或铸出）在气缸体上且应能永久保持，在出厂编号的两端应打刻起止标记（没有打刻起止标记的空间时可不打刻）；若打刻（或铸出）的发动机型号和出厂编号不易见，则应在发动机易见部位增加能永久保持的发动机型号和出厂编号的标识；若采用符合QC/T 659—2000附录A规定的特殊情况下的标识和标签系统（柔性标签），则其项目内容应采用蚀刻方式，使用的粘接剂应为压力敏感型。摩托车及轻便摩托车应在发动机的易见部位铸出商标或厂标，发动机出厂编号应打刻在曲轴箱易见部位，在出厂编号的两端应打刻起止标记（没有打刻起止标记的空间时可不打刻）。发动机出厂编号的具体位置应在产品使用说明书中指明。

4.1.5　道路运输危险货物车辆的标志应符合GB 13392的规定。

4.2　外廓尺寸

汽车及汽车列车、挂车的外廓尺寸应符合GB 1589的规定，摩托车及轻便摩托车、拖拉机运输机组的外廓尺寸限值见表2。

表2　摩托车及轻便摩托车、拖拉机运输机组外廓尺寸限值（单位：m）

机动车类型		长	宽	高
摩托车及轻便摩托车	两轮摩托车	≤2.50	≤1.00	≤1.40
	边三轮摩托车	≤2.70	≤1.75	≤1.40
	正三轮摩托车	≤3.50	≤1.50	≤2.00
	两轮轻便摩托车	≤2.00	≤0.80	≤1.10
	三轮轻便摩托车	≤2.00	≤1.00	≤1.10
拖拉机运输机组	轮式拖拉机运输机组	≤10.00①	≤2.50	≤3.00①
	手扶拖拉机运输机组	≤5.00	≤1.70	≤2.20
注：①对标定功率大于58kW的运输机组长度限值为12.00m，高度限值为3.50m				

4.3　后悬

客车及封闭式车厢（或罐体）的机动车后悬不允许超过轴距的65%。对于专用作业车和轮式专用机械车，在保证安全的情况下，其后悬可按客车后悬要求核算，其它机动车后悬不允许超过轴距的55%。机动车的后悬均不应大于3.5m。

注：对于多轴机动车，其轴距按第一轴至最后轴的距离计算（对铰接客车按第一轴至第二轴的距离计算），后悬从最后一轴的中心线往后计算。对于客车，后悬以车身外蒙皮尺寸计算，如后保险杠突出于后背外蒙皮，则以后保险杠尺寸计算，不计后尾梯。

4.4　轴荷和质量参数

4.4.1　汽车、汽车列车及挂车的轴荷和质量参数应符合 GB 1589 的规定。

4.4.2　机动车在空载和满载状态下，整备质量和总质量应在各轴之间合理分配，轴荷应在左右车轮之间均衡分配。

4.4.3　边三轮摩托车处于空载及满载状态时，边车车轮轮荷应分别为整备质量及总质量的 35% 以下。

4.5　核载

4.5.1　质量参数核定

4.5.1.1　机动车最大允许总质量依据发动机功率、最大设计轴荷、轮胎的承载能力及正式批准的技术。

文件进行核算后，从中取最小值核定。

4.5.1.2　机动车在空载和满载状态下，转向轴轴荷（或转向轮轮荷）与该车整备质量和最大允许总质量的比值不允许小于：

——乘用车 30%

——三轮汽车、正三轮摩托车 18%

——其它机动车 20%

注：对于铰接列车，应在空载和满载状态下对牵引车部分进行核算；对于铰接客车，应在空载和满载状态下对前车进行核算。

4.5.1.3　汽车或汽车列车驱动轴的轴荷不允许小于汽车或汽车列车最大允许总质量的 25%。

4.5.1.4　货车列车的挂车的最大允许装载质量不允许大于货车的最大允许装载质量。

4.5.1.5　轮式拖拉机运输机组的挂拖质量比（挂车最大允许总质量与拖拉机使用质量之比）不允许大于 3。

4.5.2　乘用车乘坐人数核定

4.5.2.1　前排座位按乘客舱内部宽度（系指驾驶员两侧门窗下缘，并在车门后支柱内侧量取）不小于 1200mm 时核定 2 人，不小于 1650mm 时核定 3 人。

4.5.2.2　除前排座位外的其它排座位，按座垫中间位置测量的乘客舱内部宽度，在能保证与前一排座位的间距不小于 650mm 且座垫深度不小于 400mm 时，每 400mm 核定1 人。

4.5.3　客车乘员数核定

4.5.3.1　按乘员质量核定：按 GB/T 12428 确定。

4.5.3.2　按座垫宽和供站立乘客用的地板面积核定：座垫宽按每 1 人不小于 400mm 核定；按站立乘客用的地板面积计算：城市公共汽车及无轨电车按每 1 人不小于 0.125m^2 核定，其它城市客车按每 1 人不小于 0.15m^2 核定，长途客车和旅游客车及车长不大于 6m 的客车不允许核定站立人数。设立席的客车供乘客用的地板面积按 GB/T 12428 确定。

注：城市公共汽车是指仅在城市道路上运营使用的公共汽车。

4.5.3.3　按卧铺铺位核定：卧铺客车的每个铺位核定 1 人。

4.5.3.4　以 4.5.3.1、4.5.3.2 及 4.5.3.3 计算的乘员数取最小值核定乘员数。

4.5.4　有驾驶室机动车的驾驶室乘坐人数核定（摩托车及轻便摩托车除外）

4.5.4.1 驾驶室内只有一排座位或双排座位的前排座位，按驾驶室内部宽度（系指驾驶室门窗下缘，并在车门后支柱内侧量取）不小于1200mm时核定2人，不小于1650mm时核定3人。

4.5.4.2 驾驶室内双排座椅的后排座椅，按座垫中间位置测量的车身内部宽度，在能保证与前排座椅的间距不小于650mm且座垫深度不小于400mm时，每400mm核定1人。

4.5.4.3 对带卧铺的货车，其卧铺铺位均不核定乘坐人数。

4.5.4.4 对有驾驶室的拖拉机运输机组和三轮汽车，除驾驶员外可再核定乘坐一名副驾驶员，但其座垫宽不应小于400mm，座椅深不应小于400mm，且座椅不应增加拖拉机运输机组或三轮汽车的外廓尺寸；不具备上述条件时，只允许乘坐驾驶员1人。

4.5.4.5 货车驾驶室乘坐人数不允许超过6人。

4.5.5 摩托车及轻便摩托车乘坐人数核定

4.5.5.1 两轮摩托车除驾驶员外，有固定座位的可再乘坐1人。

4.5.5.2 边三轮摩托车除驾驶员外，主车和边车有固定座位的各乘坐1人。

4.5.5.3 正三轮摩托车驾驶室核定乘坐驾驶员1人；车厢在有纵向布置（与机动车前进方向相同）的固定座椅（该固定座椅的座垫深度不应小于400mm且其与驾驶员座椅的间距不应小于650mm）时，按座垫宽度每400mm核定1人，但最多为2人；不具备上述条件时，车厢不允许乘坐人员。

4.5.5.4 轻便摩托车核定乘坐驾驶员1人。

4.6 比功率

三轮汽车、低速货车及拖拉机运输机组的比功率不应小于4.0kW/t，除无轨电车外的其它机动车的比功率不允许小于5.0kW/t。

注：比功率为发动机最大净功率（或0.9倍的发动机额定功率或0.9倍的发动机标定功率）与机动车最大允许总质量之比。

4.7 侧倾稳定角及驻车稳定角

4.7.1 机动车在空载、静态状态下，向左侧和右侧倾斜最大侧倾稳定角不允许小于：

（1）三轮机动车（包括三轮汽车和三轮摩托车，下同）25°；

（2）双层客车28°；

（3）总质量为整备质量的1.2倍以下的机动车30°；

（4）卧铺客车、总质量不小于整备质量的1.2倍的专用作业车和轮式专用机械车32°；

（5）其它机动车（两轮摩托车及轻便摩托车除外）35°。

4.7.2 两轮摩托车和轻便摩托车在用撑杆支撑时，向左、向右、向前的驻车稳定角分别不应小于9°、5°、6°；在用停车架支撑时，向左、向右、向前的驻车稳定角均不应小于8°。

4.8 图形和文字标志

4.8.1 汽车（三轮汽车和装用单缸柴油机的低速货车除外）、摩托车及轻便摩托车应分别按照GB 4094和GB 15365的规定设置操纵件、指示器及信号装置的图形标志。

4.8.2　三轮汽车和装用单缸柴油机的低速货车的变速杆、手柄和开关等操纵机构，除作用非常明确外，应在操纵机构上或其附近用耐久性标志明确标明其功能、操作方向等。标志用操作符号应与背景有明显的色差。产品使用说明书中应给出所有操纵机构的浅显易懂且详细的操作说明。

4.8.3　机动车的警告性文字均应有中文标注。

4.8.4　气体燃料汽车、两用燃料汽车和双燃料汽车应按 GB/T 17676 的规定标注其使用的气体燃料类型。

4.8.5　专门用于运送易燃和易爆物品的道路运输危险货物车辆，应在车身两侧喷有明显的“禁止烟火”字样或标记。

4.8.6　三轮汽车、低速货车和拖拉机运输机组应对需要提醒人们注意的安全事项设置相应的安全警示标志。安全警示标志应符合 GB 10396 的规定。

4.9　外观

4.9.1　机动车外观应整洁，各零部件应完好，联结紧固，无缺损。

4.9.2　车体应周正，车体外缘左右对称部位高度差不允许大于 40mm。

4.9.3　两轮摩托车和轻便摩托车的方向把和导流板等左右对称的零部件离地面高度差不应大于 10mm；正三轮摩托车的驾驶室和车厢等左右对称的零部件离地面高度差不应大于 20mm。

4.10　漏水检查

在发动机运转及停车时，水箱、水泵、缸体、缸盖、暖风装置及所有连接部位均不应有明显渗漏现象。

4.11　漏油检查

机动车连续行驶距离不小于 10km，停车 5min 后观察，不应有明显渗漏现象。

4.12　车速表指示误差（最高设计车速不大于 40km/h 的机动车除外）

车速表指示车速 v_1（单位：km/h）与实际车速 v_2（单位：km/h）之间应符合下列关系式：

$$0 \leqslant v_1 - v_2 \leqslant (v_2/10) + 4$$

4.13　行驶轨迹

汽车列车和轮式拖拉机运输机组在平坦、干燥的路面上直线行驶时，挂车后轴中心相对于牵引车前轴中心的最大摆动幅度，对铰接列车、乘用车列车和中置轴挂车列车不应大于 110mm，对其它列车不应大于 220mm。其它机动车直线行驶时，其前后轴中心的连线与行驶轨迹的中心线应一致。

4.14　其它要求

专用作业车和轮式专用机械车的特殊结构和专用装置不允许影响机动车的安全运行。

5　发动机

5.1　发动机应动力性能良好，运转平稳，怠速稳定，无异响，机油压力正常。发动机功率不允许小于标牌（或产品使用说明书）标明的发动机功率的 75%。

5.2　发动机应有良好的起动性能。汽车（三轮汽车和装用单缸柴油机的低速货车除外）发动机应能由驾驶员在座位上启动。

5.3 柴油机停机装置必须灵活有效。

5.4 发动机点火、燃料供给、润滑、冷却和排气等系统的机件应齐全，性能良好。

6 转向系

6.1 汽车（三轮汽车除外）的方向盘必须设置于左侧，其它机动车的方向盘不允许设置于右侧；专用作业车按需要可设置左右两个方向盘。

6.2 机动车的方向盘（或方向把）应转动灵活，操纵方便，无阻滞现象。机动车应设置转向限位装置；转向系统在任何操作位置上，不允许与其它部件有干涉现象。

6.3 机动车（两轮和三轮的机动车、手扶拖拉机运输机组除外）转向轮转向后应能自动回正，以使机动车具有稳定的直线行驶能力。

6.4 机动车方向盘的最大自由转动量不允许大于：

（1）最高设计车速不小于 100km/h 的机动车 20°；

（2）三轮汽车 45°；

（3）其它机动车 30°。

6.5 汽车（三轮汽车除外）应具有适度的不足转向特性。

6.6 三轮汽车、摩托车及轻便摩托车的转向轮向左或向右转角不允许大于：

（1）三轮汽车、三轮摩托车、三轮轻便摩托车 45°；

（2）两轮摩托车、两轮轻便摩托车 48°。

6.7 机动车在平坦、硬实、干燥和清洁的道路上行驶不应跑偏，其方向盘（或方向把）不应有摆振、路感不灵或其它异常现象。

6.8 机动车在平坦、硬实、干燥和清洁的水泥或沥青道路上行驶，以 10km/h 的速度在 5s 之内沿螺旋线从直线行驶过渡到直径为 24m 的圆周行驶，施加于方向盘外缘的最大切向力不应大于 245N。

6.9 机动车转向轴最大设计轴荷大于 4000kg 时，应采用转向助力装置。装有转向助力装置的机动车，行驶时其转向助力功能不允许出现时有时无的现象，当转向助力装置失效时，仍应具有用方向盘控制机动车的能力。装有电动转向助力装置的汽车，行驶时应保证转向助力装置的电能供应。

6.10 汽车和汽车列车（不计具有作业功能的专用装置的突出部分）、轮式拖拉机运输机组必须能在同一个车辆通道圆内通过，车辆通道圆的外圆直径 D_1 为 25.00m，车辆通道圆的内圆直径 D_2 为 10.60m。汽车和汽车列车、轮式拖拉机运输机组由直线行驶过渡到上述圆周运动时，任何部分超出直线行驶时的车辆外侧面垂直面的值（外摆值）不应大于 0.80m（对铰接客车和铰接式无轨电车外摆值不允许大于 1.20m）。

6.11 汽车（三轮汽车除外）的车轮定位应符合该车有关技术条件，车轮定位值应在产品使用说明书中标明。对前轴采用非独立悬架的汽车，其转向轮的横向侧滑量，用侧滑台检验时侧滑量值应在 ±5m/km 之间。

6.12 转向节及臂、转向横、直拉杆及球销不允许有裂纹和损伤，并且球销不应松旷。对机动车进行改装或修理时横、直拉杆不允许拼焊。

6.13 三轮汽车、摩托车及轻便摩托车的前减振器、上下联板和方向把不应有变形和裂损。

7　制动系

7.1　基本要求

机动车应设置足以使其减速、停车和驻车的制动系统或装置。

7.1.1　汽车（三轮汽车除外）应具有应急制动功能。

7.1.2　机动车（两轮、边三轮摩托车和轻便摩托车除外）应具有驻车制动装置。

7.1.3　行车制动的控制装置与驻车制动的控制装置应相互独立。

7.1.4　制动系应经久耐用，不允许因振动或冲击而损坏。

7.1.5　某些零件，如制动踏板及其支架、制动主缸及其活塞、制动总阀、制动主缸和踏板、制动气室、轮缸及其活塞和制动臂及凸轮轴总成之间的连接杆件应视为不易失效的零部件。这些零部件应易于维修保养。若这些零部件的失效会导致汽车无法达到应急制动规定的性能，则这些零部件都必须用金属材料或具有与金属材料性能相当的材料制造，并且在制动装置正常工作时不应产生明显的变形。

7.1.6　制动系统的各种杆件不允许与其它部件在相对位移中发生干涉、摩擦，以防杆件变形、损坏。

7.1.7　制动管路应为专用的耐腐蚀的高压管路。它们的安装必须保证其具有良好的连续功能、足够的长度和柔性，以适应与之相连接的零件所需要的正常运动，而不致造成损坏；它们必须有适当的安全防护，以避免擦伤、缠绕或其它机械损伤，同时应避免安装在可能与机动车排气管或任何高温源接触的地方。制动软管不允许与其它部件干涉且不应有老化、开裂、被压扁等现象。其它气动装置在出现故障时不允许影响制动系统的正常工作。

7.2　行车制动

行车制动必须保证驾驶员在行车过程中能控制机动车安全、有效地减速和停车。行车制动必须是可控制的，且必须保证驾驶员在其座位上双手无须离开方向盘（或方向把）就能实现制动。

7.2.1　汽车（三轮汽车除外）、摩托车及轻便摩托车、挂车（总质量不大于 750kg 的挂车除外）的所有车轮应装备制动器。

7.2.2　行车制动应作用在机动车（三轮汽车、拖拉机运输机组及总质量不大于 750kg 的挂车除外）的所有车轮上。

7.2.3　行车制动的制动力应在各轴之间合理分配。

7.2.4　机动车（两轮、边三轮摩托车和轻便摩托车除外）行车制动的制动力应在同一车轴左右轮之间相对机动车纵向中心平面合理分配。

7.2.5　制动器应有磨损补偿装置。制动器磨损后，制动间隙应易于通过手动或自动调节装置来补偿。制动控制装置及其部件以及制动器总成应具备一定的储备行程，当制动器发热或制动衬片的磨损达到一定程度时，在不必立即作调整的情况下，仍应保持有效的制动。

7.2.6　采用真空助力的行车制动系，当真空助力器失效后，制动系统仍应能保持规定的应急制动性能。

7.2.7　行车制动系制动踏板的自由行程应符合该车有关技术条件。

7.2.8 行车制动在产生最大制动效能时的踏板力，对于乘用车不应大于500N；对于其它机动车不应大于700N。摩托车及轻便摩托车（正三轮摩托车除外）行车制动系产生最大制动效能的踏板力不应大于400N，手握力不应大于250N。

7.2.9 液压行车制动在达到规定的制动效能时，踏板行程不应大于踏板全行程的四分之三；制动器装有自动调整间隙装置的机动车的踏板行程不应大于踏板全行程的五分之四，且乘用车不应大于120mm，其它机动车不应大于150mm。

7.2.10 液压行车制动系不允许因制动液对制动管路的腐蚀或由于发动机及其它热源的作用形成气阻而影响行车制动系的功能。

7.2.11 总质量大于12000kg的长途客车和旅游客车、总质量大于16000kg允许挂接总质量大于10000kg的挂车的货车及总质量大于10000kg的挂车必须安装符合GB/T 13594规定的防抱制动装置。

注：本条中半挂车的总质量是指半挂车在满载并且和牵引车相连的情况下，通过半挂车的所有车轴垂直作用于地面的静载荷，不包括转移到牵引车牵引座的静载荷。

7.2.12 汽车列车行车制动系的设计和制造应保证挂车最后轴制动动作滞后于牵引车前轴制动动作的时间不大于0.2s。

7.3 应急制动

7.3.1 应急制动应保证在行车制动只有一处管路失效的情况下，在规定的距离内将汽车停住。

7.3.2 应急制动可以是行车制动系统具有应急特性或是与行车制动分开的系统。

7.3.3 应急制动应是可控制的，其布置应使驾驶员容易操作，驾驶员在座位上至少用一只手握住方向盘的情况下，就可以实现制动。它的控制装置可以与行车制动的控制装置结合，也可以与驻车制动的控制装置结合。

7.4 驻车制动

7.4.1 驻车制动应能使机动车即使在没有驾驶员的情况下，也能停在上、下坡道上。驾驶员必须在座位上就可以实现驻车制动。对于汽车列车和轮式拖拉机运输机组，若挂车与牵引车脱离，挂车（由轮式拖拉机牵引的装载质量3000kg以下的挂车除外）应能产生驻车制动。挂车的驻车制动装置应能够由站在地面上的人实施操纵。

7.4.2 驻车制动应通过纯机械装置把工作部件锁止，并且驾驶员施加于操纵装置上的力：手操纵时，乘用车不应大于400N，其它机动车不应大于600N；脚操纵时，乘用车不应大于500N，其它机动车不应大于700N。

7.4.3 驻车制动的控制装置的安装位置应适当，其操纵装置应有足够的储备行程（开关类操作装置除外），一般应在操纵装置全行程的三分之二以内产生规定的制动效能；驻车制动机构装有自动调节装置时允许在全行程的四分之三以内达到规定的制动效能。棘轮式制动操纵装置应保证在达到规定驻车制动效能时，操纵杆往复拉动的次数不允许超过三次。

7.4.4 采用弹簧储能制动装置做驻车制动时，应保证在失效状态下能快速解除驻车状态；如需使用专用工具，这种工具应作为随车工具。

7.5 采用液压制动的机动车，在保持踏板力为700N（摩托车及轻便摩托车为400N）达到 1min 时，踏板不允许有缓慢向前移动的现象。

7.6　采用气压制动的机动车，在气压升至 600kPa 且不使用制动的情况下，停止空气压缩机 3min 后，其气压的降低值不应大于 10kPa。在气压为 600kPa 的情况下，将制动踏板踩到底，待气压稳定后观察 3min，汽车气压降低值不应大于 20kPa，汽车列车、铰接客车及铰接式无轨电车、轮式拖拉机运输机组气压降低值不应大于 30kPa。

7.7　采用气压制动的机动车，发动机在 75% 的额定转速下，4min（汽车列车为 6min，铰接客车和铰接式无轨电车为 8min）内气压表的指示气压应从零开始升至起步气压（未标起步气压者，按 400kPa 计）。

7.8　气压制动系统应装有限压装置，以确保贮气筒内气压不超过允许的最高气压。

7.9　汽车（三轮汽车除外）的行车制动应采用双回路或多回路，当部分管路失效后，剩余制动效能仍应能保持原规定值的 30% 以上。

7.10　机动车在运行过程中不允许有自行制动现象。当挂车（由轮式拖拉机牵引的装载质量 3000kg 以下的挂车除外）与牵引车意外脱离后，挂车应能自行制动，牵引车的制动仍应有效。

7.11　贮气筒

7.11.1　压缩空气与真空保护：装备贮气筒或真空罐的机动车均应采用单向阀或相应的保护装置，以保证在筒（罐）与压缩空气源（真空源）连接失效或漏损的情况下，由筒（罐）提供的压缩空气（真空度）不致全部丧失。

7.11.2　贮气筒的容量应保证在调压阀调定的最高气压下，且在不继续充气的情况下，机动车在连续五次踩到底的全行程制动后，气压不低于起步气压（未标起步气压者，按 400kPa 计）。

7.11.3　贮气筒应有排污阀。

7.12　制动报警装置

7.12.1　采用液压制动的机动车，其储液器的加注口必须易于接近，从结构设计上必须保证在不打开容器的条件下就能很容易地检查液面。若不能满足此条件，则必须安装制动液面过低报警装置。

7.12.2　采用液压制动的汽车（三轮汽车和装用单缸柴油机的低速货车除外），若液压传能装置任一部件失效，应通过红色报警信号灯通知驾驶员，该信号灯不应迟于促动控制装置发亮。只要失效继续存在且点火开关处在开（运行）的位置，该信号灯应保持发亮。但也允许采用当储液器内液面低于制造厂规定值时点亮的红色信号灯。报警信号灯即使在白天也应很醒目，驾驶员在其座位上应能很容易地检查报警信号灯工作是否正常，该装置的失效不应导致制动系统完全丧失制动效能。

7.12.3　采用气压制动的机动车，当制动系统的气压低于起步气压（未标起步气压时按 400kPa 计）时，报警装置应能连续向驾驶员发出容易听到或看到的报警信号。

7.12.4　安装具有防抱制动装置的汽车，当防抱制动装置失效时，报警装置应能连续向驾驶员发出容易听到或看到的报警信号。

7.13　路试检验制动性能

机动车行车制动性能和应急制动性能检验应在平坦、硬实、清洁、干燥且轮胎与地面间的附着系数不小于 0.7 的水泥或沥青路面上进行。检验时发动机应脱开。

7.13.1 行车制动性能检验

7.13.1.1 用制动距离检验行车制动性能

机动车在规定的初速度下的制动距离和制动稳定性要求应符合表 3 的规定。对空载检验的制动距离有质疑时，可用表中规定的满载检验制动距离要求进行。

制动距离：是指机动车在规定的初速度下急踩制动时，从脚接触制动踏板（或手触动制动手柄）时起至机动车停住时止机动车驶过的距离。

制动稳定性要求：是指制动过程中机动车的任何部位（不计入车宽的部位除外）不允许超出规定宽度的试验通道的边缘线。

表 3 制动距离和制动稳定性要求

机动车类型	制动初速度 /（km/h）	满载检验制动距离要求/m	空载检验制动距离要求/m	试验通道宽度 /m
三轮汽车	20	≤5.0		2.5
乘用车	50	≤20.0	≤19.0	2.5
总质量不大于 3500kg 的低速货车	30	≤9.0	≤8.0	2.5
其它总质量不大于 3500kg 的汽车	50	≤22.0	≤21.0	2.5
其它汽车、汽车列车	30	≤10.0	≤9.0	3.0
两轮摩托车	30	≤7.0		—
边三轮摩托车	30	≤8.0		2.5
正三轮摩托车	30	≤7.5		2.3
轻便摩托车	20	≤4.0		—
轮式拖拉机运输机组	20	≤6.5	≤6.0	3.0
手扶变型运输机	20	≤6.5		2.3

7.13.1.2 用充分发出的平均减速度检验行车制动性能

汽车、汽车列车在规定的初速度下急踩制动时充分发出的平均减速度及制动稳定性要求应符合表 4 的规定，且制动协调时间对液压制动的汽车不应大于 0.35s，对气压制动的汽车不应大于 0.60s，对汽车列车、铰接客车和铰接式无轨电车不应大于 0.80s。对空载检验的充分发出的平均减速度有质疑时，可用表中规定的满载检验充分发出的平均减速度进行。

充分发出的平均减速度 MFDD：

$$\mathrm{MFDD} = v_{b2} - v_{e2} / \left[25.92 \times (S_e - S_b) \right]$$

式中 MFDD——充分发出的平均减速度，单位为米每平方秒（m/s^2）；

v_0——试验车制动初速度，单位为千米每小时（km/h）；

v_b——0.8V0，试验车速，单位为千米每小时（km/h）；

v_e——0.1V0，试验车速，单位为千米每小时（km/h）；

S_b——试验车速从 v_0 到 v_b 之间车辆行驶的距离，单位为米（m）；

S_e——试验车速从 v_0 到 v_e 之间车辆行驶的距离，单位为米（m）。

制动协调时间：是指在急踩制动时，从脚接触制动踏板（或手触动制动手柄）时起至机动车减速度（或制动力）达到表4规定的机动车充分发出的平均减速度（或表6所规定的制动力）的75%时所需的时间。

表4　制动减速度和制动稳定性要求

机动车类型	制动初速度/（km/h）	满载检验充分发出的平均减速度/（m/s²）	空载检验充分发出的平均减速度/（m/s²）	试验通道宽度/m
三轮汽车	20	≥3.8		2.5
乘用车	50	≥5.9	≥6.2	2.5
总质量不大于3500kg的低速货车	30	≥5.2	≥5.6	2.5
其它总质量不大于3500kg的汽车	50	≥5.4	≥5.8	2.5
其它汽车、汽车列车	30	≥5.0	≥5.4	3.0

7.13.1.3　进行制动性能检验时的制动踏板力或制动气压应符合以下要求：

（1）满载检验时：

气压制动系：气压表的指示气压 ≤额定工作气压；

液压制动系：踏板力，乘用车 ≤500N；

其它机动车≤700N。

（2）空载检验时：

气压制动系：气压表的指示气压≤600kPa；

液压制动系：踏板力，乘用车≤400N；

其它机动车≤450N。

两轮、边三轮摩托车和轻便摩托车检验时，踏板力不应大于400N，手握力不应大于250N。

三轮汽车、正三轮摩托车和拖拉机运输机组检验时，踏板力不应大于600N。

7.13.1.4　汽车、汽车列车在符合7.13.1.3中规定的制动踏板力或制动气压下的路试行车制动性能若符合7.13.1.1或7.13.1.2，即为合格。

7.13.2　应急制动性能检验

汽车（三轮汽车除外）在空载和满载状态下，按表5所列初速度进行应急制动性能检验，应急制动性能应符合表中的要求。

表5　应急制动性能要求

机动车类型	制动初速度/（km/h）	制动距离/m	充分发出的平均减速度/（m/s²）	允许操纵力不应大于/N	
				手操纵	脚操纵
乘用车	50	≤38.0	≥2.9	400	500
客车	30	≤18.0	≥2.5	600	700
其它汽车（三轮汽车除外）	30	≤20.0	≥2.2	600	700

7.13.3　驻车制动性能检验

在空载状态下，驻车制动装置应能保证机动车在坡度为20%（对总质量为整备质量的1.2倍以下的机动车为15%）、轮胎与路面间的附着系数不小于0.7的坡道上正、反两个方向保持固定不动，其时间不应少于5min。对于允许挂接挂车的汽车，其驻车制动装置必须能使汽车列车在满载状态下时能停在坡度为12%的坡道（坡道上轮胎与路面间的附着系数不应小于0.7）上。

检验时操纵力按7.4.2规定。

注：在规定的测试状态下，机动车使用驻车制动装置能停在坡度值更大且附着力符合要求的试验坡道上时，应视为达到了驻车制动性能检验规定的要求。

7.14 台试检验制动性能

7.14.1 行车制动性能检验。

7.14.1.1 汽车、汽车列车在制动检验台上测出的制动力应符合表6的要求。对空载检验制动力有质疑时，可用表6规定的满载检验制动力要求进行检验。

摩托车及轻便摩托车的前、后轴制动力应符合表6的要求，测试时只允许乘坐1名驾驶员。

检验时制动踏板力或制动气压按7.13.1.3的规定。

表6 台试检验制动力要求

机动车类型	制动力总和与整车重量的百分比		轴制动力与轴荷①的百分比	
	空载	满载	前轴	后轴
三轮汽车	≥45		—	≥60②
乘用车、总质量不大于3500kg的货车	≥60	≥50	≥60②	≥20②
其它汽车、汽车列车	≥60	≥50	≥60②	—
摩托车	—	—	≥60	≥55
轻便摩托车	—	—	≥60	≥50

注：①用平板制动检验台检验乘用车时应按动态轴荷计算；
②空载和满载状态下测试均应满足此要求

7.14.1.2 制动力平衡要求（两轮、边三轮摩托车和轻便摩托车除外）

在制动力增长全过程中同时测得的左右轮制动力差的最大值，与全过程中测得的该轴左右轮最大制动力中大者之比，对前轴不应大于20%，对后轴（及其它轴）在轴制动力不小于该轴轴荷的60%时不应大于24%；当后轴（及其它轴）制动力小于该轴轴荷的60%时，在制动力增长全过程中同时测得的左右轮制动力差的最大值不应大于该轴轴荷的8%。

7.14.1.3 汽车的制动协调时间，对液压制动的汽车不应大于0.35s，对气压制动的汽车不应大于0.60s；汽车列车和铰接客车、铰接式无轨电车的制动协调时间不应大于0.80s。

7.14.1.4 汽车车轮阻滞力要求：进行制动力检验时各车轮的阻滞力均不应大于车轮所在轴轴荷的5%。

7.14.2 驻车制动性能检验。

当采用制动检验台检验汽车和正三轮摩托车驻车制动装置的制动力时，机动车空载，乘坐 1 名驾驶员，使用驻车制动装置，驻车制动力的总和不应小于该车在测试状态下整车质量的 20%（对总质量为整备质量 1.2 倍以下的机动车为不小于 15%）。

7.14.3　当机动车经台架检验后对其制动性能有质疑时，可用 7.13 规定的路试检验进行复检，并以满载路试的检验结果为准。

8　照明、信号装置和其它电气设备

8.1　基本要求

机动车的灯具应安装牢靠、完好、有效，不允许因机动车振动而松脱、损坏、失去作用或改变光照方向；所有灯光的开关应安装牢固、开关自如，不允许因机动车振动而自行开关。开关的位置应便于驾驶员操纵。除转向信号灯、危险警告信号及消防车、救护车、工程救险车和警车安装使用的标志灯具外，其它外部灯具不允许闪烁。

8.2　照明和信号装置的数量、位置、光色和最小几何可见度

8.2.1　汽车（三轮汽车和装用单缸柴油机的低速货车除外）及挂车的外部照明和信号装置的数量、位置、光色、最小几何可见度应符合 GB 4785 的规定。

8.2.2　两轮摩托车和轻便摩托车的照明和信号装置及其安装应符合 GB 18100 的规定。

8.2.3　三轮机动车、装用单缸柴油机的低速货车及拖拉机运输机组应设置前照灯、前位灯、后位灯、制动灯、后牌照灯、后反射器和前、后转向信号灯，正三轮摩托车还应设置后雾灯。照明和信号装置的光色应符合 GB 4785 有关规定，其数量、位置、最小几何可见度等参照 GB 4785 执行。

8.2.4　其它机动车的外部照明和信号装置的数量、位置、光色、最小几何可见度等参照 GB 4785 执行。

8.2.5　机动车必须装置后反射器。挂车及车长大于 6 m 的机动车应安装侧反射器和侧标志灯。反射器应与机动车牢固连接，且应能保证夜间在其正后方 150m 处用汽车前照灯照射时，在照射位置就能确认其反射光。

8.2.6　空载高大于 3.00m 或宽度大于 2.10m 的机动车均应安装示廓灯。

8.2.7　总质量不小于 12000kg 的货车和总质量大于 3500kg 的挂车应在后部设置车身反光标识，后部的车身反光标识应能体现机动车后部宽度。车长不小于 10m 的货车和总质量大于 3500kg 的挂车都应在侧面设置车身反光标识，车身反光标识的长度不应小于车长的 50%。

8.2.8　车身反光标识的粘贴技术规范及车身反光标识材料应符合 GA 406 的规定。

8.2.9　牵引杆挂车应在挂车前部的左右各装一只前白后红的标志灯，其高度应比牵引杆挂车的前栏板高出 300mm ~ 400mm，距车厢外侧应小于 150mm。

8.2.10　附加的灯具、反射器或附属装置不允许影响本标准规定安装的灯具和信号装置的性能且不应对其它的道路使用者造成不利影响。

8.3　照明和信号装置的一般要求

8.3.1　机动车（手扶拖拉机运输机组除外）的前位灯、后位灯、示廓灯（若安装）、侧标志灯（若安装）、挂车标志灯（若安装）、牌照灯和仪表灯应能同时启闭，

当前照灯关闭和发动机熄火时仍应能点亮。汽车和挂车的电路连接应保证前位灯、后位灯、示廓灯（若安装）、侧标志灯（若安装）和牌照灯只能同时打开或关闭，但当前位灯、后位灯、侧标志灯作为驻车灯使用（复合或混合）时，则上述情况不适用。

8.3.2 机动车的前、后转向信号灯、危险警告信号及制动灯白天在距其100m处应能观察到其工作状况，侧转向信号灯白天在距30m处应能观察到其工作状况；前、后位置灯、示廓灯、挂车标志灯夜间好天气时在距其300m处应能观察到其工作状况；后牌照灯夜间好天气时在距其20m处应能看清牌照号码。制动灯的发光强度应明显大于后位灯。

8.3.3 对称设置、功能相同的灯具的光色和亮度不应有明显差异。

8.3.4 机动车照明和信号装置的任一条线路出现故障，不允许干扰其它线路的正常工作。

8.3.5 驾驶区的仪表板应采用不反光的面板或护板，车内照明装置及其在风窗玻璃、视镜、仪表盘等处的反射光线不应使驾驶员眩目。

8.3.6 仪表板上应设置仪表灯。仪表灯点亮时，应能照清仪表板上所有的仪表且不应眩目。

8.3.7 汽车（三轮汽车和装用单缸柴油机的低速货车除外）仪表板上应设置与行驶方向相适应的转向指示信号和蓝色远光指示信号。

8.3.8 汽车（三轮汽车除外）和轮式拖拉机运输机组均应具有危险警告信号装置，其操纵装置不应受灯光总开关的控制。对于牵引挂车的汽车，危险警告信号控制开关也应能打开挂车上的所有转向信号灯，即使在发动机不工作的情况下，仍应能发出危险警告信号。危险警告信号和转向信号灯的闪光频率应为1.5Hz ± 0.5Hz，启动时间不应大于1.5s。

8.3.9 客车应设置车厢灯和门灯。车长大于6m的客车应至少有两条车厢照明电路，仅用于进出口处的照明电路可作为其中之一。当一条电路失效时，另一条仍应能正常工作，以保证车内照明。车厢灯和门灯不应影响驾驶员的视线和其它机动车的正常行驶。

8.4 前照灯

8.4.1 在正常使用条件下，机动车前照灯光束照射位置应保持稳定。

8.4.2 装有前照灯的机动车应有远、近光变换装置，并且当远光变为近光时，所有远光应能同时熄灭。同一辆机动车上的前照灯不允许左、右的远、近光灯交叉开亮。

8.4.3 前照灯的远、近光灯上下并列设置时，近光灯应位于上侧，其它情况下近光灯应位于外侧。

8.4.4 所有前照灯的近光都不允许眩目。

8.4.5 汽车（三轮汽车除外）、摩托车及轻便摩托车装用的前照灯应分别符合GB 4599、GB 5948及GB 19152的规定。

8.4.6 远光光束发光强度

机动车每只前照灯的远光光束发光强度应达到表7的要求。测试时，其电源系统应处于充电状态。

表7 前照灯远光光束发光强度最小值要求（单位：坎德拉）

<table>
<tr><td colspan="2" rowspan="3">机动车类型</td><td colspan="6">检查项目</td></tr>
<tr><td colspan="3">新注册车</td><td colspan="3">在用车</td></tr>
<tr><td>一灯制</td><td>两灯制</td><td>四灯制①</td><td>一灯制</td><td>两灯制</td><td>四灯制①</td></tr>
<tr><td colspan="2">三轮汽车</td><td>8000</td><td>6000</td><td>—</td><td>6000</td><td>5000</td><td>—</td></tr>
<tr><td colspan="2">最高设计车速小于70km/h的汽车</td><td>—</td><td>10000</td><td>8000</td><td>—</td><td>8000</td><td>6000</td></tr>
<tr><td colspan="2">其他汽车</td><td>—</td><td>18000</td><td>15000</td><td>15000</td><td>12000</td><td></td></tr>
<tr><td colspan="2">摩托车</td><td>10000</td><td>8000</td><td>—</td><td>8000</td><td>6000</td><td>—</td></tr>
<tr><td colspan="2">轻便摩托车</td><td>4000</td><td>—</td><td>—</td><td>3000</td><td>—</td><td>—</td></tr>
<tr><td rowspan="2">拖拉机运输机组</td><td>标定功率>18kW</td><td>—</td><td>8000</td><td>—</td><td>—</td><td>6000</td><td>—</td></tr>
<tr><td>标定功率≤18kW</td><td>6000②</td><td>6000</td><td>—</td><td>5000②</td><td>5000</td><td>—</td></tr>
<tr><td colspan="8">注：①四灯制是指前照灯具有四个远光光束；采用四灯制的机动车其中两只对称的灯达到两灯制的要求时视为合格；
②允许手扶拖拉机运输机组只装用一只前照灯</td></tr>
</table>

8.4.7 光束照射位置要求

8.4.7.1 在检验前照灯近光光束照射位置时，前照灯照射在距离10m的屏幕上时，乘用车前照灯近光光束明暗截止线转角或中点的高度应为0.7H~0.9H（H为前照灯基准中心高度，下同），其它机动车（拖拉机运输机组除外）应为0.6H~0.8H。机动车（装用一只前照灯的机动车除外）前照灯近光光束水平方向位置向左偏不允许超过170mm，向右偏不允许超过350mm。

8.4.7.2 轮式拖拉机运输机组装用的前照灯近光光束的照射位置，按照上述方法检验时，要求在屏幕上光束中点的离地高度不允许大于0.7H；水平位置要求，向右偏移不允许超过350mm，不允许向左偏移。

8.4.7.3 在检验前照灯远光光束及远光单光束灯照射位置时，前照灯照射在距离10m的屏幕上时，要求在屏幕光束中心离地高度，对乘用车为0.9H~1.0H，对其它机动车为0.8H~0.95H；机动车（装用一只前照灯的机动车除外）前照灯远光光束水平位置要求，左灯向左偏不允许超过170mm，向右偏不允许超过350mm，右灯向左或向右偏均不允许超过350mm。

8.5 其它电气设备和仪表

8.5.1 喇叭性能要求

8.5.1.1 机动车（手扶拖拉机运输机组除外）应设置具有连续发声功能的喇叭，其工作应可靠。

8.5.1.2 机动车喇叭声级在距车前2m、离地高1.2m处测量时，其值对发动机最大净功率为7kW以下的摩托车及轻便摩托车为80dB（A）~112dB（A），对其它机动车为

90dB（A）~115dB（A）。

8.5.2　发电机技术性能应良好。蓄电池应能保持常态电压。电器导线应具有阻燃性能，所有电器导线均应捆扎成束、布置整齐、固定卡紧、接头牢固并有绝缘套，在导线穿越孔洞时应装设绝缘套管。

8.5.3　三轮汽车、装用单缸柴油机的低速货车和轮式拖拉机运输机组应装有机油压力表（或机油压力指示器）、水温表（蒸发式水冷却系统除外）、电流表或充电指示器；其它汽车应装有水温表或水温报警灯、电流表（或电压表、充电指示灯）、燃料表（对气体燃料汽车为气量显示装置，对电动汽车为动力蓄电池电量显示装置）、车速里程表和机油压力表（或油压报警灯）等各种仪表及开关，并应保持灵敏有效。采用气压制动系统的机动车，还应装有气压表。摩托车及轻便摩托车应装有车速里程表。

8.5.4　车长大于6m的客车应设置电源总开关，个别未经过电源总开关的线路（如危险警告信号线路）应设置保险装置。

8.5.5　长途客车和旅游客车、半挂牵引车、总质量不小于12000kg的货车应安装具备记录、存储、显示、打印车辆行驶速度、时间、里程等车辆行驶状态信息的行驶记录装置；安装数字式电子记录装置，其技术要求应符合GB/T 19056的有关规定。

8.5.6　无轨电车的电器要求

8.5.6.1　无轨电车在正常操作下，应能启动平稳、加速均匀。

8.5.6.2　牵引电动机在各种工况下，换向器上的火花等级最大不允许超过1.5级，无异响，绝缘性能良好。当周围空气相对湿度在75%~90%时，无轨电车的总绝缘电阻值不应小于3MΩ；相对湿度在90%以上时不应小于1MΩ。

8.5.6.3　集电头应动作灵活，当距地面高度在4.2m~6.0m时，集电器应能正常工作。当集电头脱离触线时，驾驶室应发出音响信号。集电头自由升起的最大高度距地面不应大于7.0m。集电头与集电杆之间应有耐水电气绝缘，并应有带绝缘子的安全绳箱或其它安全措施。当集电杆与线网两根触线非正常接触时，应能防止短路。

8.5.6.4　线网在标准高度时，集电头对触线网的压力应能在80N~100N范围内调节，行驶中集电头在触线上滑行不应产生火花；经分、并线器及交叉器等时，不应产生严重火花。

9　行驶系

9.1　轮胎胎冠花纹深度：乘用车、摩托车及轻便摩托车和挂车轮胎胎冠上花纹深度不允许小于1.6mm，其它机动车转向轮的胎冠花纹深度不允许小于3.2mm；其余轮胎胎冠花纹深度不允许小于1.6mm。

9.2　轮胎胎面不允许因局部磨损而暴露出轮胎帘布层。轮胎不允许有影响使用的缺损、异常磨损和变形。

9.3　轮胎的胎面和胎壁上不允许有长度超过25mm或深度足以暴露出轮胎帘布层的破裂和割伤。

9.4　同一轴上的轮胎规格和花纹应相同，轮胎规格应符合整车制造厂的出厂规定。

9.5　机动车转向轮不允许装用翻新的轮胎。

9.6　机动车所装用轮胎的速度级别不应低于该车最高设计车速的要求。

9.7　双式车轮的轮胎的安装应便于轮胎充气，双式车轮的轮胎之间应无夹杂的异物。
9.8　乘用车用轮胎应有胎面磨耗标志。乘用车备胎规格与该车其它轮胎不同时，应在备胎附近明显位置（或其它适当位置）装置能永久保持的标识，以提醒驾驶员正确使用备胎。
9.9　轮胎负荷不应大于该轮胎的额定负荷，轮胎气压应符合该轮胎承受负荷时规定的压力。具有轮胎气压自动充气装置的汽车，其自动充气装置应能确保轮胎气压符合出厂规定。
9.10　车轮总成的横向摆动量和径向跳动量

总质量不大于3500kg的汽车不应大于5mm；摩托车及轻便摩托车不应大于3mm；其它机动车不应大于8mm。

9.11　最高设计车速大于100km/h的机动车，其车轮的动平衡要求应符合有关技术条件的规定。
9.12　轮胎螺母和半轴螺母应完整齐全，并应按规定力矩紧固。
9.13　悬架系统各球关节的密封件不允许有切口或裂纹，稳定杆应连接可靠，结构件不允许有变形或残损。钢板弹簧不允许有裂纹和断片现象，同一轴上的弹簧形式和规格应相同，其弹簧形式和规格应符合产品使用说明书中的规定。中心螺栓和U形螺栓应紧固、无裂纹且不允许拼焊。钢板弹簧卡箍不允许拼焊或残损。
9.14　减振器应齐全有效，减振器不允许有明显渗漏油现象。
9.15　最高设计车速大于100km/h且轴荷不大于1500kg的乘用车，其悬架特性应符合GB 18565的有关规定。
9.16　车架不应有变形、锈蚀和裂纹，螺栓和铆钉不应缺少或松动。
9.17　前、后桥不应有变形和裂纹。
9.18　车桥与悬架之间的各种拉杆和导杆不应变形，各接头和衬套不应松旷或移位。

10　传动系

10.1　离合器

10.1.1　机动车的离合器应接合平稳，分离彻底，工作时不允许有异响、抖动或不正常打滑等现象。

10.1.2　踏板自由行程应符合整车技术条件的有关规定。

10.1.3　离合器彻底分离时，踏板力不应大于300N（拖拉机运输机组不应大于350N），手握力不应大于200N。

10.2　变速器和分动器

10.2.1　换挡时齿轮应啮合灵便，互锁、自锁和倒挡锁装置应有效，不允许有乱挡和自行跳挡现象；运行中应无异响；换挡杆及其传动杆件不应与其它部件干涉。

10.2.2　在换挡杆上应有驾驶员在驾驶座位上即可容易识别变速器和分动器挡位位置的标志。若换挡杆上难以布置，则应布置在换挡杆附近易见部位。

10.2.3　有分动器的机动车，应在挡位位置标牌或产品使用说明书上说明连通分动器的操作步骤。

10.2.4　如果电动汽车是通过改变电机旋转方向来实现倒车行驶，且前进和倒车两个行驶方向的转换仅通过驾驶员的一个操作动作来完成，应通过设计保证只有在车辆静止或低速时才能够实现转换。

10.3　传动轴

传动轴在运转时不允许发生振抖和异响，中间轴承和万向节不允许有裂纹和松旷现象。发动机前置后驱动的客车的传动轴在车厢地板的下面沿纵向布置时，应有防止传动轴滑动连接（花键或其它类似装置）脱落或断裂等故障而引起危险的防护装置。

10.4　驱动桥

驱动桥壳、桥管不允许有变形和裂纹，驱动桥工作应正常且不允许有异响。

10.5　车速受限车辆的特殊要求

三轮汽车和低速货车等车速受限车辆应在设计及技术特性上确保其实际最大行驶速度在满载状态下不会超过其最高设计车速，在空载状态下不会超过其最高设计车速的110%。

注：实际最大行驶速度是指车辆在平坦良好路面行驶时能达到的最大速度。

11　车身

11.1　车身的技术状况应能保证驾驶员有正常的工作条件和客货安全。

11.2　车身和驾驶室应坚固耐用，覆盖件无开裂和锈蚀。车身和驾驶室在车架上的安装应牢固，不能因机动车振动而引起松动。对于可翻转驾驶室，应有驾驶室锁止装置（如安全钩），并且在翻转操纵机构附近易见部位应有提醒驾驶员如何正确使用该操纵机构的文字。

11.3　客车顶部应能承受相当于总质量的均布静载荷，但最大试验载荷不应大于10000kg。对于铰接客车应对前、后车分别按此规定考核，其试验方法应按GB/T 11381—1989进行。

11.4　车身外部和内部乘员可能触及的任何部件、构件都不应有任何可能使人致伤的尖锐凸起物（如尖角、锐边等）。

11.5　汽车驾驶室和乘客舱所用的内饰材料应采用阻燃材料，其阻燃性应符合GB 8410的规定。

11.6　车门和车窗。

11.6.1　车门和车窗应启闭轻便，不允许有自行开启现象，门锁应牢固可靠。门窗应密封良好，无漏水现象。

11.6.2　采用动力开启的乘客门，在有故障的情况下，仍应能简便地靠手动来开关，对长途客车和旅游客车还应有醒目的标志和使用方法。

11.6.3　机动车的门窗必须使用符合GB 9656规定的安全玻璃。汽车和有驾驶室的正三轮摩托车的前风窗玻璃应采用夹层玻璃或塑玻复合材料，不以载人为目的的机动车（如货车）可使用区域钢化玻璃，最高设计车速小于40km/h时可使用钢化玻璃；其它车窗可采用夹层玻璃、钢化玻璃、中空安全玻璃或塑玻复合材料。作为安全窗的车窗不允许使用夹层玻璃，应使用可砸碎的安全玻璃。

11.6.4　机动车驾驶室必须保证驾驶员的前方视野和侧方视野，前风窗玻璃及风窗以外玻璃用于驾驶员视区部位的可见光透射比不允许小于70%。所有车窗玻璃不允许张贴镜面反光遮阳膜。

注：风窗以外玻璃驾驶员视区部位是指驾驶员驾驶时用于观察后视镜的部位。

11.6.5　客车除驾驶员门和安全门外，不允许在车身左侧开设车门。但对只在沿道路中央车道设置的公共汽车专用道上运营使用的公共汽车，由于公交站台位置的原因须在车身左侧上下乘客时，允许在车身左侧开设乘客门；此类公共汽车不允许在车身右侧开设车门。

11.6.6　装有电动门窗的机动车，其控制装置应确保车窗玻璃在上升过程中能在任意位置可靠停住或遇障碍可自动下降。

11.7　驾驶员座椅应具有足够的强度和刚度，固定可靠，汽车（三轮汽车除外）驾驶员座椅的前后位置应可以调整。驾驶区各操作机件应布置合理，操作方便，其具体要求应符合有关规定。

11.8　乘用车和客车的乘员座椅应合理分布。客车同向座椅的座间距不允许小于650mm，相向座椅的座间距不允许小于1200mm。长途客车和旅游客车的乘员座椅应纵向布置（与机动车前进方向相同）。客车车身及地板应密合并有足够强度，座椅及其车辆固定件的强度应符合GB 13057的规定。

11.9　卧铺客车的卧铺应纵向布置（与机动车前进方向相同），卧铺宽度不应小于450mm，卧铺纵向间距不应小于1400mm，相邻卧铺的横向间距不应小于350mm，卧铺双层布置时上铺高不应小于780mm、铺间高不应小于750mm。

11.10　客车应设置乘客通道，通道的宽度和高度应保证符合规定的通道测量装置能顺利通过。

11.11　车长大于7.5m的客车不允许设置车外顶行李架。其它客车需设置车外顶行李架时，行李架高度不允许超过300mm、长度不允许超过车长的三分之一。客车车内行李架应能防止物件跌落，其承载能力不应小于40kg/m^2。

11.12　车长大于6m的城市客车和无轨电车的乘客门的一级踏步高不应大于400mm；若采用钢板悬架，则后乘客门的一级踏步高不允许大于430mm。车长大于6m的长途客车和旅游客车乘客门的一级踏步高不应大于430mm。

11.13　货箱应安装牢固可靠，货箱的栏板和底板应规整且具有足够的强度。

11.14　两轮摩托车、两轮轻便摩托车和边三轮摩托车的主车前后轮中心平面允许偏差不应大于10mm。

11.15　乘用车应装有护轮板，挂车后轮应有挡泥板，其它机动车的所有车轮均应有挡泥板。

11.16　机动车应设置能满足号牌安装要求的号牌板（架）。前号牌板（架）应设于前面的中部或右侧（按机动车前进方向），后号牌板（架）应设于后面的中部或左侧。

12　安全防护装置

12.1　汽车安全带

12.1.1　乘用车的所有座椅（第三排及第三排以后的可折叠座椅除外）均应装置汽车安全带，座位数不大于20（含驾驶员座位，下同）或者车长不大于6m的客车及最高设计车速不小于100km/h的货车和半挂牵引车的前排座椅应装置汽车安全带。长途客车和旅游客车的驾驶员座椅、前面没有座椅的座椅及前面护栏不能起到必要防护作用的座椅应装置汽车安全带；当（同向）座椅的座间距大于1000mm且座垫前面沿座椅纵向不大于600mm的范围内没有能起到防护作用的护栏或其它物体时，也应装置汽车安全带。

12.1.2　卧铺客车的每个铺位均应安装两点式汽车安全带。

12.1.3　汽车安全带应可靠有效，安装位置应合理，固定点应有足够的强度。

12.2　车外后视镜和前下视镜

12.2.1　机动车（挂车除外）应在左右至少各设置一面后视镜。汽车后视镜的性能和安装要求应符合GB15084的规定，摩托车及轻便摩托车后视镜的性能和安装要求应符合GB 17352的规定。机动车（不带驾驶室的摩托车及轻便摩托车除外）外后视镜的安装位置和角度应保证驾驶员能看清车身左右外侧、车后50m以内的交通情况。

12.2.2　车长大于6m的平头货车和平头客车车前还应至少设置一面前下视镜，前下视镜应保证驾驶员能看清风窗玻璃前下方长1.5m、宽3m范围内的情况。

12.2.3　车外后视镜和前下视镜应易于调节，并能有效保持其位置。

12.2.4　安装在外侧距地面1.8m以下的后视镜，当行人等接触该镜时，应具有能缓和冲击的功能。

12.3　前风窗玻璃刮水器

12.3.1　机动车的前风窗玻璃应装备刮水器，其刮刷面积应确保驾驶员具有良好的前方视野。

12.3.2　刮水器应能正常工作。

12.3.3　刮水器关闭时，刮片应能自动返回至初始位置（拖拉机运输机组除外）。

12.4　汽车驾驶室内应设置防止阳光直射而使驾驶员产生眩目的装置，且该装置在汽车碰撞时，不应对驾驶员造成伤害。

12.5　乘用车前风窗玻璃应装有除雾、除霜装置。

12.6　安全出口

12.6.1　车长小于6m的客车，在乘坐区的两侧应具有紧急时乘客易于逃生或救援的侧窗。

12.6.2　车长不小于6m的客车，如车身右侧仅有一个供乘客上下的车门时，应设置安全门或安全窗。长途客车和旅游客车应设置车顶安全出口。卧铺客车的卧铺布置为上、下双层时，侧窗布置应为上下双排。使用安全门时应保证不用其它器具即可将其向外推开。安全出口的数量、位置应符合有关规定。

12.6.3　安全门应满足下列要求：

12.6.3.1　安全门的净高不应小于1250mm，净宽不应小于550mm。

12.6.3.2　门铰链应在门前端，向外开启角度不应小于100°，并能在此角度下保持开启，同时还应设有开启报警装置。若在安全门打开时能提供不小于550mm的自由通道，则开度不小于100°的要求可不满足。

12.6.3.3　通向安全门的通道宽度不应小于300mm，不足300mm时，允许采用迅速翻转座椅等方法加宽通道。

12.6.3.4　安全门应有锁止机构且锁止可靠。安全门关闭时应能锁止，且在车辆正常行驶情况下不会因车辆振动、颠簸、冲撞而自行开启。

12.6.3.5　安全门不用工具应能从车内外很方便地打开车门，门外手柄应设保护套，且离地面高度（空载时）不应大于1800mm。

12.6.4 安全窗应满足下列要求：

12.6.4.1 安全窗和安全顶窗的面积不应小于（3×10^5）mm^2，且能内接一个400mm×600mm（对车长不大于7m的客车为330mm×500mm）的椭圆；若安全窗位于客车后端面，则其面积不应小于（4×10^5）mm^2，且应能内接一个500mm×700mm的矩形。

12.6.4.2 安全窗应采用易于迅速从车内、外开启的装置；或采用安全玻璃，并在车内明显部位装备击碎玻璃的手锤。

12.6.4.3 安全顶窗应易于从车内、外开启或移开。安全顶窗开启后，应保证从车内外进出的畅通。弹射式安全顶窗应能防止误操作。

12.6.5 标志

12.6.5.1 每个安全出口应在其附近设有“安全出口”字样。

12.6.5.2 乘客门和安全出口的应急控制器应在其附近标有清晰的符号或字样，并注明其操作方法，字体高度不应小于20mm。

12.7 燃料系统的安全保护

12.7.1 燃料箱及燃料管路应坚固并固定牢靠，不会因振动和冲击而发生损坏和漏油现象。

12.7.2 燃料箱的加油口及通气口应保证在机动车晃动时不漏油。

12.7.3 机动车（摩托车和轻便摩托车及装用单缸柴油机的汽车除外）的燃料系统不允许用重力或虹吸方法直接向化油器或喷油器供油。

12.7.4 燃料箱的加油口和通气口不允许对着排气管的开口方向，且应距排气管的出气口端300mm以上，否则应设置有效的隔热装置。燃料箱的加油口和通气口应距裸露的电气接头及外部可能产生火花的电气开关200mm以上。车长大于6m的客车的燃料箱的加油口和通气口应距排气管的任一部位300mm以上。

12.7.5 汽车燃料箱各部分不允许前伸至前置汽油发动机的前端面。车长大于6m的客车燃料箱距客车前端面不应小于600mm，距客车后端面不应小于300mm。不允许用户加装燃料箱。

12.7.6 机动车燃料箱的通气口和加油口不允许设置在有乘员的车厢内。

12.8 气体燃料专用装置的安全防护

12.8.1 气体燃料的供给系统应有有效的安全保护结构措施，以防止气体泄漏，如高压过流保护装置。

12.8.2 对于两用燃料汽车，应设置燃料转换系统并安装燃料转换开关。在燃料控制上，应具有当发动机突然停止运转时，即使点火开关打开也能自动切断气体燃料供给的功能。燃料转换开关的安装位置应便于驾驶员操作，其挡位标记应明显，能分别控制供油、供气两种状态。气体燃料和汽油电磁阀的操作均应由燃料转换开关统一控制；当电流被切断时，电磁阀应处于“关闭”位置。

12.8.3 车用压缩天然气气瓶应符合相关标准规定，压缩天然气管路应采用不锈钢管或其它车用高压天然气专用管路；车用液化石油气气瓶应符合相关标准规定，高压管路应采用液化石油气专用管路。

12.8.4 气瓶应被安全地固定在车上，安装气瓶的固定座应具有阻止气瓶旋转、移动的能力，固定座应便于拆装工作。气瓶安装后其强度和刚度不允许下降，车架（车身）结构强度也不应受影响。

注：车用压缩天然气气瓶和车用液化石油气气瓶等统称为“气瓶”。

12.8.5 气瓶安装位置应远离热源，必要时应采取隔热措施。在任何情况下，气瓶及其所有高压管路和高压接头与发动机排气管和传动轴的任何部位之间的距离不允许小于75mm；当两者的距离在75mm~200mm之间时，应设置固定可靠的隔热装置。

12.8.6 气瓶应安装在通风位置或采取有效的通风措施。

12.8.7 气瓶与汽车后轮边缘的距离不应小于200mm。气瓶安装在汽车车架下时，气瓶下方应采取有效防护措施且气瓶及其附件不允许布置在汽车前轴之前。

12.8.8 气瓶不允许直接安装在驾驶室、载人车厢和货箱内。当不得不安装在上述部位时，必须设置防护罩并将气瓶与驾驶室或载人车厢有效分离。隔离装置应有很强的防护功能，当车辆受到冲撞时，隔离装置应能有效地防止气瓶冲入驾驶室或载人车厢或货箱内。

12.8.9 气瓶的安装和保护罩的设置，应能保证气瓶集成阀的正常操作和检查。

12.8.10 手动截止阀和调压器应符合有关规定。手动截止阀应安装在气瓶到调压器之间易于操作的位置，阀体不允许直接安装在驾驶室内。

12.8.11 气瓶至调压器之间应安装滤清装置，并易于检查、清洗和更换。

12.8.12 高压管路的特殊部位（如相对移动的部件之间）应采用柔性管线，其余部位应采用刚性管线。

12.8.13 刚性高压管路应排列整齐、布置合理、固定有效，不允许与相邻部件碰撞和摩擦，所有高压管路和高压管接头应得到有效的保护，高压管接头应安装在能看得见且操作者易于接近的位置。

12.8.14 所有管路接头处均不应出现漏气现象。

12.9 机动车发动机的排气管口不允许指向车身右侧。

12.10 专门用于运送易燃和易爆物品的道路运输危险货物车辆，应在驾驶室上方安装红色标志灯，车上应备有消防器材并具有相应的安全措施。排气管应装在车身前部，机动车尾部应安装接地装置。

12.11 客车应装备灭火器，灭火器在车上应安装牢靠并便于取用。

12.12 汽车（三轮汽车除外）应装备符合GB 19151规定的三角警告牌，三角警告牌在车上应妥善放置。

12.13 乘用车和车长小于6m的客车前后部应设置保险杠，货车（三轮汽车除外）应设置前保险杠。

12.14 机动车的货箱或其它载货装置，其构造应保证安全、稳妥地装载货物。

12.15 货车货箱（自卸车、装载质量1000kg以下的货车除外）前部应安装比驾驶室高至少70mm的安全架。

12.16 无驾驶室的三轮汽车货箱前部应安装具有足够强度的安全架，其高度应高出驾驶员座垫平面至少800mm。

12.17 驾驶员和货物同在一个车厢内的厢式车，在最后排座位的后方应安装具有足够强度的隔离装置。

12.18 牵引车与被牵引车的连接装置

12.18.1　连接装置应坚固耐用。

12.18.2　牵引车和被牵引车连接装置的结构应能确保相互牢固的连接。

12.18.3　牵引车和被牵引车的连接装置上应装有防止机动车在行驶中因振动和撞击而使连接脱开的安全装置。

12.19　汽车和挂车侧面及后下部防护装置

12.19.1　总质量大于3500kg的货车和挂车应提供防止人员卷入的侧面防护，其技术条件应符合GB 11567.1的规定。

12.19.2　货车列车的货车和挂车之间应提供防止人员卷入的侧面防护。

12.19.3　除半挂牵引车和长货挂车以外的总质量大于3500kg的货车和挂车的后下部必须装备符合GB 11567.2规定的后下部防护装置，该装置对追尾碰撞的机动车必须具有足够的阻挡能力，以防止发生钻入碰撞。

注：长货挂车是指为搬运无法分段的长货物而专门设计和制造的特殊用途车，如运输木材、钢材棒料等货物的车辆。

12.20　两轮摩托车和边三轮摩托车主车的客座应设座垫、扶手（或拉带）和脚蹬。

12.21　三轮汽车按产品使用说明书正常起动和运行过程中可能触及的，且在环境温度为(23±3)℃下测定温度大于80℃的热表面应有永久性联结或固定（不使用工具无法拆卸）的防护装置或挡板。

12.22　三轮汽车和拖拉机运输机组的传动皮带、风扇、启动爪和动力输出轴等外露旋转件应加防护罩，并应符合GB 10395.1的规定三轮汽车的踏板、脚踏板必要时应采取防滑措施。

13　消防车、救护车、工程救险车和警车的附加要求

13.1　消防车的车身颜色应为符合GB/T 3181规定的R03大红色。

13.2　救护车的车身颜色应为白色，左、右侧及车后正中应喷符合规定的图案。

13.3　工程救险车的车身颜色应为符合GB/T 3181规定的Y07中黄色，其车身两侧应喷工程救险字样。

13.4　警车的车身颜色应符合有关规定。

13.5　消防车、救护车、工程救险车和警车应装备与其功能相适应的装置，各装置应布局合理、固定可靠。

13.6　消防车、救护车、工程救险车和警车安装使用的警报器应符合GB 8108的规定，安装使用的标志灯具应符合GB 13954的规定，警报器和标志灯具应固定可靠。

14　机动车环保要求

14.1　机动车排气污染物排放应符合相关标准的规定。

14.2　机动车车外噪声应符合相关标准的规定。

14.3　汽车（三轮汽车和低速货车除外）驾驶员耳旁噪声声级不应大于90dB（A）。

14.4　三轮汽车和低速货车的驾驶员耳旁噪声声级应符合相关标准的规定。

14.5　客车以50km/h的速度匀速行驶时，客车车内噪声不应大于79dB（A），其检验方法按GB/T 18697—2002的规定执行。

附录2 汽车性能检测常用术语汉英对照表

汽车维护	Vehicle maintenance
汽车修理	Vehicle repair
汽车维修制度	System of vehicle maintenance and repair
汽车维修性	Maintainability of vehicle
汽车技术状况	Technical Condition of Vehicle
汽车完好技术状况	Good condition of vehicle
汽车不良状况	Bad condition of vehicle
汽车工作能力	Working ability of vehicle
汽车技术状况参数	Parameters for technical condition of vehicle
汽车极限技术状况	Limiting condition of vehicle
汽车技术状况变化规律	Regularity for change of technical condition of vehicle
运行缺陷	Operational defect
制造缺陷	Manufacturing defect
设计缺陷	Design defect
事故性缺陷	Accidental defect
汽车耗损	Vehicle wear-out
汽车零件磨损	Wear of vehicle part
磨损过程	Wear process
正常磨损	Normal wear
极限磨损	Limiting wear
允许磨损	Permissible wear
磨损率	Wear rate

（续）

机械磨损	Mechanical wear
化学损耗	Chemical wear
热磨损	Thermic wear
疲劳磨损	Fatigue wear
腐蚀性磨损	Corrosion wear
故障磨损	Failure wear
故障	Malfunctioning
汽车故障	Vehicle failure
完全故障	Complete failure
局部故障	Partial failure
致命故障	Critical failure
严重故障	Major failure
一般故障	Minor failure
汽车故障现象	Symptom of vehicle failure
制动踏板发软	Spongy brake pedal
制动踏板费力	Hard pedal
制动器发响	Noisy brake
制动踏板过低	Low brake pedal
制动盘摆动	Disc runout
制动失效	Brake fade
减振器失效	Defective shock absorber
轮胎烧耗	Burn rubber
轮胎急速磨耗	Peel rubber
费油	Excessive consumption of fuel and oil
振抖	Fluttering
故障率	Failure rate
平均故障率的观察值	Observed mean failure rate
故障树型分析法	Fault tree analysis
汽车维护类别	Class of vehicle maintenance
定期维护	Periodic maintenance
季节性维护	Seasonal maintenance
技术保养	Technical service

（续）

清洗	Washing
技术检查	Check-up
保养周期	Service cycle
保养里程	Mileage between services
每日保养	Daily service
冬季保养	Winter check-up
夏季保养	Summer check-up
走合维护	Running-in maintenance
汽车修理类别	Class of vehicle repair
技术检验	Technical checking
汽车诊断站	Vehicle diagnosis station
汽车检测站	Detecting test station of vehicle
发动机测功机	Engine dynamometer
发动机综合试验机	Engine analyzer
发动机示波器	Engine scope（oscillograph）
电子诊断式发动机试验仪	Electronic-diagnostic engine tester
滚筒式测功试验台	Roller type dynamometer（test bed）
发动机加速测功仪	Free acceleration engine tester
容积式油耗计	Volumetric fuel meter
红外线废气分析仪	Infrared rays exhaust gas analyzer
异响诊断仪	Abnormal engine noise diagnosis equipment
气缸漏气率检验仪	Cylinder leak tester
发动机分析仪	Engine analysis apparatus
进气歧管真空度表	Intake manifold vacuum meter
气缸压力表	Cylinder pressure gauge
调整用的试验检测仪	Tune-up tester
底盘测功机	Chassis dynamometer
底盘润滑机	Chassis lubricator
曲轴箱窜气量测定仪	Blow-by meter
反作用力制动试验台	Reaction type brake tester
惯性式制动试验台	Inertia type brake tester
转向盘间隙测量仪	Steering wheel freeplay gauge

（续）

测滑试验台	Side-slip checking stand
前照灯检验仪	Head light checking equipment
气缸孔垂直检验仪	Cylinder perpendicularity gauge
主轴承座孔同轴度检验仪	Main bearing aligning gauge
移动式车轮平衡机	Portable wheel balancer
固定式车轮平衡机	Wheel balancer
车轮动平衡机	Dynamic wheel balancer

参考文献

[1] 国家环境保护总局科技标准司. GB 3847—2005 车用压燃式发动机汽车排气烟度排放限制及测量方法 [S]. 2005.

[2] 国家环境保护总局科技标准司. GB 18285—2005 点燃式发动机汽车排气污染物排放限值及测量方法（双怠速法及简易工况法）[S]. 2005.

[3] 交通部公路科学研究所. JT/T 510—2004 汽车防抱死制动系统检测技术条件 [S]. 2004.

[4] 全国法制计量管理计量技术委员会. JJT 1020—2007 平板式制动检验台检定规程 [S]. 2007.

[5] 全国衡器计量技术委员会. JJG 1014—2006 机动车检测专用轴（轮）重仪检定规程 [S]. 2006.

[6] 中华人民共和国交通部. GB/T 13564—2005 滚筒反力式汽车制动试验台 [S]. 2005.

[7] 国家环境保护总局科技标准司. GB 18352. 2—2001 轻型汽车污染物排放限值及测量方法 [S]. 2001.

[8] 长沙科学仪器研究所. JB/T 9515—1999 质量法油耗测量装置技术条件 [S]. 1999.

[9] 中国汽车工业协会. GB/T 19233—2008 轻型汽车燃料消耗量地试验方法 [S]. 2008.

[10] 邹小明. 汽车检测诊断技术 [M]. 北京：人民交通出版社，2006.

[11] 周建鹏，黄虎，严运兵. 现代汽车检测技术. [M]. 上海：上海科学技术出版社，2007.

[12] 余志生. 汽车理论. [M]. 北京：机械工业出版社，2003.

[13] 赵英勋，刘明. 汽车检测与诊断技术. [M]. 北京：机械工业出版社，2003.

[14] 公安部道路交通管理标准化技术委员会. GB 7258—2004《机动车运行安全技术条件》理解与实施. [M]. 北京：中国标准出版社，2004.

[15] 安相璧. 汽车检测诊断技术 [M]. 北京：北京理工大学出版社，2005.